语文向导

——科学语言理论基础

旷理武◎著

江西科学技术出版社

图书在版编目（CIP）数据

语文向导：科学语言理论基础／旷理武著．—南昌：江西科学技术出版社，2018.9
ISBN 978-7-5390-6523-6

Ⅰ.①语… Ⅱ.①旷… Ⅲ.①中学语文课-教学研究
Ⅳ.①G633.302

中国版本图书馆 CIP 数据核字（2018）第 209519 号

国际互联网（Internet）地址：
http：//www. jxkjcbs. com
选题序号：**ZK**2018418
图书代码：**B**18164-101

语文向导：科学语言理论基础　　旷理武　著

出版发行	江西科学技术出版社
社址	南昌市蓼洲街 2 号附 1 号 邮编：330009　电话：（0791）86623491　86639342（传真）
印刷	北京市金星印务有限公司
经销	各地新华书店
开本	710mm×1000mm　1/16
字数	281 千字
印张	19
版次	2019 年 1 月第 1 版　2019 年 1 月第 1 次印刷
书号	ISBN 978-7-5390-6523-6
定价	60.00 元

赣版权登字-03-2018-318

前言
Preface

在人类生生不息的发展进程中，能超越时空、体能和精力，达到从古到今，上天入地，从宏观到微观，从物质到意识（精神）等，都得以跨越性表达的人工智能化创造发明只有语言。

能使社会表达与交往、思维乃至人脑的机能等，都出现旷古烁今性的飞跃并永续不断发展变化的人工智能化创造发明，是语言。

是我们自己的人工智能化创造发明，却也带给我们自己在学科认识和理解上的最大谜团，并令到目前为止的一切有关它的研究及理论都饱受争议，仿佛想让我们闭嘴似的，还是语言。

不管我们多尴尬、焦虑、郁闷、懊恼、不满甚至沮丧，它都视而不见，充耳不闻，不肯把我们祖先发明它时的“说明书”——语言基本理论体系，爽快地交给我们的，依然是语言。

那么，就让我们一起来揭去那“面纱”，拆去那“封条”，揭开那“谜团”。

但因时间、精力、视野等局限，一些认识难免有不足之处。

目录

Contents

第一章　语言、语言化与语言学

一直以来，很少有人能科学、客观而准确地对语文到底应该怎么教、怎么学，给出一个社会普遍认可的答案。从较早的古希腊语文学语言研究，到当今热门的认知语言学研究，莫不如此。

实际上，语文的根基在语言、文化。语言本身即是一种文化，它是一切社会文明交往的支点。文化自然包含语言文化。语文中的文学属语言艺术，文章属语言的书面篇章组织方面。当然语言又是有其独特个性的。不然便不能称其为语言。

到目前为止，社会对语言基本理论体系尚未明确、科学地架构出来，轻易说语文应该怎么教、怎么学的话，自然是无法令人信服的。一个令人信服的科学界定标准——语言科学理论体系的明确揭示，显然是很有必要的。

这里随后对人类语言的总体认识，无疑在一定程度上颠覆了人们以往对语言的认知。甚至，这本身就是人类语言基本理论体系建构的开端。

第一节　语　言

语言：{
- 狭义：建立在一定的字化表象组织基础上的社会示指表达及体系
- 广义：身体、数字、字母、符号等非字化表象组织性的社会示指表达

一、狭义的语言

（一）定义基础——社会最常见的词、话类语言事实

究竟什么是语言？

这原本不是问题。因为，即便是最普通的人民大众，从最基本的常识角度思考，也会认识到：所谓语言，就是我们通常所说的话。那么我们说话时所发出的一定是语言吗？

事实也的确如此。语言是人民群众创造的，人民群众当然最有发言权。

因而，将人类语言主要限定在一定的词、话范畴，是我们对人类语言的最基本认知。

（二）难度

难在从词、话角度，语言化地对人类语言做确切的定义，且兼顾到二者的独特属性。

事实上，人类对自己的语言，进行了两千多年的探究。而有关对人类语言定义的各种解释，当有数十种之多：有当词看的，当话看的，当规则看的，当方式看的，当能力看的，等等，却始终未有一个令社会广泛认可的统一认知。

个中原因，一是人类语言的“微言大义”实在太过奇妙，二是人们对语言的专门性学科化研究实际也就是近百年来的事情。加之人的思想观念、认识水平及实践检验时长等的局限，人们要在这么短的时间内，对语言各方面、层面的认识，都系统性理论化地确立起来，实非易事。

（三）尝试

1. 传统语文学研究时期

非学科专门性语言研究。主要在哲学或为政治、历史、文学典籍作注的范畴展开。

最具代表性的古希腊哲学性的语文学语言研究，认为“语言是具有意义

的声音”（亚里士多德）。

人们以单词分析为语言研究的基本点，围绕单词称谓名及其字音、意义、关系、来源及音义统一体的建构、结构、用法等，来进行规范而统一性的分类化探究与解释工作。

到 19 世纪，历史比较语言学的研究兴起，西方语言研究开始向专门性学科研究过渡。

中国语言认知跟同时期的古希腊单词研究相比，有春秋战国时老子、荀子从名、义角度而对语言（单词）的哲学化零星论述。

例如，“道可道，非常道。名可名，非常名。无名天地之始；有名万物之母。故常无，欲以观其妙；常有，欲以观其徼。此两者，同出而异名，同谓之玄。玄之又玄，众妙之门。”（老子《道德经》），及“名无固宜，约之以命，约定俗成谓之宜，异于约则谓之不宜。名无固实，约之以命实，约定俗成，谓之实名。名有固善，径易而不拂，谓之善名。”（《荀子·正名》）之类。

汉代以来的语言研究，则大多属从文字、训诂、校勘、音韵等角度对政治、历史、文学等典籍的单词化解释与作注。

1898 年马建忠的《马氏文通》问世，中国诞生了仿欧性第一部语法（词法）专著。

2. 现代语言学研究时期

以 1916 年瑞士语言学家索绪尔的《普通语言学教程》问世为诞生标志。其基于共时研究，把语言跟言语区隔，确立句子分析为语言形式（形态）、结构、作用关系、功能等分类、探究及解释的基本点。

认为语言是一种完全形式化结构的符号系统，例如，词语的集合及关系网络一类先验结构。关系在组合（合并）与聚合（并列），功能在“能指”和“所指”。

不足是难免对语言探究上“形而上”。

3. 当代语言学研究时期

最具代表性的是 20 世纪 50 年代后期以美国语言学家乔姆斯基的《句法

结构》诞生为标志的转换生成语言学（后期为生成语言学）的问世，及 20 世纪 70 年代认知语言学的兴起。

前者“革命性”地认为语言（句子）是天赋能力及一定规则体系（普通语法）作用而生成的无限句子。而后者，则“再革命性”地认为，语言（句子）是建立在一定认知（能力）基础上的对世界的概念化。

二者都看到了语言的心理反映的前提和人的主观能动作用对语言的积极主动作为，令语言探究建立在一定的科学（心理学）基础上。但他们对外界事物存在刺激作用（诱因）及词、话类具体物化生成结果（产品），乃至二者关系方面的探究，则显然是不尽如人意的。这种对语言物质性方面的认知不足，导致二者难免产生明显的“唯心”倾向。

中国现当代语言研究，主要在音高科学化标记，普通话推广，文字改革，汉语拼音方案制订，现代汉语字、词典编纂等语言规范化方面进行研究，并取得了显著成就。

国家性工具书的语言解释管窥：

（1）语言：一个国家、一个民族或种族使用的全部词及词的组合方式。（［英］《牛津英语大词典》，牛津大学出版社 1989 年版，第 634 页）

只将语言限定于词的范畴。

（2）语言：相当数量的人群经过长期使用而确立、可以彼此理解的词汇、词的发音及词的组合方式的总称。（［美］《韦伯斯特美国英语大词典》，1993 年版，第 1270 页）

同样只将语言限定于词。

（3）语言：①人类所特有的用来表达意思、交流思想的工具，是一种特殊的社会现象，

由语音、词汇和语法构成的系统。“语言”一般包括它的书面形式，但在与“文字”并举时只指口语，②话语。（《现代汉语词典》，商务印书馆 2005 年版，第 1665 页）

词、话都纳入语言范畴，但对词限于“工具”化认识了。

（四）反思

鉴于词、话共在语言，而语言字义统一体除具有绝对形式化结构体系、心理反映与主观能动作用、生物种属性生理反应作用外，尤其有着一定事物存在前提作用，意、义并处，相应特定实意语境化存在，语言统一体的字化表象组织替代性存在等的客观事实存在，所以，当我们对语言科学地定义，理应兼顾彼此，令定义包含语言的“最大公约数化”独特属性。

（五）语言的科学定义

科学的语言认知，必须建立在“唯物”论基础上，因为语言原本是物质的。语言的心理生成，不过是一定物质及其作用被人的主观能动反映的结果。

所以，简言之，人类语言即建立在一定的字化表象组织替代性存在基础上的社会示指表达及体系，包括词、话，并在结果上主要体现为一种自化表象组织替代性存在。

其中，社会示指表达体现语言的社会本质内容特性。词、话是语言的象义与象意统一体组织，体现语言独到的组织特性与本体存在。字化表象组织替代性存在是语言独到的物化存在方式、手段，它体现语言的形式特性。词的象与义，话的象与意，及由一定的词象义到话象意，或由一定的话象意到词象义，彼此间皆为一种人工结合的关系。

这样，无论就内容，还是就形式，语言都是切切实实的物质存在化的。

当其被一定心理所反映，则语言转化为一定的心理反映。当事物存在（包括语言）及其心理反映外化为以一定的字化表象组织替代性存在为主的词，话化结果存在。

譬如，“长江！长江！我是黄河！我是黄河！听到请回答！听到请回答！”

而语言的具体体现，则是各种具体语言的存在。例如，一定的书面语言、口头语言，一定的共同语、方言，一定的语系、语族、语支、语种等。各种具体语言的存在，体现语言的现象属性。

1. 字化表象组织

既包括一定口头语言方面的音字及音字序列，同时也包括一定书面语言方面的文字及文字序列。

它们在一定语言统一体中，担当人工给予的一定称谓性物化表象，用于给一定意义或功能人工化贴标。例如，“相知多年，值得信赖”。其意义人工结合，可指人与人之间关系，也可指人与事（例如买保险等）之间的关系等。具体针对何种特定实意，得在特定语境确定。足见单纯符号组织本身，不一定能解决语言的所有实际表达与交往问题。

可口语，也可文言（这里包括但非专指跟白话相对的古代书面表达）。觉着口说无凭，则可用白纸黑字的文言（书写）。

口头语言经一定音字及音字序列方式，而声讯化地进行相应意义或功能表达。而书面语言，则经一定文字或文字序列方式，符号化地进行有关意义或功能表达。

有个网友在网上的一个惊呼是这样的：

“这老太太太太太神奇了！”[1]

2. 社会示指表达

社会示指表达单就语言的社会表达功能角度而言。它依据一定的象义（意）人工结合关系，以一定称谓性字化表象组织，来心理间接化地标贴于所要示指表达的一定意、义或功能之上，并字化表象组织替代性存在地示指该意、义或功能。从而属一种具象化示指和替代性表达。

它们因社会表达和交往的广泛使用、规范统一，而被称为一种社会示指表达。

名义逻辑以一定的言词性字化表象组织替代性存在方式，来公共化面向泛语境、泛对象、泛意义方面的表达和交流。即单纯名义、逻辑方面的表达和交流，相当于传统语言研究方面所说的，包括单词在内但不限于单词的词、词语、语言。

其组织不仅包括一定的单词，而且还包括词组、词域（名义范畴区域）等。词组是单词与单词间的紧邻义合，而词域则是以一定单词为起点，经相

① http：//news.163.com/17/0622/07/CNH3O2BC00018AOR.html

应紧邻义合不断地意义、关系、作用化外扩与义合，而形成的一定名义范畴区域，从而是较词组更大的各词组织的统称。

特定实意存在以一定的话语性字化表象组织替代性存在方式，来针对性地面向特定语境、特定对象及特定事物存在的表达和交流。即特定实意的专门针对性表达和交流，相当于传统语言研究方面所言的语用、功能等。其最根本的是话、话语。其组织不仅包括一定语句，而且还包括较语句更高一级的一定篇章组织。

2017 年 11 月 2 日的央视《共同关注》栏目中，朱广权在播报一则天气新闻时说：

“你好，我是偏东路径的冷空气，最近挺想大家的，所以今天早上就迫不及待地从东北那边先进来了。一个没忍住，给吉林长春带来了今年入秋以来的首场降雪，虽然比往年稍晚了一些。未来几天我计划的行程是这样的：3 号，我要冻哭东北、内蒙古地区；4 号冻懵新疆、西藏地区，所以你们赶紧的，该加衣服加衣服，别等我来敲门啊。”

“元芳，你怎么看?”

3. 词、话关系

在一定语言象意统一体中，特定话语实意组织必定要借助于一定泛化名义逻辑来实施，才名正言顺。所以，特定话语（实意产品组织）必含一定言词（名义逻辑组织）存在。

语言的泛化名义逻辑与特指实意可能相符，如一些真话、实话等。也可能不相符，如一些假话、空话、言过其实的话、词不达意的话、含言外之意的话等。之所以如此，乃在于：(1) 语言象义（意）间为一种人工结合关系。(2) 特定实意实际由特定语境决定，而非单看所用的一定指称名义。

词类泛化名义逻辑和话类特指实意，之所以都只采取一定的字化表象组织替代性存在方式来进行表达，是因为名义逻辑深处人的心理反映与抽象思维组织中，而实意及其事物存在作为一种客观存在时，又不一定以交流对象的意志为转移。从而，彼此只能分别地以跟二者人工结合的统一体的字化表象组织替代性存在，这一人工化的具体物化手段，有人称为方法性实施。

至于二者为何都共经一定字化表象组织替代性存在方式，这是因为，事物存在（实意）、名义逻辑、相应心理反映及生理反应性量能的释放不仅各具情态，而且各有自己独特的象和质。

事物存在（实意）具特定具体象，名义具象是相应事物存在的各外化具体象的抽象概括，相应心理反映所具的象是映象。质方面更无法同一。

所以，只有社会统一而规范地对彼此人工化添加同一字化表象组织，才可令彼此在字化表象组织层面统一起来。从而部分代本体进行相关的替代性存在表达。

这样，一定事物存在（实意）的特定具体象、一定名义的抽象概括象、相应心理反映的映象及生理反应性量能释放方面的运行表象，即都成其原象和字化表象组织的合象。合象显示，语言化了的一定事物存在（实意）合象与所用名义合象，在字化表象组织角度仍具体物化存在，而相应心理反映合象则仍体现为一种映象。三者的统一，只能在一定的字化表象组织替代性存在层面。

对词及其泛化名义逻辑，与话及其特定实意的适当层面化区分，则在于虽然二者都使用社会规范而统一添加的同一字化表象组织，为各自语言统一体的替代性存在，但彼此所背靠和代表的象义（意）统一体，却并不一样。

泛化名义逻辑的言词性字化表象组织替代性存在及其所属象义统一体，在语言总体系的词子系统，属单纯字面意义存在层面。它用于应对泛意义、泛语境、泛交流对象间的名义逻辑层面表达和交流，属词语。

而特指实意的话语性字化表象组织替代性存在及其所属象意统一体，则在语言总体系的话子系统，属即时应对的特定具体实意存在层面。它用于有效针对特定交流对象、特定语境条件下的特定实意表达和交流，属话语。

另外，虽然语言的泛化名义逻辑组织与特定实意组织，都可依事理本身的联系、发展、变化、作用等而一致（名副其实），从而名实相符，名义与实意相向而行。但人的主观能动作用影响下的心理反映，又是可积极主动地作为的。从而，又可令语言名义和特定实意变得并不一致（名不副实）。这就是为何特定话语进行实意表达时，会有一定实意表达跟相关言词名义相对、相反甚至相悖情况产生。它们在方法上，则归于一定表达方式、修辞或表现手法层面。

有无特定超言词手段类人工变量的辅助表达及特定语境类意义自变量的意义协同表达，是一定话语跟一定言词的区分标志。

当一定言词被用于与特定语境的结合性表达时，它面向特定对象与特定语境，成为特定话语的特定言词方面。而当特定话语一定程度地去语境化，普遍用于公共化地面向泛语境、泛对象、泛意义表达时，话转化为词。

这就是为何人们有解词或辞时，要寻找其特定的话语出处，并结合着解释的原因。

基于言词性字化表象替代性存在面向泛语境、泛对象、泛意义，而话语性字化表象替代性存在只面向特定语境、特定对象与特定意义，因而，对一定话语意义的理解，往往要考虑特定对象、意义所处的特定表达或交往语境，乃至考虑一定句式及语气、语调、语序、时空间隔、重音类人工变量的辅助表达。

词语、话语各司其职。

因语言既可借助于词层面的一定概念性名义表达而面向一切对象、一切意义，同时又可借助于自己话层面的实意特指表达，而面向特定对象、特定意义，加之社会发展导致的交往对象、意义的普遍联系、变化和发展等，也会相应地带来语言的字化表象组织类物化手段的适当改进与发展变化，因而，人类语言又是一种开放性的、成长性的社会化具象示指表达。

如果人们简单地把话语看作是词的具体表现或具体运用，那词语本身的表达功能就大打折扣了。我们的语言表达与交流，如同我们非语言化的社会其他表达与交往一样，有时面对一切，有时面向特定。它既可以用面对一切的方式方法面对特定，也可把面对特定的方式方法上升到面向一切。

来自微信朋友圈的一则笑话是这样的：

“一壁虎误入鳄鱼池，丧命之时，壁虎急中生智，一把抱住鳄鱼大叫：‘妈妈！’鳄鱼一愣，立刻老泪纵横：‘都瘦成这样了，别再上班了！五一放假好好休息吧！’”

从而，全面而客观地看，所谓人类语言，实乃人的一定主观能动作用积极主动地接受外界事物存在作用，而心理反映主动对接获信息链接、联通、处理，映象化言词性的字化表象组织替代性存在为主地酝酿，神经脉冲性下传至口、手类生理反应终端输出，再话语性字化表象组织替代性存在化量能释放与外化，这样才完成对一定事物存在的社会化具象示指表达。表达的结果，即一定具体物化存在的词、话性字化表象组织替代性存在（主体）。

这样，语言绝对可以堪称人在一念之间完成的一项非凡工程。

二、广义的语言

除狭义的语言，还有广义的语言。

广义的语言，往往指那些不以一定字化表象组织类物化具象标志，来示指一定意义，而以诸如手势、体态、表情、单纯数字组合、数字字母符号混合组合乃至人们熟知的实物等为物化具象标志，甚至采取打比方的方法来示指一定意义，这样一种社会表达。

例如，体态语（手势、体态、表情），盲文（手触语），哑语（手指语），计算机程序，电报码，数理化公式，方程式，信号灯，旗语，交通标志，“爱的语言”等之类，就属广义的语言。

其中，体态语属直感而无媒介的身体局部变化为物化具象标记，来示指相应意义。盲文借助手触型特殊物化具象标记，来示指相关意义。哑语跟体态语同类。计算机程序主要是单词、字母、符号、数字等的方法性混编。电报码是纯阿拉伯数字式的方法性组合。数理化公式、方程式是字母、符号、数字的方法性混编。信号灯、旗语、交通标志等，以灯光、旗帜、箭头类型等，为媒介性物化具象标记，来示指相关意义。“爱的语言”之类属打比方表达。

这些类别的广义语言，在方式、方法上比较特别。它们的物化具象标志，在应用上适当受限，远没有狭义语言的字化表象组织方式方法那样应用广泛。它们只在特定条件下，有自己的特别用途或独特作用。

社会具体的语言表达或交往过程，狭义语言跟部分广义语言往往还结合着使用，以应对和处理相应意义问题。

例如，大家熟知的艾伯特·梅拉比安信息表达公式，就表明，人在进行全部信息表达时，言词（言辞）使用实际只占约7%，声音（语调等）使用约在38%，而体态表达（表情等）则在约55%。听演说时，一些人被语言表达及演讲内容感动，也有一些人则根本没听明白演讲者说的内容，他们仅仅是被演讲者的手势、表情、体态等身体语言感动。

至于自然界事物自然发出的一定天籁之音，禽畜等动物的叫声等，有时也被适当地冠以一定的语言之名。这些就只是一种比照和类似的说法了。它们的表达虽然有意义，却是非人工智能化的具象性示指性替代表达，是非人类的了。所以称不上相对严格意义上的语言。人类一样能发那种动物式的原始种属声音，但那些是不叫语言的。

狭义语言跟广义语言的共同之处是：都属人为，都需具象，都经一定身体反应器官终端的量能释放性生理反应实施。

语言跟其他事物的不同是，没有语言，社会其他的或抽象或具体事物一样存在，并自在地显现，但有了语言，则语言以外的一切或抽象或具体事物，就有了一种语言化存在与体现。

未有语言，人类曾一样地进行社会化表达交流，如同我们曾经的灵长类祖先那样。有了语言，我们至今仍可非语言化地进行社会表达和交流。但要是真没语言，则人类的社会化表达和交流一定是受限的。

因为，如果未经统一的一定语言方式，以人类自身时空、体能、精力方面的局限，人们必定做不到对社会所有或抽象或具体事物间的同一方式性统一表达和交流。上天入地，从宏观到微观，从事物存在到心理反映（感觉、思想、意识、观念、精神等）甚至对虚无的组织表达，只有语言可无所不及。

第二节 具体语言

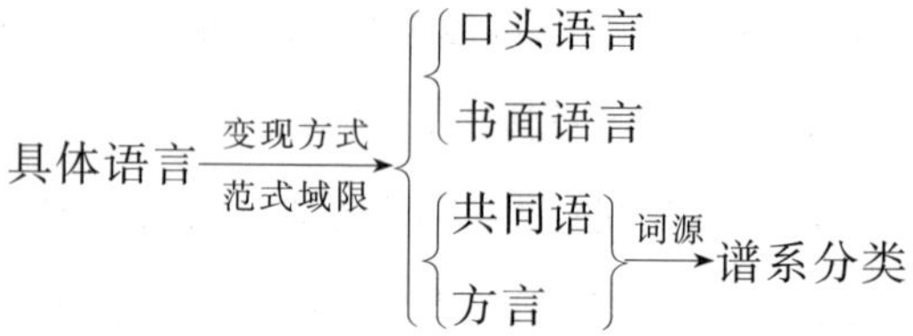

到汉语、英语之类的一定国家、地区或一定民族的语言，则属一定具体的语言或人类语言的一定具体表现了。

只有到一定具体的语言层面，才能切实地体会到一定语言种类的适当区别化存在。撇除人类各具体语言个性方面的一定差异，完备的一定具体语言，往往可适当地就字表象类物化标志的种类、语言统一体变现途径、方式等的不同，而分为口头语言和书面语言两种。

一、口头语言和书面语言

口头语言以一定音字或音字序列为物化表象组织类人工具象标志，并口耳相传性实施一定语言表达与结果，也称有声语言。

就时空结合角度而言，则口头语言又是一种瞬间性的、无形性的声讯信号结合性表达，包括人们通常所言的一定口头性言词、口头性话语之类。

口头语言往往还被笼统地称作口语，但实际上人们谈到一定口语时，往往又偏重于指口头语言中的那些不一定中规中矩合乎社会统一语言规范的口头性言词、口头性话语之类。

书面语言是以一定文字及文字序列为物化表象组织类人工具象标志，并手眼相传实施的一定纸媒化、屏显化语言表达与结果。

从时空结合的角度而言，则书面语言是一种延时性的、有形性的刻画符号的结合性表达，包括人们通常所言的书面言词、书面话语之类。

书面言词、书面话语实际也可因其对一定文字手段的运用而简称“文言”，并包括跟白话相对的古文言。书面语言更多地面向泛对象化或去特定对象化。

先有口头语言，后有书面语言。

书面语言有效弥补了口头语言延时记忆方面的相对不足，从而是对一定口头语言表达和交往进行适当补充或完备。口说无凭，白纸黑字的“文言”（书面语言），才是记忆的见证。

当今世上仍有一些具体语言因种种原因，而只有一定口头语言表达形式，未有一定的书面语言表达形式。例如，非洲、美洲等地区的一些民族的语言，就是如此。

二、共同语和方言

因语言的社会规范域限差异，同一语言里，还可有一定社会共同语和方言的分别存在。

共同语是同一语言社团共同使用的全域性语言范式。例如，现代汉语共同语是普通话。而方言则是同一语言社团在局部地区使用的局域性语言范式，属一定语言的地域变体。例如，浙江、江苏南部、上海等地使用的是吴语，湖南大部分地方使用的是湘语等。

一定语言的共同语往往是在一定的方言基础上规范化后形成的，并可受其他方言影响，而适当接纳其他方言的某些有用成分为其所用。例如，普通话以北方话为基础方言，但如今，“上海话”中诸如“搞定”“动迁”“套牢”等新词，广东话中诸如“花心”“爆满”“炒鱿鱼”等新词，即被普通话合理地吸收。

所谓的内部语言是不存在的，因而有关内部语言的说法是不科学的。

不能明确而具体地外化到一定字化表象组织类具象与相应被处理意义的人工结合化显性存在，并在结果上体现为意义或象义（意）统一体的一定字化表象组织替代性存在，任何心理反映方面的语言酝酿或潜语言运行，在实质上都只能是，且始终是一种映象化的心理反映活动。

所以，如果把语言的名义逻辑组织与特定话语产品组织，分别当作一定内部语言与外部语言来看待，那将是对语言的不当理解。

至于依一定词源上亲缘关系而适当区分的各具体语言的谱系分类，例如汉藏语系、印欧语系等，以及各语系的下属诸细分类别，这由一定具体语言的范式域限拓展开来，这里就不一一阐述。

第三节　语言要素

归纳起来，则字、词、话是任何具体语言都缺一不可的，且各具体系。

字是语言的意、义“寓所”，及语言象义（意）统一体的物质外壳。无字，语言无所适从。跟其他事物存在不同的是，语言的物质外壳与意义“寓所”，既跟其意义及统一体是一个人工结合性整体，同时又是可担当该意义及统一体的替代性存在与“代表”的，并为该意义和统一体出面“奔波劳累”。

词属语言的名义逻辑存在层面，具含义及相应意义或作用关系化扩展功能。无词，语言会言出或话出无名，从而无言以对。

话属语言的特定实意存在层面，具有句化及相应实意或作用关系扩展功能。如果“不像话”，实意无法针对。

词跟话的不同，除含义方面的名义、实意不同外，还在于，词的治下有以该名义存在的概括了的一切实意存在；而话针对的，仅是词的意义存在的某特指情形，即所存在的实意情形之一。

词泛指，而话特指。

所以，字、词、话是语言三要素。

第四节　语言化

语言化是借助于一定语言性物化手段、方式、方法等，而令一定事物存在有了它的或词化或话化存在。从而，相应地，该事物存在便人工化地具备了一定的语言特性。

语言化跟语言的区别在于：

语言以词、话类统一体组织，为自身相对独立的主体存在，并天然地具备了语言化特性。其所人工结合的一定事物存在类意义内容，不过是语言所具的本质内容特性方面。因而，其所具的一定意义本质，实际只是它所具诸特性的一方面。

而语言化，则以一定事物存在，为自身相对独立的主体和本来存在。其所人工结合的一定词、话类语言特性，不过是该事物存在所具诸特性的一方面——该事物存在的方面特性。

例如：A“十元两只！”B“五元一只！”

两者就语言统一体角度而言，都不过是一句话而已。它以话化语言为主体，任务与方法，则在字化表象组织替代性存在类形式、手段与意义信息内容的人工结合并协调一致。从而，其就语言而言，不过语言而已。

而语言化方面，则两者的信息内容本身是主体，信息的语言特性化，只是其信息处理方式方法中的最直接、最优先选择。从而，其就事物存在而言，即便具备了一定语言特性，但仍在事物存在本身。

两者“公约数”所在的同一事物存在为：“十元两只”是卖家希望顾客既知价格又多买，被动应答中可能含主动推销行为，甚至只买一只还可能不卖。而“五元一只！”则只被动应答性传递了单纯价格信息。

文学、历史、政治、宗教、哲学类属社会科学，数学、物理、化学、生物类属自然科学，都不同程度地采用一定的语言方式方法，来对本学科知识内容进行一定程度的语言化学习和研究。

我们说语文是其他各门功课的基础，也主要就语言角度而言。当我们学会了语言方式、规律、方法，我们对其他各门功课知识的语言化问题，就能很好地理解了。

因而，对语言和语言化的科学区分，将有利于我们适当区分语言跟其他学科间的差异。

第五节　语言学

语言学即专门研究语言的现象、本质、特征、规律等的学科。

因语言本质在于一定的意义内容，且语言统一体实际由一定事物存在的意义内容作用（决定）、人的主观能动作用能动反映及生理反应化量能释放性作用而形成，故人类语言研究主要是在一定的社会科学研究范畴。但研究方法，则应基于其物化存在方面的科学构成。

语言研究一般分为基本理论研究和规范化应用研究两大类。基本理论研究如普通语言学等，规范化应用研究如应用语言学等。

探究，并对社会既有的语言现象、本质、特征、规律认知等，进行科学的规范与解释，是人类语言研究的使命。

至于自有语言研究以来的社会既有语言研究派别，及相应理论著述方面的情况，这里不具体列举。

第二章　语言运行——动力前提与具体实施

语言运行的动力前提及具体实施大体沿以下线路进行：

事物存在（潜意义）
- 外在化信息
  - 语言化信息
  - 非语言化信息
  - —投射→ 生理反应（耳眼等接获）
- 心理既有信息
  - 言词映象化信息
  - 非言词映象信息
  - —激活→

—输入 ↔ 关注—

心理反映（处理、酝酿）—输出/下传→ 生理反应（说、写）—执行/变现→ 语言（物化词、化）（字化表象组织替代性存在）—示指→ 对象、意义

例如，宝宝说："我要爸爸！"

这种适度结果化了的一定具体语言，并非本来就有。它们从一定的事物存在及我们的需要、愿望、想法等，变作现实，往往需要人的主观能动作用，积极主动地应对一定外界事物存在或心理既有信息激发，需要听、看生理反应联动输入，心理联通酝酿处理下传，说、写生理反应联动输出（神经脉冲式量能释放），最后才变现为一定意义及语言象意统一体的代表——一定字化表象组织替代性存在。

第一节　动力前提

动力前提：
- 事物存在：意义决定作用（刺激）
- 心理反映：主观能动反映（处理）
- 生理反应：量能释放外化（执行）

一定的事物存在、心理反映及生理反应，是一定言词运用或话语结果变现的动力来源，也可称三者为语言结果变现的三前提。

一、事物存在

既包括一定的外界事物存在类刺激信息，乃至一定的社会表达、交流对象，同时也包括一定的心理既有信息存留（记忆、经验、认知等）。例如，记忆复活、经验基础、认知反映、欲望、意愿、动机等。它们是一定语言变现的原动力。

例 A　“我早已想写一点文字，来纪念几个青年的作家。这并非为了别的，只因为两年以来，悲愤总时时袭击我的心，至今没有停止，我很想借此算是竦身一摇，将悲哀摆脱，给自己轻松一下，照直说，就是我倒要将他们忘却了。”

鲁迅：《为了忘却的记念》

在这里，作者写作前就已有一定的社会事物存在信息（诸如写作背景方面事物存在等），作者心理记忆存留与刺激信息、表达者（作者）、交流者（写作意图方面隐含）之类事物存在信息，都表露无遗。

例 B　“天哪，爹竟想给我们娶一个后娘。我听后脑子‘嗡’的一下，不言语了。在我的印象里，后娘就是凶狠的代名词。我的同学铁柱、山杏不就受后娘的气吗？特别是山杏……”

叶雪松：《丑娘》

人物所想即一定心理刺激信息及心理记忆信息存在。作者以心理活动描写，通过描述把有关心理活动信息传达给读者。

事物存在前提确立语言的社会本质内容属性，如一定意义、表达交流对象等。

相较于心理反映和生理反应的直接作用，事物存在前提的外界刺激，更体现为一种间接性动力。它们需经心理的主观能动作用积极主动地反映，和生理反应终端的反应作用接纳，才成为一定语言动力。

二、生理反应

语言的生理反应前提主要指人的口、手、眼、耳等的相关功能，即反应。

眼、耳是事物存在及语言的截获器，它们既负责对外传语言及非语言信息类事物存在的截取、捕获，同时又依一定心理反映要求而负责对一定自产语言的监听、监视、主动地反映，例如听、看之类。没有眼、耳类身体终端接获器，听、看类的事物存在、语言交往（或接受）就不可能存在。语言交往是人类语言的生命，语言交往不存在，人类的语言就成了死的、无用的语言。

某网络留言："俺打小就耳有点背，一直到现在，很苦恼。别人说话声音小一点才有时听不到，而我却对人家正常的说话声有时也听不到。而且有时候耳朵有点疼会有耳鸣现象，去大医院检查过医生又不说是什么原因，只是叫我购买助听器，昂贵的助听器对于我们打工族来说简直就是天方夜谭，有劳医生帮帮我解答。"（正常说话听不到，语言接受未实现，口头语言交往被阻隔）

《初刻拍案惊奇》卷叁拾："太守几番要问他，嗫嚅数次，不敢轻易开口。"

（只"嗫嚅"、没开口，所以语言没实现）

如果从具体物质交换角度而言，则语言的生理前提又以信息量能感应的方式，接受外来具体语言或其他内外刺激信息，以信息量能释放的方式，产出具体语言或其他处理信息。该量能释放类生理反应采取的途径，是一定的神经脉冲或心理放电。而口、手、眼、耳类生理终端，则是内外信息交换的窗口。任务是负责执行。

其信息处理与信息监督是由心理反映负责的。

三、心理反映

语言的心理反映前提，指人脑尤其是大脑皮质机能对外界及自我身心的积极、主动而可控的反应功能，也即反映。

人的大脑皮质，往往能以其映象化抽象反映活动方式，对眼、耳类生理终端接获的外来刺激信息及人脑中的各既有刺激信息，进行链接、联通（协调）、弥散（分析）、整合、下传（下达执行命令）等处理工作，从而为人类语言的心理酝酿，提供必要的心理反映基础。

感觉、意识、想象和思维组织等，是人类语言在其心理处理和酝酿过程中的基本反映方式。人脑网状神经结构的存在，又为语言的心理反映，提供生理反应方面的物质基础。

因而，心理积极主动反映和处理，是人的心理反映方面的使命。

鲁迅："先生，'怪哉'这虫，是怎么一回事？……"我上了生书，将要退下来的时候，赶忙问。

"不知道！"他似乎很不高兴，脸上还有怒色了。

《从百草园到三味书屋》

（不高兴、心理愤怒，溢于脸色，但未溢于言表，当时语言未实施，止步于心理反映过程）

心理处理信息的外化，是心理和生理联动的结果。外部信息被一定的生理反应和心理反映积极主动地接收和处置，同样是生理和心理联动的结果。生理依机体功能应激反应，而心理则基于一定生理基础，而有目的、有准备地积极主动反应。人的主观能动作用的发挥，直接来源于人的一定心理反映活动的实施。

生理反应令语言及其所对应和结合的事物存在具体化，如言语和书写，就能令其所表达的相应事物存在信息声讯化或符号化。而心理反映则除映象化具体反映外，还可令语言及其所表达和结合的相应事物存在抽象概念化，如感觉、意识、想象和思维组织等，就能促成相应事物存在意义的映象概念化或概念结构化组合存在。而且，心理还负责对包括语言信息在内的各种内外信息或事物存在的协调、统一和发展，并联动性地以生理反应方面的量能释放方式，来促进身心与身外事物存在间的协调、统一和发展。

生理反应体现人脑的自然属性和机能，并决定语言的字类具体物化表象属性及所指事物存在。而心理反映，则体现人脑的社会依赖性或社会属性，它决定语言意义的抽象名义逻辑方面的映象反映属性。生理与心理的联动，会导致语言中具体表象与或抽象或具体意义有机统一，并导致语言具备了能以或具体或抽象方式上达一切事物存在的神奇魅力。

正是依靠语言所具有的这种能或具体或抽象化地上达一切事物存在的“魔力”，人类才最终突破了自身精力、体能在应对或抽象或具体时空及其事物存在上无所不及。

第二节　具体实施

- 具体实施
  - 事物存在决定与作用
    - 话题本身
    - 语境条件
    - 生成规则
    - 处置策略
  - 心理处理酝酿化反映
    - 言词表象映象化信息运行
    - 非言词表象映象化信息运行
  - 生理执行具象化示指：字化表象组织替代性存在化代表

一、事物存在（意义）的决定作用

事物存在运动是一定力作用的结果，人类语言运行自然也不例外。

因人对一定自然、社会的依赖化生存，一定心理反映处理和一定生理反应执行，都不过是一定外界事物存在作用于人的结果。所以，人类语言运行的终极力的作用是一定的外界事物存在（意义）作用。

概括而言，事物存在方面的力的作用，主要有着以下这些方面的具体体现：

（一）话题内容本身

即“说什么”及人的主观能动作用积极主动地反映（关注）所对应的内外事物存在内容方面的决定作用。

（二）语境条件（场景）

这包括事境、环境、背景、词境、心境、生理环境等方面的伴随、关联或拓展存在方面的作用、关系与影响。

事境是话题内容本身关联的名义、实意适度拓展方面。环境多指跟话题内容本身相应的一定自然环境存在方面的作用、关系和影响。背景指跟话题内容本身相关的一定社会环境方面的作用、关系和影响。词境指跟话题内容本身所用的明示性言词相关的名义、实意甚至言词等方面的作用、关系和影响。心境指跟心理对话题内容本身的能动反映相关的感觉、记忆、经验、知识、处理等方面的作用、关系和影响。而生理环境指生理对话题内容本身的心理处理，所预备的口、手类生理反应终端的外化执行性活跃态势——生理生成环境方面的作用、关系和影响。

（三）生成规则

这总的可分为自然法则和社会法则两个大的方面。

所谓自然法则，即依事物、事理或逻辑本身的作用、关系和影响方面的天然性“天命许可”类作用方式、方法等，对有关“话题内容”进行力所能及的处理、言词运用及话语生成，这样一种言词、话语自然生成法则。

基本要求在真实、客观、科学、准确、合理、通畅地“讲道理”之类。

而所谓社会法则，则指人们对一定“话题内容”的处理，往往还受社会法律、法规、道德、伦理、习俗、文化及社会地位（序位、阶层、行业）、作用（力）、关系，乃至思想、观念、兴趣、意愿、情感、态度、世界观、目的、任务等方面的社会约定俗成性制约，这样一种社会“开放权属”性言词运用、话语生成法则。

基本要求在言词运用、说话方面的“识时务”之类。这可导致言词运用、话语生成的变假、大（或小）、空、过头、借口、应付、反常及其他诸多变化性说法。

且两法则互相融合，相辅相成。彼此各有自己“天命”许可与“开放权属”上的表达自由与反向约束作用。

传统语法说对语言生成规则的说法，是说不清楚的。

（四）处置策略

通过适当统计、估算、考量、揣摩、权衡化地协调、统一、发展，确立表达所用的适应法则、物化手段、表达方式、方法等。

例如，话题当前，主要依一定自然法则还是社会法则，或两者融合。字化表象组织替代性存在化言词运用的选取、多寡。言词明示手段与语境伴随、关联、拓展存在的关系化协调。句化或篇化表达。一定句级或篇章级表达方式。一定的修辞方法或表现方法类处理方法等。

二、心理处理酝酿（人工）

语言的单纯名义逻辑表达与交往，确立语言功能变现的公共基础平台——名义逻辑组织存在。它首先经一定事物存在的刺激作用，如一定的外在言词化信息、非言词信息的刺激，或心理感觉方面既有内在信息的刺激；然后，生理机能在心理反映管控下应激反应与信息接获，如眼、耳功能等；接着，心理反映对截获信息适当处理，如信息链接、联通（协调）、弥散（分析）、整合性处理酝酿；最终，心理反映处理信息下传，再经生理反应负责执行性输出和外化，其能量释放经一定说、写方式，而下达为一定的言词或话语结果。

事物存在作为一种客观存在，往往不以人的意志为转移，不具备积极主动与人协调处理的能力。它们需要心理反映方面的主观能动作用，主动地去协调、统一和发展。心理反映依据人的社会依赖及主观能动作用，跟生理反应联动，令生理反应受心理反映的有效管控。因而，人类语言运行又直接体现为一定心理反映指导下的生理反应活动及结果。

语言的心理处理酝酿，也可称为语言的潜运行过程。但其实质是一种心理反映与处理活动，而非现实性语言活动。

这可包括言词表象映象化信息运行和非言词表象映象化信息运行两大类。人脑所具的语言第二信号系统，在语言酝酿过程中的言词表象映象化信息运行体系。

心理处理酝酿的具体体现，在人的主观能动作用及大脑皮质的心理映象化反映，积极主动地激活心理既有信息存留，接获外界事物存在的刺激信息，并进行适当链接、联通（协调）、弥散（分析）、整合及下达执行命令化的处理。

心理处理酝酿的方式，在心理放电性地神经脉冲。结果在对一定反映区域的有效激活反映。

（一）言词表象映象化信息运行

言词表象映象化信息运行即语言的一定言词性字化表象组织替代性存在在人脑中的映象化心理反映活动。

该字化表象组织映象，会人工联结事物存在信息类被处理意义的映象化心理反映，相应泛指名义逻辑的心理处理和酝酿，也称言词表象映象化信息特意反映。

人脑的语言机制跟机体其他方面功能机制不同的是，语言的心理酝酿基于泛意义、特定实意与一定称谓（名称）性字化表象组织映象的人工合一，并以称谓性字化表象组织映象，为统一体的替代性存在方式，来运行和实施的。

这种人工合一的统一体，可接受一定名义所能概括或涵盖的所有类属事物或特定具体事物存在方面的各刺激信息（对象、意义、功能等），并在大脑皮质的对应或相关区域进行适当链接、联通、弥散、协调、整合等方面的心理反映与处理工作，之后再以一定称谓性字化表象组织映象的替代性存在，经生理终端的量能释放而外化为一种语言行为的发生。

人类机体自身活动及机体与外界的交流活动，会给人的心理带来无尽的感觉。当某种感觉开始涌现，人的心理首先产生一定的念头；然后，一些感觉产生或接连地涌现，带来一定思绪或思绪浮想联翩的形成；各种错综复杂的感觉如潮奔涌，导致思绪万千。而思维则对它们自然性进行联通化组织。

语言诞生以前，人类对自己心理反映活动的自然性思维组织，主要依赖其动物式大脑机能的种属本能。那时，人的心理活动呈自然运行状态，也就是相对懵懂状态。语言的诞生，标志人脑中的一种高级思维组织体系的形成。

该高级思维组织系统的形成，首先得益于人脑对各种感觉、念头、思绪等心理反映活动的系统性或关联性认识和理解，并对它们适当抽象概括。然后，一定音字或文字的发明，又给各种感觉、念头、思绪、思维组织等心理反映及所对应的具体事物存在信息，提供一种简练可控存在——一定称谓性字化表象组织替代性存在类映象存在。

音字声讯化信号方式与文字形体化符号方式的先后形成，成为人类语言物化表达变现的两种基本途径。事物存在信息、映象化心理反映及称谓性字化表象组织映象，这三者一体化后，再以称谓性字化表象组织映象为统一体的替代性存在。

这样，当一定的实意性特定表达需要出现时，事物存在信息首先会被一定心理映象化反映和处理。然后，依据象义（意）人工结合关系，被处理的映象化事物存在信息会经一定心理反映，而与一定的称谓性字化表象组织映象人工结合，以形成一定的心理映象化象义（意）统一体。

该映象化象义（意）统一体又以一定称谓性字化表象组织映象的替代性存在，经一定生理反应终端，以一定量能释放方式，而外化为具体称谓性字化表象组织及所替代的具体物化象义（意）统一体，成为特定言词。特定言词经相应泛指性名义逻辑所及，一定表达方式，借助一定语气、语调、语序、时空间隔、重音类人工变量的辅助表达，特定语境类意义的限定，甚至一定修辞或表现方法运用，最终上达和完成对一定实意性特定事物存在的交流、协调、统一和发展。

当海德格尔想说“语言是存在的家园”时，首先是因为他所接触到的各种语言论述类事物存在信息，对他的心理产生刺激，然后，心理对各事物存在信息应激反映、处理，就形成“语言是存在的家园”这一独到的结论（心理反映处理结果）。

依据一定的象义（意）人工结合关系，心理又将该结果与相应称谓性字化表象组织——“语言/是/存在的/家园”（结构化存在）的映象人工结合，以形成相应的映象化象义（意）统一体。

最终，映象化象义（意）统一体，又以该物化称谓映象的替代性存在，而经口或手类生理终端，以量能释放方式外化，而成为具体物化称谓及名义——“语言是存在的家园”一类言词组织。

它们实际又是具体物化象义（意）统一体的替代性存在，以泛指性名义逻辑组织运行形式，结合着可企及的相应类属事物存在信息与各具体事物存在信息。借助一定的表达方式方法，适当地量化，即成为语句或篇章类特定产品组织。

一定的言词表象映象化信息在人脑中的运行，必定会在大脑皮质的一定区域形成相应兴奋灶，例如，病理实验发现的所谓布洛卡区和韦尼克区之类特定语言区，它们在人脑中就是一种现实存在，且可能后天形成。

至于该区域及与之相关区域的确切位置与范围等，或还需生理学更多的实验去证明。因为病理实验跟正常实验间毕竟是有一定差异的，病理机体能否代替正常健康机体，这是个问题。如同精神病人的言行举止，未必能代表正常人的言行举止一样。而该类语言兴奋灶的激活及运行，则因与大脑皮质其他区域的互联互通，既有自身规律，也受其他方面的影响。

（二）非言词表象映象化信息运行

非言词表象映象化信息运行指人脑中未与一定言词表象映象对应性结合

的各种主客观事物存在信息的心理反映。它们是言词表象映象化信息的有效补充和适当完备。例如，“妙不可言”“只可意会，不可言传”“执手相看泪眼，竟无语凝噎”等言及情形之类，乃至更多。

非言词表象映象化信息在心理反映方面的运行，是以言词表象映象化信息的关联性或扩展性意义面貌而存在和出现的。

事实上，一定心理反映过程，言词表象映象化信息只占整个心理反映信息的很少一部分，它们处于人脑中的特定区域。而非言词表象映象化信息，则大量而广泛地存在。

当一定的非言词表象映象化信息被心理适当协调处理后，会跟一定言词表象映象化信息存在一定关系，而一并跟言词表象映象化信息的一定言词表象替代性存在（称谓）人工结合，表达时再跟一定言词表象映象化信息一同伴随性外化和表达（打包性外化和表达）。

非言词表象映象化信息的这种跟言词表象映象化信息关联性或扩展性运行，也称非言词表象映象信息泛化反映。

只有在非说不可时，人们才决意采取明确的言词性字化表象组织示指表达，不然的话，则语言就会显得多余。只可意会而不可言传的情形，你懂的。

三、生理反应执行（人工）——具象化示指表达

言词性字化表象组织的具象化示指表达，包括给一定意义、一定音字或文字类表象组织标记，以该音字或文字类表象组织来标示或指向所对应的一定意义，并字义（意）统一体人工合成，及字化表象组织组织替代性存在化的运行。其具象化示指是方式，意义表达才是结果和使命，并具体由一定口头言语（口）或书面书写（手）类字化表象组织替代性存在化量能释放来实施。

一定言语或书写类动作行为的发生，直接带来一定言词性名义逻辑组织或话语性特定实意产品组织，合乎一定社会规范、要求地变现。且其字化表象组织替代性存在单通道线性结构化次第产出，义合或意合性扩展，并贯彻语言的表达、接受、传播、应用等诸过程。

鉴于语言的心理处理酝酿，会有着言词表象映象化信息及非言词表象映象化信息的分别存在，语言统一体的现实性运行，也必然会相应地有着一定言词性信息的字化表象组织示指表达，及一定非言词性信息的非字化表象组织示指表达。

其中，言词性字化表象组织示指表达是明示，是表达的中坚；而非言词性信息的非字化表象组织示指表达则是暗示。

事物存在信息及大脑心理反映纷繁芜杂，而人工给具的言词性字化表象组织及相应名义则相对有限，单纯地以有限的言词性名义逻辑，来应对无限的事物存在信息及其心理反映，彼此间必定不相适应。因而，非言词性信息会依据其跟言词性信息的伴随性、关联性或拓展性而存在，而暗示性的隐晦表达，令暗示与明示并行不悖。

这类暗示存在的具体表现，如人们通常所言的特定语境。它们也是特定实意表达不可或缺的一方面。

言词性明示和语境性暗示结合的直接结果与体现，是一定话语产品的形成。这是一种由词到话的华丽转变。它们令意义表达由泛化名义逻辑转向了特定实意，且实意中继续有着相应名义逻辑的不同情形存在。

特定话语中的言词性名义及明示，面向泛对象、泛意义存在，而语境类非言词信息的暗示，却以自身的特定条件化存在，来对有关的言词性泛对象泛意义有效地限定，成为面向特定对象特定情形的特定实意。

具体话语表达与运行过程，为有效揭示语境类非言词信息的隐晦存在，往往还有意地从一定表达方式、方法及语气、语调、时空间隔、重音等超言词手段的适度变化角度，来对特定言词性字化表象称谓组织替代性存在“旁敲侧击”，以达到强化某种暗示性表达效果的目的。常规性特定言词方面的表达不足，人们更依仗一定修辞手段而对有关言词变通，以顺应某特定实意的特指表达需要。

由此，语言表达才最终豁然开朗起来。

由心理处理酝酿方面的心理反映，到现实运行（言语或书写）方面的具象化示指表达变现，人类语言由想象变作了事实。

因而，人类语言运行的实质，乃事物存在作用决定、心理能动反映化处理酝酿及生理机能依字化表象组织替代性存在特征约束化地应激反应和量能释放（执行）的结果。

运行结果的具体体现，是对一定字化表象组织替代性存在化的特定言词运用，对特定语境的结合，对特定实意的上达及三者结合的特定话语产品组织（言词性字化表象组织替代性存在为明示主体）的形成。

第三章　语音、符号和字

字 { 音字（单位化声音或声音连属）
文字（单位化符号或符号组合）

要有话一类的特定实意产品组织的形成，才有实实在在的语言问世。而话的形成，就结果而言，又主要体现为一定话语性字化表象组织替代性存在。

所以，只有在一定字的人工创造性发明上，才可有一定语言现实的形成。一定字的发明（首先是一定音字的发明），是人类语言问世的物化标志。

字是语言的自然表象个体，是一定字化表象组织构成的基本要素，及一定言语或书写行为的基本动量单位，同时也是人类意义表达和交往最便捷的物质手段。包括一定的音字（单位化声音）和文字（符号或符号组合）。

所谓自然表象个体，即撇开其与一定意义的人工结合关系及所表达的一定意义（或功能）的具体物化存在，如一定的音字类差异化声讯信号或文字类差异化信息符号。

字类自然表象个体的现实存在主要体现在：（1）理论上，人们在对字的个体形态结构进行研究时，可有着对其与一定意义（或功能）的人工结合关系及所表达的一定意义（或功能）的自然撇开；（2）实践上，在人们“未加入”一定社会的语言规约时，听到或看到该语言，往往会有着对其与一定意义（或功能）的人工结合关系及所表达的意义（或功能）的自然无知；（3）本质上，字表象和其所能人工结合的一定意义（或功能）分属于两类不同的质（事物），各自有着自身的一定异时空存在，二者因在一定语言统一体内才有机统一。

而所谓字化表象组织，这指相对于一定语言统一体或意义角度而言的一定字表象个体（音字或文字）或其序列组合。它们既是一定语言统一体的一定构成方面，同时又可担当相应语言统一体及意义的替代性存在（代表）。从而，可是一定语言形式、物化手段及示指意义与象义统一体本身的替代性存在，这四者的化身。

语言表达或交往中，字同时还充当语言的言语、书写一类动作行为的基本动量单位，但不是人类语言表达或交往中自然感觉的最小生理动量单位。

比字更小的声音化生理动量单位还有一定的音节、音素。而一定字化表象组织作为一定语言统一体或意义的替代性存在，其生理反应方面的言语或书写类量能释放，只有适当单位化，才可适当统一和规范。

从单词、词组到词的名义范畴区域，从语句到一定语篇，一定词、话的显性存在，无不体现为一定字或其序列性字化表象组织的替代性存在。

先有音字的发明，然后才是一定文字的发明。

只有有了一定音字的发明，人类口头语言才有了其现实存在的物质基础。没有音字和音字序列有效区分的语音（声音）是无极化的，它显然不管组织单位性量化与否。而“音字”及音字序列类物化表象组织，却必须单位性量化，才可有结合为有关名义逻辑或特定话语实意。

而只有有了一定文字的发明，人类书面语言才适当具备了其现实存在的物质基础。

第一节 音 字

- 音字
  - 含义：口头语言的自然表象个体
  - 属性
    - 自然属性：音色、音高、音长、音强
    - 社会属性：生理属性、心理反映、事物存在
  - 构成
    - 音节
      - 开音节
      - 闭音节
    - 音节连属
  - 规范
    - 体系所属
    - 音义关系规范
    - 构成规范

一、含义

音字是口头语言可相对独立的基本的自然表象个体，是相应字化表象组织构成的基本要素，及言语基本的动量单位。

它具体表现为口头语言中能与最小的独立意义或功能结合的单位化声音组织，如汉字“爸”“妈”“来”“了”“嗯”等一类声音化表象组织。

音字源于人类对自己种属声音的社会化改进，及在此基础上进行的一定自创音实践，包括打造出跟自然界的一些声音相同或相似的音。其表现具体由一定的言语动作行为来实施。

动作行为上，音字虽是言语基本的生理动量单位，但非言语最小的生理动量单位。言语不可再分的最小的生理动量单位是音素。

比音素大而比音字小的声音性生理动量单位，是音节。一定的音素或音素连属，可构成一定的音节。一定的音节或音节连属，最终构成一定音字。

一切口头言词和口头话语的字化表象组织，都是以音字为基本的物质构成要素及单位的。

口头语流中通常不存在所谓的同音字，因为该同音字实为同一音字本身。例如，汉字 fēng，即可对应风、峰、蜂、枫、疯、封等多项意义，但使用的都是同一音字表象。它们在声音标记上对各项意义的区分，往往需依据一定的词语环境来确定，诸如西风、山峰、蜜蜂、枫树、发疯、封锁之类。

二、属性

（一）自然属性

音字在其具体物化存在方面，主要体现为社会统一规范的一种单位化种属声音存在，从而具声音属性。并具体表现为一定的音色、音高、音强和音长这四方面的要素。各要素存在的实质，是一定发音体（发音器官）振动而产生的压力波从而被呼吸气流传播开来的结果。

音色也称音质，即声音的特色或质地。它具体表现为一定声波的波形结构状况。波形结构状况不同，音色也不同。

一定音波的波形结构状况由一定发音体（发音器官）的质地及发音方法而决定。一定的发音方法引导呼吸气流和一些发音器官共同作用，而造出一个个灵动的音。

音高是声波频率，即声波振动次数的多少。振动次数多，频率就高，发出的音就高，反之就低。

音强是声波振幅的大小。振幅大，发出的声音就强，反之就弱。

音长是声波振动持续时间的长短。持续时间长，发出的声音就长，反之则短。

因而，音高、音强、音长实为一定声音动能度或量上的变化情况。它们只有在一定音色类质地属性被一定发音方法和呼吸气流作用激发后，才会有自身的一定伴随存在。由此，可称音色为一定音字的质地属性，而音高、音强、音长则为一定音字的度量属性。

一个音字区别于另一音字的标志主要是其质地属性。但英语音字中的音强、音长类度量属性，也适当地用作一定音字的结合性区分手段。而汉语音字中，则音高类度量属性，被一定程度地用作一定音字的结合性区分手段。

音字的自然属性确立口头语言的物化手段与形式特性。

（二）社会属性

因音字变现具体由一定言语动作行为来实施，所以，就生理角度而言，则即时音字实为人的呼吸气流及一定发音器官的规范化作用或振动，包括其所带来的一定人工化单位声音结果。生理性发音规范的目的在于社会统一地表达与交往。

呼吸气流是一定音字构成的直接诱因和原动力，这由肺、气管供给。

声带、喉头、咽腔、口腔、鼻腔一类发音器官或发音部位，是一定音字的发音体。借助于呼吸气流作用下声带、喉头、咽腔、口腔、鼻腔的“精雕细刻”性振动，一个个灵动的音字便从口中鱼贯而出。

因生理与心理的联动关系，一定音字的即时存在，又是跟一定语言名义或实意相应的心理反映信息单位化量能释放或外化执行的结果。因而，从音字的心理来源角度而言，则一定心理反映信息，也间接地成为一定音字的来源。

同时，因人类的社会化生存，语言心理酝酿或处理方面的各心理反映信息存在的实质，又不外乎一定事物存在（潜意义）的刺激、作用、影响。所以，从音字的社会来源角度而言，则音字又间接地体现为一定事物存在类潜意义的刺激、作用和影响。

一定事物存在类潜意义，是一定音字形成的根本原因。心理既有信息存留也可一定程度潜意义化地促进一定音字的形成，这由人的物质化存在本身或曾经的一定事物存在的刺激所决定。

一定的生理、心理及社会存在与一定音字的关系，最终落实到语言的一定象义（意）统一体存在当中。其彼此间的协调、统一和发展，由人的主观能动作用依一定的象义（意）人工结合关系付诸实施。而一定具体的语言体系及社会统一规范，则有效担负着维系该统一体存在的使命。

例如，依据语言的象义（意）人工结合关系中意义与表象的相互制约作用，调节音字表象构成，就能达到替代性地调节其人工结合的意义；而适当整合一定的语言意义，又能相应地人工结合化上达到其所对应的一定音字表象。最终，音字的单位声音化结果，再演变为一定的单位化声讯信号——一定的意义替身。

因而，音字的社会属性确立口头语言的内容特性。

至于音字有限而意义无限方面的矛盾关系协调，则主要借助音字象义（意）结合体的规范性结构化组合的丰富变化，来有效地弥补个体表象方面的相对不足。

三、建构

音字由一定的音节或音节连属而成，而音节又由一定的音素或音素连属而成。

言语过程中，呼吸气流和发音器官在一定生理位属上的适当量能释放，首先能导致一定音素（含音色、音高、音强、音长）的形成。单个音素或多个音素连属，又促成一定音节形成。单个音节直接担当或一定音节连属担当，最终又带来一定音字的形成。

汉语音字是一字一音节，例如，“马、克、思、主、义、者”等。

而英语音字则既可以是单个音节的，例如，he（他）、head（头脑）等，也可以是两个或两个以上音节连属而成的，例如，father（爸爸，双音节）、Marxism（马克思主义，三音节）等。

单个音素构成的音节上升到一定的单音节音字时，音素、音节、音字在该语言表象中体现为三位一体。音素、音节、音字三位一体的情形，在汉字和英语类拼音文字中都有一定的存在。

因音素及其所具的音色、音高、音强、音长方面的特性作用，音字的个性化差异得到了突出的显现。

实际的口头话语表达和交往中，音字甚至序列化字化表象组织的结构性统合，都是由呼吸气流和一定发音器官的连续性工作而非一次性成型的。

（一）音素

1. 含义和状况

音素是一定音节类音字构件的构成要素及音字中不可再分的最小结构单位。它在生理上往往对应一定发音部位的某个相对单纯的发音动作。因而，音素是音字类物化手段最小的单位声音化生理动量存在。

一个音素区分于另一音素的标志，主要在于一定音素的质地属性方面的个性差异。音素的适当划分，即对一定质地属性角度而言。

如果一定具体语言体系对音素的音高、音强、音长类度量属性也适当规范，则一定音高、音强、音长类度量属性，也成为一个音素区分于另一音素的标志。音素特性决定音素构成的音节、音字属性方面的特性。

一个音节区分于另一音节的标志，是音节中的各音素及其临界属性状况的统合存在。音节的不同，又是一个音字区别于另一音字的标志。

音素的实时生命力在特定时空存在上是极其短暂的，并进而导致音节、音字生命力在特定时空存在上一样短暂。音字在特定时空上的短暂存在，又导致人类口头表达成为一种瞬间性具象化示指表达。

如果要对一定的口头话语进行适当储存的话，则往往需借助于一定的传播媒介，来进行有效的刻录，才有着相应种属声音的记忆化存留。而有关对应性文字，则实际只起一定的声音记号作用，文字本身并不带音。

音素是一种动态存在，静止的音素是没有的。

音素具体体现在一定言语过程的单位声音（如一定音字的一定音节）当中。临界条件下，一个音素在其音色、音高、音强、音长类属性方面的存在是特定的，往往只有一种特定情形或状况存在，这是音素状况。

一个人的口音之所以区别于另一个人的口音，最基本的就在于其发音中音素状况有个性差异。

社会规范的一定言语过程所存在的某音素的音色、音高、音强、音长类属性状况，往往只代表该音素在其动态或临界音色、音高、音强、音长属性上公认的一定社会标准或典范，例如，一定的共同语或方言规范之类。

因人的心理、生理方面具有丰富的个性，及一定的音素运行环境影响，音素在其动态存在状况上有着丰富的个性。这种丰富的个性，导致一定临界条件下的音素状况跟其社会规范间的具有一定差异性。例如，一定的地方话、个体语言特色上的差异，就分别为一定程度上的音素个性所导致。

音素状况规范忽略音素动态存在上的丰富的个性，确立和规范言语过程中发音器官的各固定发音部位、气流作用方式及所发出的音，为社会统一采用和交往的音素标准或典范。这不仅有利于字化表象组织替代性存在在一定生理传播途径上的社会统一规范，而且更有利于意义及相应象义（意）统一体的表达、交流和理解。

任何一个音素的产生或单独地存在，如单个的元音音素；或伴随性形成，如一定音节中的若干音素连属，它们的生命都只是即时性的。共时性的音素规范，不过是该音素形成时心理生理位属的普遍情形。这种普遍情形，是一切可能情形的规范代表。由于是用于社会公共表达、交往和统一使用，社会意义自然只能跟一定的规范性音素构成的音字结合。一定具体语言体系，更将一切非规范音素属性排斥在其与一定意义的人工结合关系之外。但在实际的语言表达或交往中，社会成员在个体表达时，又可能一定程度地发一些颇具生理个性特色的不规范音。有的有意如此，有的还习惯使用。社会在一定程度对它们的宽容，也只是它们的即时存在。它们在熟悉的语言环境下不影响一定意义表达，不熟悉的语境下影响意义表达。

当一个音素在其音素状况上的某种个性化情形出现时，其规范情形被阻隔；同样，当一个音素在其音素状况上的规范情形出现时，它的个性化情形即被阻隔。

言语过程的音变，因受一定的音素个性、具体语言体系或一定音素环境影响，其规范化音字内或音字间，既可有音色类质地属性的异化、弱化、增生、省音（脱落）、耦合等条件变化情形的出现，也可有音高、音强、音长类度量属性的异化、弱化等条件变化情形。

只受音素的一定生理个性的直接影响，而导致的一些非规范性音变，是音素的自由变化。

音素状况规范确立的目的，是要适当统一地阻隔社会成员的一些个性化发音及自由音变，令音素发音有效达到一定规范性音素的生理发音部位，以合乎社会统一规范的一定音素标准或典范，从而便于社会统一地表达和交流。但在实际表达中，往往追求那种极具个性、活力的、去规范化的表达效果。一本正经的表达甚至显得令人乏味。

自然条件下，人的发音器官所能产出的音，要远比现有的社会规范化的有限的音素多得多。但并非人的发音器官所能发出的所有的音，都被人类用于音字的构造。所以，音字方面的音素，显然是有其一定的社会规范的。

2. 音素的种类

音素一般分为元音和辅音两大类。

以声带、咽腔、口腔为主要发音部位且气流在咽腔、口腔没有明显阻碍而形成的音，是元音。

声带是元音的第一发音部位，一定腔形下的各腔位是元音的第二发音部位。各腔位主要负责以回声方式对声带原音进行再加工。腔壁是其再加工的回音壁，且各壁位上的力的分布较为均衡。

因为声带振动是各元音共有的发音特性，所以元音和元音之间的差异，主要由该元音音素的第二发音部位（腔位）所决定。

以唇、齿、齿龈、舌、腭、小舌、鼻腔、咽腔等为特定发音部位且气流在这些特定发音部位依各类明显的阻碍方法而发出的音，是辅音。

辅音形成时，呼吸气流或力往往集中于特定发音点位，该特定发音点位成为辅音的第一发音部位，而其他回音部位是辅音的第二发音部位。

辅音的回音或弥散部位是声带、咽腔、口腔、鼻腔。它们以回音方式对第一发音部位所发出的音进行再加工。

辅音和辅音间的差异，主要由该音素的第一发音部位所决定。但有相同的第一发音部位的两辅音间的差异，又由其第二发音部位所决定。例如，一定音素的清浊、送气或不送气等情形的区分，就是如此。

因语言习惯和语言历史的原因，不同地区的语言所统一规范和使用的音素，并不完全一致。例如，英语音字中用到的规范性音素有元音 20 个，辅音

28个，共48个（包括复音）。其度量属性有音强、音长两类。而汉语拼音方案中的规范性音素，则有辅音声母21个[①]，韵母39个[②]，共60个（包括复音）。其度量属性有阴平（55）（第一声）、阳平（35）（第二声）、上声（214）（第三声）和去声（51）（第四声），共4个音高（声调）种类[③]。

世界各国或各地区的各具体语言体系中的所有音素，之所以可适当统一地规范，就在于不仅人的发音器官是有限而具共性的，而且人的发音器官的各明显发音部位，也是有限而具共性的。因而，人类各具体语言体系中所能应用到的规范化音素，有很大一部分是相同的。

（二）音节

音节由一定音素或音素连属而成，它是较音素更高一级的音字构件与结构单位。

自然表象上，音节属于口头语流中自然感觉的最小语音片断及言语动量方面的基本组织单位。

音节既可由一定的单个音素及其所伴随存在的一定临界音高、音长、音强类度量属性统合而成，也可由一定的音素连属及其临界音高、音长、音强类度量属性来统合构成。

一定具体语言体系中的一定具体音节，往往统一地规范了该音节的音素及其属性构成，包括其构成中的各音素质地属性与度量属性状况、音素数量、连属规则规范等。

一个音节区分于另一音节的标志，是音节中的各音素属性状况及其统合构成。一个具体音节跟另一具体音节的音素差异，可以是完全不同的，也可以是部分不同的，但不可能没有差异。

汉字拼音中，可有单纯元音构成的音节，例如，“啊”（ā）“一”（yī）“偶”（ǒu）等，也有元音辅音连属而构成的一定音节，例如，“胆”（dǎn）

---

① 黄伯荣、廖序东：《现代汉语》（增订二版），高等教育出版社1997年版，第38页。
② 黄伯荣、廖序东：《现代汉语》（增订二版），高等教育出版社1997年版，第57页。
③ 黄伯荣、廖序东：《现代汉语》（增订二版），高等教育出版社1997年版，第78页。

“安”（ān）“航”（háng）“人”（rén）等。但汉字读音没有纯粹的单个辅音构成的一定音节，儿化音的简缩形式，一般不能当作此类情形来看待。

汉字音节的发音轻重（音强），由发音者自然把握，往往无特定社会规范，所以，汉字音节的轻重类（音强）度量属性，并未成为一定汉字音节的规范化区分手段。但话语表达过程，则可有字的一定轻、重音表达，以体现一定表达功能或特定含义。这只在一定音字的即时辅助表达手段层面，属特定语境作用下的修辞结果，已到话语层面。

汉字一字一音节，如汉字“啊”（ā）“鼻”（bí）“光”（guāng）等之类。汉字读音方面的单个音节，一般由声母、韵母和声调三部分组成。其中，声母一般由一定的辅音充当，例如汉字“帮”的拼音 bāng 中的 b、“高”的拼音 gāo 中的 g 等。但同时也存在着无声母而只包含一定韵母和声调的音节充当的音字，例如 á（啊）、wǒ（我）等。

汉字读音的韵母有单元音或双元音类复音充当的，例如，de（的）中的 e，dǒu（抖）中的 ǒu 等，也有一定的元音跟一定辅音韵尾连属而充当一定韵母的复音情形，例如 in、en 等。

声调属汉字读音所规范的、跟一定质地属性伴随存在的、音素高低类度量属性存在情形。其一般由一定音节中发音最高的元音音高所携带和统领。依照赵元任的“五度制调符”方法，汉语普通话汉字读音的四声调调值分别为：阴平（55）、阳平（35）、上声（214）、去声（51）。但同时也存在音字无声调的情形，这一般称作轻声，例如 bā ba（爸爸）mā ma（妈妈）中的后一汉字读音中的音节，就是如此。汉字的轻声在汉字音变体系中，实际属一种规范性音素弱化存在情形。

而英语音字的构成，则既有单个音节构成的单音节单词，例如，“yes”（是的）“read”（读）等；也有两个音节连属而成的双音节单词，例如，“country”（国家）“solar”（太阳的）等；还有两个以上音节连属而成的多音节单词，例如，“faithfully”（忠实地）“commemorate”（纪念）“hippopotamus”（河马）等。

英语音字的音节构件方面，依音节中的音素质地属性分布，可有单纯元音构成的音节，例如，“a [ə]”（一个）“ear [iə]”（耳）之类单个音节，或“erode [i'rəud]”（腐蚀）“ idea [ai'diə]”（主意）中的首个音节等之类；也有单纯辅音构成的音节，例如，[m]、[n]、[ŋ] 、[l] 跟相邻辅音（r 除外）可构成的一定成音节，如“noodle ['nu：dl]”（面条）的后一音节，“lesson ['lesn]”（功课）中的后一音节等；还有元音辅音连属而成的一定音节，例如，“an”（一个）“he”（他）“red”（红色的）“tomato”（番茄）“streamer”（横幅）等单词中的各音节。

依音节中的音强类度量属性状况，可有重读音节和非重读音节之分。其中，一定音字独含的单个音节都是重读音节，例如“he”“red”等。两个音节连属时音字重音大多在首个音节，例如“lesson”“streamer”等。但同时也存在音字重音在后一音节的情形，例如“erode”“idea”等。三个以上音节连属时，音字中的音节重音则大多在倒数第二或倒数第三个音节上，例如“tomato”“congratulation [kənˌgrætʃu'leɪʃn]”等。

如果称单纯元音构成的音节为元音音节，单纯辅音构成的音节为辅音音节，则一些元音辅音连属而成的一定音节，可称混合音节。

英语规范上的混合音节中，往往还存在所谓的开音节和闭音节之分。其中，开音节指以跟字母本音发音相同的元音结尾的单个音节，或音节中的元音发音跟字母本音相同，并以一定辅音（r 除外）加不发音 e 结尾的单个音节。前者称绝对开音节，例如，“me”（我）“she”（她）等；后者称相对开音节，例如，“like”（喜欢）“table”（桌子）等。开音节都是重读音节。

闭音节指一个或几个辅音（r 除外）结尾的单个音节，例如，“leg”（腿）“cross”（越过）“done”（完成）“begin”（开始）的后一音节等。“done”因音节中的元音不是发跟字母本音相同的音，所以不属相对开音节。闭音节还有重读闭音节和非重读闭音节之分。

重读闭音节指以一个辅音（r 除外）结尾，且音节中的元音不是发字母本音而发短音的重读音节，例如，“sit”及“begin”中的后一音节等。

非重读闭音节即音字中那些不是重读的闭音节，例如，“subconscious”中的首个音节和“jaket”中的后一音节等。

轻读的不定冠词“a”一类的单个音素、音节、音字三位一体的情形，在英语单词中往往是比较少见的。

音节中的音素连属统合规则上，英语和汉语也是分别有自己系统的统合规范。

英语和汉语中都有元音与元音连属固化而成的一定复元音存在，例如，“[ai]”“[ei]”等。也都存在元音辅音统合成的混合音节。但英语中“[ɛə]”“[aiə]”之类的元音连属固化而成一定复元音的情形、英语独有的相邻辅音连属固化而成一定复辅音的情形，如“[spr]”“[dl]”等，这在汉语单词拼音中自然是没有的。

汉语拼音中的声母 z、c、s 只能直接跟 [ɿ] 相拼，声母 zh、ch、sh、r 只能直接跟 [ʅ] 相拼，它们不能直接跟 i [i] 相拼，声母 j、q、x 只能直接跟 i、ü 相拼，不能直接跟 ɑ、o、e、u 相拼等，这些是较特别的。

1. 音节中的音素常规存在

言语时，音节中的音素发音不受临近音素发音影响的规范性存在，是一定音节中的音素的常规存在。

无论英语一类语言的拼音文字中，还是在汉语汉字中，元音音素都是一定音节构成的主体，例如，英语单词“bed”（床）“book”（书）等，汉字拼音如“wàng”（忘）“qián”（前）等。

而辅音则充当一定单个音节的节头或节尾，如上述音节中的辅音之类。辅音在两个及两个以上音节构成的音字中，还充当一定音节的分界线，例如，英语单词“beauty”（美）“student”（学生）“congratulation”（祝贺）等中的元音间辅音，即是如此。且它们普遍归属于后一音节。

汉字发音一字一音节，所以，汉字拼音中的辅音一般在音节开头或结尾，且在开头的占多数，在音节末尾只是 [n]、[ŋ] 类鼻音韵尾。

英语中有 [θ]、[ʃ] 一类不送气的清辅音，[v]、[z] 等浊辅音，及半元音 [j]、[w] 的存在，这在汉字拼音中是没有的。但汉字拼音中的声母 z [tɕ]、c [tɕ‘]、s [ɕ]、zh [tʂ]、ch [tʂ]、sh [ʂ‘]、r [ʐ] 之类，则在英语中是没有的。

一些单元音或复元音，在英语音字或汉字拼音中往往可构成一定的单个音节，而辅音则因发音不够响亮而大多不能这样。但英语中有屈指可数的单纯辅音构成的成音节（非重读），例如辅音［m］、［n］、［ŋ］、［l］跟相邻辅音（r 除外）即可构成一定的成音节。汉字读音中没有此类音节存在的情形。

度量属性状况方面，英语音字中的音素高低属性无特定规范，而音素的长短、轻重属性被相对规范。长音大体是短音发音的一倍，重读音节中的各音素读音相对强些，轻读音节中的各音素读音相对弱些。

汉语音字的音长、音强无特定规范，而汉语音字的高低属性则规范为阴平、阳平、上声、去声四类型（四声调），并由音节中发音最响亮的一定元音统领，该统领音素称为领音。

音素常规存在的实质，是一种音节中相对稳定性的音素规范性存在。

2. 语流音节中的音素嬗变

言语时，一定音节中的音素因故而变得跟原来或常规情形不一致，这样的音节中音素变化情形，就是音素嬗变。

音节中的音素嬗变，可分条件变化和自由变化两类。它们实际属一定口头语用过程中的一种自觉或不自觉的音素变通行为。

（1）语流音节中的音素条件变化

音素受相邻或临近音素发音影响而出现的规范性变化，是一定音节中音素的条件变化。

口头语流中，一定音节在连属、快读、重读或轻读时，其音素会受一定的相邻或临近音素的发音影响，而出现一定程度的生理属性漂移、张力、减弱、简省甚至粘连等情形，从而导致音素的某条件变化发生。

音节中的一定音素的生理属性漂移或减弱，会带来音素同化或异化的出现。音素的生理属性张力，会导致增音的出现。音素的生理属性简省，会导致一定省音情形的出现。音素的生理属性粘连，会导致一定耦合音节的出现。

音素同化是就被动角度而言，即其变得跟相邻或临近音素一定程度相同。但这与本来或原来的自身相比，则仍属异化甚至更替。

所谓音素异化，即音节中的一定音素受临近的不同音素发音影响，而变得跟未受影响时的自己不同。

如果音素异化属变得跟某临近音素一定程度相同，这属趋同性异化。例如，英语单词的复数或单数第三人称标志［s］，依据英语音节中的音素清浊一致性原则，在清音后读［s］，浊音后则读［z］；动词过去时和过去分词标志［t］，在清音后发音是［t］、浊音后发音则是［d］。

汉字拼音中规范性的趋同性异化，只有一定历史时期曾经发生的清音浊化情形，现时规范化的共时性趋同性音素异化几乎没有。虽然“难免”的拼音 nán miǎn、“欣赏”的拼音 xīn shǎng、“糊涂”的拼音 hú tu 等，可能发成 nám miǎn、xīn xiǎng、hú du，但汉语普通话汉字拼音方案中，显然没有此类明确规范。如果出现，也只属自由变化。

如果音素异化属变得跟某临近音素一定程度不同，这属避同性异化。例如，英语单词“spring”（春天）“sky”（天空）“stay”（停留）中的 p、k、t 在重读音节中的 s 音素后，即由不受影响时的送气和清音情形，变化成不送气和浊音化了。

汉语中的避同性异化主要在一定的声调上的变化，例如，上声（214）与上声（214）相连时，则前面的上声变化为阳平（35），“一”（yī）“不”（bù）在去声（51）前读阳平（35）等。

如果音素异化属变得跟其前的某临近音素一定程度相同或不同，这属趋同性或避同性顺异化。顺异化也称遗留异化。例如，英语、汉语语音中都存在的鼻化、唇化等。

如果音素异化属变得跟其后的某临近音素一定程度相同或不同，这属趋同性或避同性逆异化。逆异化也称先行异化。例如，英语单词“geese”（鹅）中 g 的发音受 ee 的发音的影响而发生的硬腭化，“this shoe”（这鞋）中的单词 this 的字母 s 的发音受临近单词 shoe 的字母组合 sh 的发音影响而发生的异化，就是如此。汉语普通话汉字拼音中的先行异化，主要在一定的声调变化方面。

音节中的音素受紧邻音素影响而出现的异化，是紧邻异化。例如，“of course”（当然）中的音素 f 受相邻音素 c 的影响而发［f］，“sky”中的 k 受其前的 s 影响而发［g］等。汉字拼音中的紧邻异化，如上述声调变化之类。

音节中的音素受不相邻但相近的音素影响而出现的异化，是间隔异化。例如，英语单词中复数标志-es、过去时或过去分词标志-ed 中的 s、d 发浊化音［z］、［d］时，就是如此。而汉语普通话中的汉字拼音的发音方面，则少有规范性的间隔异化。

言语时，受临近音素的发音影响，一些重读性音素、浊辅音、舌叶音、鼻音等的生理属性运行（读音），会有着很强的维持性或延时性存在，这可一定程度地称为音素的生理属性张力。音素的生理属性张力，可导致该音素惯性化融入下一音节的音素构成当中，产生增音。例如，英语单词"beginning"（开始）中的 n，"stopped"（停了）中的 p 等。汉语普通话汉字拼音规范中的惯性增音，一般没有。

音素的生理属性张力，还可在音素连读时带来相连发音部位的联动，从而也形成增音性音素变化情形。例如，"education"（教育）中的［d］受［j］的影响而发成［dʒ］，"meet you"（见你）中的［t］受［j］的影响而发成［tʃ］。英语两相邻单词中的前一单词末尾是元音［i］、［u］，后一单词又以元音音素开头，两单词连读时，后一单词开头元音前，就相应地增加半元音［j］、［w］等。汉语普通话中，汉字拼音的联动式增音，如语气词"啊"，因受前面音节中的末尾音素影响，而导致其音节中出现诸如 n（ɑ）、i（ɑ）、u（ɑ）、ng（ɑ）之类的增音变化情形。

音素的弱化，主要受该音素所在音节轻读的影响，而该音节该音素的轻读又是因为受临近音节音素的重读而影响。英语连读时，冠词、连词、介词中的元音在连接名词、动词、形容词、副词一类词时即被适当弱化，例如，a lot of（许多）中的 a、of，yes or no（是或不是）中的 or，fill in the blanks（填空）中的 in 、the 等。汉语中的音素弱化则主要体现在一定的轻声和儿化音方面，例如，"爸爸"（bā bɑ）中的后一个"爸"字的读音、"什么事儿"中的"儿"字的读音，等等。一旦弱化到跟原来或本来的自己不同，就转变为一定的异化情形。

言语时，受临近音素的发音影响，为便于或促进音字内或音字间的音节发音顺畅、协调、统一，一定音节中的音素发音被适当跳过，或只出现其部分标志性发音动作，从而导致该音素不能明确发出，且一般也不会影响到该音字及有关意义的语境表达，这样的发音简省，即一定音节中音素的省音情形。

音素的省音变化可有字内省音和字间省音。英语字内省音如单词“though”（虽然）“sign”（记号）“castle”（城堡）中的 gh、g，t 发音省音，“cousin”（堂兄）“lake”（湖）“chinese”（汉语）中的字母 i，a，e 发音省音等。英语中的字间省音如“a ba（d）day”（倒霉的一天）中的 d，“wi（th）them”（跟他们一同）中的 th，“day an（d）night”（日日夜夜）中的 d，“let us”（让我们）简缩成 let’s 等的发音跳过而出现的省音情形。

汉语中的字内省音如“就”“回”“存”的拼音 jìu、huí、cún 中，就分别有着 o、e、e 的规范省音情形。此外，汉字拼音的声母性字母组合 zh、ch、sh 中的 h 的发音，也存在着一定程度的省音情形。至于字间省音，汉语言语中就少有这种规范化情形出现了，像“我们”（wǒ men）中的“们”（men）、“豆腐”（dòu fu）中的“腐”（fu）一类发音情形，可以弱读、可以省音，但汉语拼音方案中并无此明确规范。

言语过程中，相邻音字连续发音时，前一音字的末尾音素是辅音音素，而与其相邻或相近的后一音字的开头音素为元音音素，这两个相邻的非同类音素一般可脱离原音字音节，结合而成跨音字的新音节，且模糊了音字间的一定界限，这样的音素变化情形，是音素的耦合变化情形。例如，英语的 look at（看）、all of us（我们都）等连读时，即出现跨音字的耦合音节。汉语中的音素耦合如“花儿”的发音 hua er 耦合成 huār、“哥儿”的发音 gē er 耦合成 gēr 等一类儿化音节，则属音素耦合的另外情形。

音素度量属性的条件变化方面，在领音影响下的一定英语音节中的各非领音音素的长短、轻重，往往受领音影响而在长短、轻重方面变得跟领音一致。而在领音影响下的汉字音节中的各非领音的高低，则往往受领音影响而在音高方面变得跟领音一致。

例如，汉字中的音素度量属性的条件变化，有上声、去声、“一、不、

七、八”的发音及形容词重叠的读音等方面的变调[①]。汉字拼音中现已没有浊化音了，但其在发音历史上，则曾经有过，后都在一定历史时期的演变中逐渐清音化了[②]。

如果一些即时性音变经一定历史时期稳固下来，则其又演变为一种常规存在，就现时角度而言不再属一定音素嬗变。例如，英语单词“illiterate”（不识字的）中的字母 l 的发音、“irrelative”（不相干的）中的 r 的发音、“import”（进口）中的 m 的发音，就是在曾经的一定历史时期，分别由前缀-in中的 n 演变和固化而来。汉字如“斜”（xié）“野”（yě），古读发音分别是（xiá）（yǎ）。

（2）语流音节中的音素自由变化

音素未受别的音素发音影响而自然随意出现的某些即时变化，属音节中音素的自由变化。音素的这类变化可有如下情形：

①具体语言体系中未统一规范的音素属性即时变化情形，属于音素的自由变化情形。例如，音素高低变化在英语的社会规范中未统一要求和规定，到其即时发音，即可自由变化。音素长短、强弱类属性变化在汉语普通话中，是未统一规范和要求的，到其即时发音，即可自由变化。

②虽然一定具体语言体系中有明确规范和要求，但若音素的异化、弱化、增音、省音、耦合类条件变化，超出了规范的常规限度，这些音素变化显然是不在社会统一规定和要求之内的，从而也属于该语言体系中的音素自由变化。闲谈、演说、歌唱、Q 言 Q 语类的网络语言等言语中，此类音素的即时自由变化情形普遍存在。这类音素自由变化的原因，主要是人们的心理或生理个性导致的。

③方言作为一定共同语的地域变体，其音节中的音素变化对自身而言是宽松规范下的条件变化，但这相对于共同语而言，则难以被约束。因而，该

---

① 黄伯荣、廖序东：《现代汉语》（增订二版），高等教育出版社 1997 年版，第 102～104 页。

② 黄伯荣、廖序东：《现代汉语》（增订二版），高等教育出版社 1997 年版，第 80～81 页。

类变化如融合到一定的共同语中，也属于音素的自由变化。例如，普通话“吃饭”（chī fān），用湘方言来说，就可能变成“呷饭”（qiā fān 或 qiā huān），普通话“有没有”到了网络上，就可能变成“有木有”等。

④外来语的语音渗透到一定的母语中，母语如果无法对其进行有效约束，这类音素的变化相对于母语而言，显然也会是一种自由变化。例如，英语“Thank you very much”（非常感谢），到了中国人的随意性表达中，就可能变成了“三克油，喂了猫吃”，等等。

因而，音节中音素的自由变化更多地体现为一种口头语流中的去规范化发音行为的发生。

音素自由变化的实质，既不自觉地受一定个性化、地域性发音等影响的结果，同时也是某种程度对一定语言形式修辞变通表达的结果。

当然，如果对社会普遍使用的一些音素自由变化适当进行社会规范和统一要求的话，音节中的音素自由变化也可转化为社会统一规范的音素条件变化。而社会成员如果普遍的对一定的语言规范不加维持和遵守，各自任意发挥，这样也可能导致一定的规范化音素条件变化向音素自由变化转化。

音素以外再另外增加所谓的音位存在，无疑在一定程度上带来音字建构基础的混乱。

国际语音协会对音位的定义是“某语言里未加分别的一族相关音”。叶蜚声、徐通锵著的《语言学纲要》，则称“音位是具体语言中有区别词的语音形式作用的最小语音单位”。而黄伯荣、廖序东主编的《现代汉语》，则指“音位是一个语音系统中能够区别意义的最小语音单位”。第一种音位观对音位定义为一种集合称谓，第二种定义为最小辨声单位，第三种定义为最小辨义单位。彼此的差异令人们对音位费解。

我们知道口头语言象义（意）人工结合的起点，在一定单词中。单词中某相对独立的一定意义或功能，可对应性结合的声音化表象，是一定的音字。非独立性意义或功能深入到一定单词，则只能跟单词的声音化表象（音字）的局部（字部）对应性结合，从而导致一定单词前缀、后缀、词根、屈折类局部性意义区分手段的形成。除此以外，非独立性意义或功能，便再也无法更细地分解和深入到一定单词的更小结构成分当中。

这足见字系统的音字建构体系，只能在口头单词属下的音字自然表象个体建构层面。音字自然表象个体或其局部性字部类建构单位，只有一定的音节、音素两级。所谓的音位，在音字或音字字部的哪里呢？

国际语音协会所称的“某语言里未加分别的一族相关音”，实指超字性的一族相关音素，是超字性的一定常规音素及其条件变体、自由变体的统称。

音素以外还增加音素集合类基础结构单位——音位，来对超字性或跨字性的某特定结构成分位的常规音素、条件变体、自由变体去差异化统归统称，这混淆和动摇了音字的建构基础。

最小辨音单位的说法，实质是借音素的社会属性之名，以集合音类的去差异化存在，取代集合音中的某单个音的临界存在。最小辨义单位的说法，则从音素社会属性角度，强拉意义，颠覆单词的音字表象跟一定名义的人工结合起点。

可见，音位说的实质错误，基于其对跨单词的一定音素及其条件变体和自然变体的统归统称，并误会书面语言的不同单词的字化表象中相同字母标记相关性不同音素情形。国际音标中的宽式音标，清楚地反映了所谓音位的这种跨字性的、非严密的、集合性音素统称本质。

当然，如果将音位仅理解为一定音素的生理位属所在的话，那将是可行的。这样就不仅音位概念被保留，而且也可对原来的音位说有关音素变体一并寄寓在一定常规音素记号下，以解决一些音素变体记号问题。

四、初始生成

孩子的第一声啼哭（ɑ、e或u—ɑ、u—e），是天赋能力与种属本能反应的结果，同时也是有意义的。但它因还未“加入”社会语言“公约”（象义或象意人工结合），显然还不是语言。至多属自然反应性表达，或广义语言范畴。

随后到半岁左右，会出现对自己发音器官的一定发音部位及所发音的试探性认知阶段。例如，用啼哭（ɑ、e或u—ɑ、u—e）提醒或表达要求的感知阶段。

因呼吸气流类造音原动力首先接触到声带、咽喉和口腔这些发音部位，所以，声带振动、咽喉、口腔、舌面等，对音的塑造方面的认知，乃至声音响亮度、声音高低、声音长短的认知，及各相关生理感应态势的确立，是这一时期发音尝试的主要任务。例如，由不自觉的发 a、e 或 u－a、u－e，到有意而方法性的发这些音，再到模仿、创新、求变性尝试着发 a－u、ai、ei、ou、o、eu，甚至 an、en 等之类发音尝试与认知，就是如此。

而它们跟具体意义的人工结合，则仍处不明朗阶段。

半岁后至 1 岁左右，元音发音、音变及连属方面的摸索和认知趋于成熟，双唇音、舌尖音、齿音等各类辅音的发出，进入普遍摸索与认知阶段。孩子尝试发 da、la、bb、ba、na、ma、ka 等，在大人带领下尝试发 baba、mama、nainai 等。并有意地将发音跟一定所指意义对象结合起来，属提示性示指结合。其指称跟具体实意关系人工结合，但跟名义关系非固定。例如，男性大人都是 baba，甚至吃、喝、拉、撒、要的都叫 baba。

后来才是音字或音字序列与相应名义关系的社会规范化统一确定。

可见，人类音字的初始生成，实际伴随着一定发音器官的有关发音部位感应态势的认知和确立过程。第二语言的音字习得，乃至人类语言诞生之初的音字生成，或有着类似情形的存在：音字类语音在发音器官的一定发音部位方面的生理反应性发音态势（心理与生理联动性条件反射）的确立，实际是一个从不自觉到自觉，从未知到已知、再从已知到未知的一个不断摸索、扩展和认知的过程。

人作为万物之灵，之所以独具语言功能，就在于脑量及大脑网状神经结构、更灵敏神经脉冲及放电支撑下的大脑皮质活动——心理反映，对身体各生理反应及与外界接触、而获得信息的合理掌控、处理，能以一定音字（或文字）及字序列类称谓名，乃至它们的结构化扩展存在的映象化反映方式下传，至相应联动性生理反应，而生理反应在执行相应字化表象组织替代性存在化神经脉冲及放电给口（或手），成外化而具体的一定字化表象组织替代性存在化词、话统一体及意义的表达。

就这么简单。如果太复杂，那是不利于儿童和普通大众学会的。

五、音字的规范化

音字的规范化可包括音字的一定体系归属、音义结合关系规范及构成规范。

音字看不见摸不着，作为一种声讯信号或作为一定音义结合体的字化表象组织构成要素，它的社会规范主要体现在以下这些方面：

（1）一定音字都是归属于一定具体的语言体系。

例如，一定英语音字都归属于英语这一具体的语言体系，而一定汉语音字都归属于汉语这一具体的语言体系。英语中的 my 跟汉语中的“卖”读音相同或相近，但显然不是属于同一语言体系中的同一音字。跟没有学过英语音字的人说英语，或跟没有学过汉语音字的人说汉语，都会令人感觉云里雾里。英语言语中插入汉字或汉语句子，或汉语言语中插入英语单词或英语句子，对未学过外来语言的人来说，同样是不可接受的，不符合语言规范的。

（2）一定音字与相应意义的人工结合关系，也只属于一定具体的语言体系，并由语言社团的全体成员来公共地维持。

例如，英语单词 my 和意义“我的”的人工结合关系，即只属于英语运用，而汉语单词中跟此读音相同、相近的音字则有“卖”“埋”“迈”“脉”等，它们彼此对应的一定意义及各自所拥有的一定音义人工结合关系，显然跟英语的 my 所对应的是不同的。

（3）一定音字中的音节构成、所属音节的各音素（包括音素属性）构成及规范，也只从属于一定具体的语言体系。

例如，英语单词 congratulation（祝贺）是由 con－gra－tu－ˊla－tion 这五个音节构成的，并包含了各音节中的各音素构成及各音素的质地属性与度量属性。最短的英语单词如不定冠词 a，只包含一个音素、一个音节及该音素、该音节的相关属性特征，而最长的英语单词据说叫“色氨酸合成酶 A 蛋白质”，光标记其音素、音节构成的字母就达 1913 个。

汉字一字一音节，单词“祝贺”由 zhù－hè 两音节构成，而汉语单词

“色氨酸合成酶A蛋白质”所体现的，则是9个汉字与字母A的序列组合、相应音节连属，以及这些音节连属中的各音素构成，并包含各音素的音质属性与非音质属性。除了上面列举的音字中的音节构成、所属音节中特定音素构成，还有前述音节中的音素自由变化、条件变化之类，也是从属于一定具体的语言体系的。

音字普遍以跟其相应的一定文字来标记。

英语拼音文字因其字母类基本构件所具的一定音素标记功能而直观释读。而汉字类表意文字的笔画性基础构件，则不具备一定音素标记功能，它释读的起点是一定声旁或整字性音节。有多少汉字，就要记忆多少音节。这造成了汉字的释读困难。汉语拼音方案是现代汉语汉字读音的辅助性正音工具，它利于汉语音字文字间的适当转换。但这已是在文字以外，另立以一定字母为音素标记基础的辅助性记音系统了。

虽然拼音文字和汉语拼音方案都采用了一定的字母记音（音素）法来记音，但该方法依然不能确切标记临界语流中一定音素的条件变体，同时也不能解决不同语言体系间音素标记的统一问题。国际音标创立以一些特殊字母记号独立标记音素的办法，很好地解决了音素的更精确化标记问题。

音字作为口头语言字化表象组织的具体物化构成要素及结构化组合的起点，其适当义化会带来口头语言中的一定单词的形成，单词义合性扩展则带来口头语言中的一定词组的形成。词组与单词、词组间的义合性扩展，又带来词的一定名义范畴区域的形成。各词类组织跟相应的即时语境条件有机地融为一体，又可导致一定的话语语句、语篇等的形成。

口头话语句子、篇章等的语气、语调、时空间隔、重音类辅助表达手段，往往是该语句、语篇中的各音字的一些度量属性的一体化显现。

因为作为一定象义（意）结合体的替代性存在出现的音字或音字序列，是一种即时性时空存在，其一出现就是跟某特定语境密切联系在一起的，且音字表象和话语意义都是即时性时空表达和感受的，所以，即使生理传播过程出现社会公共规范容忍下的一定个性张扬或生理表达不足，彼此间的意义表达和交流也未必产生大的影响。因而，由一定的音素、音节、音字规范导致的口头语言的社会公共规范，较相应的书面语言的文字化规范，往往要宽松得多。

第二节　文　字

文字
- 含义：书面语言的自然表象个体
- 属性
  - 自然属性
  - 社会属性
- 构件
  - 笔画、字母
  - 字部
- 流变
  - 笔画从屈或从直
  - 形体简化、变革与消亡
- 释读
  - 字母记音
  - 音标标音
- 规范：影印规范、手写规范、构件规范、字部规范、整字规范

一、含义

文字是书面语言可相对独立的基本的自然表象个体，是相应字化表象组织构成的基本要素，及一定书写行为的基本动量单位。但不是书写最小的生理动量单位，书面语言书写的最小生理动量单位，是对应单一书写动作当量的线条笔画。例如，汉字笔画“一、丨”等，或拼音文字的字母中那些有明显起讫的线条笔画“l 、c”等，就是如此。

文字具体表现为书面语言中，能与最小的独立意义或功能相对应、相结合的单位化符号组织。例如，汉字“人”“国”“蝴”“蝙”“吧”等一类的表意或表音化符号表象中，“蝴”“蝙”等部分汉字单纯地表音，拼音化连属后，再间接地与一定意义对应和人工结合成词，而“人”“国”“吧”等汉字，则是直接与相对独立性最小意义结合成词。而英语单词则拥有全拼音化符号表

象组合，例如“road”（路）“sometime”（有时）“china”（中国）“panda”（熊猫）“tree”（树）等之类。

汉字中单笔线条笔画唯一能文字化地跟一定意义结合成词的，只有“一”字。而英语中可有I、a、u等一类少数字母，可文字化地同一定意义结合成词，体现出少量文字形体的别样性。

文字性单个差异化形体符号或符号组合的变现，可有器物雕刻、书面书写、银屏屏显等方式实施。

具体的书面语言组织过程，人们普遍从单词起步表达，其相应物化表象的单位化组织，也普遍是以一定的单词级字化表象组织为基点。单词以上的言词性或话语性字化表象组织，都由一定文字结构化序列组合而成，包括单个文字与一定意义结合而成的起步情形。

例如，汉语“谁?”“顺便问一下，”“你什么意思啊?”等，英语如“Why?”（什么?）“by the way”（顺便问一下）“What do you mean ?”（你什么意思?）等，就是如此。

日语假名是日语借助方块汉字字部，一定程度地朝表音化方向演变和发展而导致的结果。朝鲜语的方块谚文，则是受当时近邻文字影响下的拼音文字东方特色化。

传统上，汉语单字与单词间的界限相对模糊，例如，当人们问某字什么意思时，那其实已经在词素或单词的范畴。

也有把字母一类表音符号同文字相提并论的文字观。如果真是这样，那拉丁语、英语、法语、西班牙语、葡萄牙语等，都以拉丁字母来拼写自己的语言，它们在字体表象方面，是否就属同一文字呢?答案是否定的。

一般将人类文字分为表意文字和拼音文字两类。汉语的方块汉字属表意文字，而英语单词表象一类线型文字，则属拼音文字。汉语汉字是一字一音节，英语的拼音文字则音节多寡不一。

无论表意文字，还是拼音文字，它们都既记音，也表意。汉字类表意文字是字部或整字表音，其字部表音的最突出体现，是一定形声字的建构。英语的拼音文字则字母类表音标记精确并渗透到音素，从而字母、字部和整字都可一定层面地表音。

当然，这里的表音只是意味着文字作为一定的音字标志，而与一定音字进行适当转换和释读，其表意则指文字可与一定意义人工结合成一定象义（意）统一体，并以一定字化表象的替代性存在，来代表该统一体及一定意义存在。文字表意并非指文字天然就是跟意义密不可分的。

在语言的社会交往过程，文字因与一定音字间所存在的意义统一、书面记音标记、字义人工结合关系，在意义不变的情况下，以一定文字表象替代性存在来替代一定音意统一体中的音字表象替代性存在，或以一定音字表象替代性存在来替代一定文字与意义统一体中的文字表象替代性存在即得以实现，由此带来一定音字与文字间的适当转化。

二、属性

（一）自然属性

音字因具体地表现为一定的单位化种属声音存在状态，从而在具体物化方面具声音属性。而文字则具体表现为一定的单位化人工符号的组合存在形态，从而在具体物化方面具形体属性。

人类早期文字，如距今5000多年前的西亚楔形文字、古埃及圣书字，距今3000多年前的中国甲骨文等，在各自物化形体存在方面，都曾有过一定的图性象形示意特征。去象形化后，其逐渐演变为一定的抽象化符号或符号组合形态存在。由此奠定文字的符号特征。

由甲骨文一脉相承地演变而来的今日汉语汉字，如“山”“河”等的方块性符号或符号组合的物化形态中，“山”“月”一类独体汉字直接由一定笔画向心建构而成。而“河”“空”一类合体汉字，则经历笔画建构字部、字部再与字部组合建构成整字，这样两道建构程序。

现今英语的拼音文字，如“lab”（实验室）“sometime”（有时）等的线性物化形态中，“lab”一类独体字，经历笔画建构字母、字母再序列组合建构成文字的两道建构过程，“sometime”一类合体字，则经历笔画建构字母，字母序列组合建构字部，字部再与字部组合建构成整字，这样三道建构程序。

文字物化形体属性的变现，主要由一定的书面书写行为来实施。因书写所用工具、材料的不同，文字形体在其存在形式上可有规范性刻痕、画痕、印痕等的适当种类区分。

规范性刻痕经一定雕刻行为而形成。它以一定尖锐器类工具在诸如泥版、石材、甲骨等材质上镂刻产生。人类早期文字，如西亚楔形文字、埃及圣书字、中国甲骨文，就是如此。

规范性画痕经一定书写行为而形成。这是在蘸水笔类书写工具出现以后才有的情形。例如，西方曾经有过的鹅毛笔，汉字传统书写方面的毛笔，现在社会普遍使用的钢笔、铅笔、圆珠笔等。书写材质方面，则有古埃及的纸草、西方羊皮纸、中国古代的竹简、传统土纸、现在社会普遍使用的现代纸张之类。

而规范性印痕则经一定印刷或屏显行为而形成。文字的印刷生成得益于中国古代印刷术的发明，并经历了雕版印刷、活字印刷和现代激光照排印刷等发展历程。

文字屏显则依靠诸如现代银屏影像显示方式而变现。

因文字在纸媒、荧屏等书面变现材料上的相对独立性固化存在，其字体一旦随一定语词或话语即时变现以后，即成为一种与书写类动作行为适当分离的去生理心理化存在。

汉字类表意文字在形体上具有方块特征，而英语拼音文字在形体上则体现出一定的线性特征。

形态大小、笔画风格、色泽类型等是文字形体属性差异化方面的主要体现。受线条笔画一类文字基本构件的平面属性制约，文字的形体性更多地呈现一定的平面化倾向。

文字的自然属性确立人类书面语言的物化手段与形式特性。

（二）社会属性

虽然单纯文字是一定书面语言的物化手段和自然表象。但同时，其形成深深地打上了一定社会，尤其是社会文化方面的烙印。甚至人类文明的开端，都是以一定文字诞生为物化形成标志的。

例如，古埃及圣书字是古埃及文明的标志之一。汉字主要在中国、朝鲜、韩国、日本、越南、印度尼西亚、马来西亚、新加坡等地使用，汉文化影响是主因，汉字不过是汉文化的物化存在表征。英语文字主要在英国、美国、印度、加拿大、澳大利亚等地使用，主因同样是文化，英语文字不过是该类文化的物化存在表征。

一定具体语言体系对一定文字的社会统一规范、要求，一定文字所具的丰富个性及其演变和发展，也都是由一定社会共同完成的。具体到一定书面语言的象义（意）统一体存在本身，则一定文字的选取又是一定社会存在类意义表达需要及一定的社会条件等作用的结果。

一定文字跟一定意义或社会功能的人工结合关系，只能由一定社会统一地约定俗成。例如，汉语汉字“意思”具体可结合什么意思，不仅有特定语境的限定，而且还有汉语社会规范的适当统一约定。

一定文字跟一定音字间的相互转换或一定文字的音字标志功能的发挥，也只能由一定社会统一地约定俗成。例如，汉字“为”什么情况下读“wéi”？什么情况下读“wèi”？显然有其社会统一的规范要求，属一定意义作用的结果。汉字“挨”作为汉语拼音 āi 的文字化表象标志之一（还有哎、哀、埃、唉、碍等字化表象存在），只从属于汉语语言体系。而英语单词 I 作为英语拼音［ai］的独立性文字化表象标志，则只从属于英语语言体系。这一定程度的体现文字意义的社会地域规约性。

文字的外化表面看是一定手写、契刻、屏显等行为的发生，实际仍是一定事物存在作用、相应心理反映及其外化执行的结果。

因而，一定文字或文字序列的社会属性确立书面语言的内容特性。

三、建构

文字的直接源头是一定的记事图画和刻画符号，它们最终定型为一种符号或符号组合。单个符号建构的文字如“山”“水”“木”“共”等一类独体汉字，符号组合建构的文字如“河”“边”“花”“园”等一类合体汉字。文字因表音标记而具标记有声语言功能，表意方面则可示指一定事物存在（实意）、概念类意义（名义）。

今天的西方拼音文字跟西亚楔形文字和埃及圣书字有一定渊源，而今天的汉字类表意文字则跟甲骨文一脉相承。这些古老文字在早期形态方面，都不同程度地具象形特征，后都演变到不象形的抽象符号标记阶段。

楔形文字和圣书字在建构上多为一定音符、意符和定符（任意符）的组合建构，相对繁杂，最终都随文明中断而走向了消亡。

中国甲骨文虽有象形、指事、会意、形声四大方法性架构（形声字占主体，非形声字整字记音），但其字部性文字构件至多在形旁、声旁两类，至今，汉字仍保留着这些传统。相较于象形文字、楔形文字的三类符号组合建构，汉字架构仅限于两类符号以内的组合建构，显然是一种优势。

腓尼基字母文字的出现，是人类文字发展的分水岭。它只记整字（读音）开头的辅音字母，普遍以单个开头性辅音字母替代性标记整字（读音）。三类符号组合建构演变为只保留音符局部（开头辅音字母）记言性地表音表意，意义需结合上下文才能确立。这简是简了，却也带来一定程度的表意不足性短板。

腓尼基字母文字实际是人类文字拼音化记言表音表意演变过程的特殊情形，是人类拼音文字的特定雏形阶段。现在，字母文字仍某种程度地个别化存在，例如英语单词中的“I”“a”“u”之类，这体现这种字母文字残留或文字最简情形。但普遍地，字母只是一定拼音文字的构件而已，例如英语单词“an”（一个）“time”（时间）“congratulation”（祝贺）等。这样的拼音文字构件性字母，本质上已由整字性音节记号演变为构件性音素记号。它实际补充了单纯符号或其序列组合记言性表音表意不足方面的短板，从而令拼音文字得到完善。

无论单个符号建构或符号组合建构，拼音文字都既表音又表意。即直接表音记言，间接表意。汉字绝大多数是直接表音表意。

如今，在文字构件方面，汉字一类表意文字在构件上只有笔画和字部两类，而拼音文字在构件上，则可有笔画、字母和字部三类。

（一）文字构件

1．笔画

线条笔画是表意文字和拼音文字建构上都具备的不可再分的基础性构件。它们由一定的规范化线条来充当，如一定的直线、曲线及点之类。

直线主要有横（—）、竖（｜）两类表现形态，两者在表意文字及拼音文字的字母建构中都被普遍采用。

曲线大体可分折线、弧线和屈线三类。其中，折线指直拐为主的一类曲线，这在汉字一类表意文字中有着主体化显现，例如“⺄、冂”等之类。弧线是弧形屈曲类特征为主的一类相对规范性曲线，它们主要在拼音文字的一些字母建构上一定程度地存在和体现，例如 c、s 等。折线和弧线以外的各种屈曲类曲线统称屈线，例如阿拉伯字母的建构上，就明显呈现出绕型屈线笔画主体化的特征。

点有斜点（、）和圆点（.）两类。斜点在汉字类表意文字中较多体现，且还有左点、右点之类适当区分。圆点主要在拼音文字的字母建构方面一定程度地体现。点作为线条的最短形式，实际上不过是一定线条笔画的特殊情形。

现行汉字在笔画构件上主要以直线和折线型为主，包括它们的特殊形式——斜点。所以，汉字笔画的主体特征是直折型为主。

笔画数目方面，现代汉语简化字的平均笔画在 10 画左右，笔画最少的如“一”字，是一笔建构，笔画最多的如“齉”（nàng）字，是 36 画建构。

秦小篆及其以前的统一性汉字笔画，是曲线型为主的。秦隶创立以后，汉字笔画开始朝直折型笔画方向演变。汉代楷书的问世，确立汉字直折性笔画的官方正统地位，且主要有横、竖、斜、折四种基本笔画形态。其中，横、竖属直线型笔画，斜和折类笔画中的提、点、撇、捺、折属折线型笔画。汉字形体也从此由原来的象形演变为此后的不象形。

拼音文字在其字母层面的笔画构件上，大写方面的线条笔画以直折为主，小写体现为不同程度地弧线和屈线型笔画为主的存在特征。为跟汉字类表意文字的直折型笔画类型相区别，可称拼音文字的笔画为屈折型笔画，包括其圆点类特殊情形存在。

笔画数目方面，字母的笔画构件普遍在三画以内。例如，拉丁字母“C”“O”“J”“l”“S”是单笔建构，“B”“D”“X”等属两笔建构，“A”“E”“F”“K”“H”等则属三笔建构。其原因属从简需要。

无论汉字类表意文字，还是拼音文字的字母建构，线条笔画作为文字不可再分的基础性构件，它们跟一定意义或记音功能显然不具直接的对应关系。

笔画的渊源，在于一定记事图画或记事性刻画记号方面的、单笔最简的可分解性刻痕或画痕。

2. 字母

字母是由一定的表音或表意符号演变而来的直接表音符号。它是拼音文字所特有的、由一定的线条笔画建构的、较线条笔画更高一级的基础性构件。字母跟笔画的不同是，笔画只在文字所属的一定符号的下属构件层面，而字母则在符号层本身。显然，字母比笔画更高一级，但较文字又相对低一级。字母直接用于形体化标记一定音素，间接用于形体化（组合）标记一定音节和音字。

笔画、字母和文字三位一体的情况也客观存在，但那只是极少数，只有最简文字才可能如此。它们如同口头语言中一定程度地存在着的音素、音节和音字三位一体情况一样，也只是少量存在。

字母本身由古老象形文字的一定字部性音符演变而来，一些语言学者更直接称其为一种书写符号。但如果脱离具体的文字或语言来谈论一定的字母，则是不妥当的。

一般认为字母的直接源头是距今3000年前形成的腓尼基字母。今天的希腊字母、拉丁字母、阿拉伯字母等世界主要字母，都由其演变而来。而腓尼基字母又由古埃及圣书字、西亚楔形文字中的一定图形字部发展演变而来。它对古埃及圣书字、西亚楔形文字中的既有意符、定符一概舍弃不要，单词的文字化表象全部依口头语言音节连属方式，而纯拼音化地序列组合建构和书写。从而最大限度地简省符号构件，创立出一套文字建构和书写方面的全拼音化音节符号构件体系——记言性腓尼基字母。它们因只标记辅音而称为辅音音素记号，人类文字的全拼化建构方式由此开始确立。

腓尼基字母符号构件及其全新的文字建构方法，相较于其象形文字渊源而言，是一种变革和发展。它的传播理所当然，并成为除东亚地区的汉字及与其相近文字外的几乎所有拼音文字的由来。

向东，阿拉米字母因其影响而问世，只标记辅音音素是它们的共同特征。向西，希腊人对其适当吸收和改进而创立了希腊字母，希腊人对元音音素符号构件的创立，使希腊字母在表音方面较腓尼基字母更精细和确切，从而更适应当时希腊语言的发音特色。

因希腊人对元音字母的发明，拼音文字的字母符号构件最终由其历史上的字部性音节符号，转变为一种实质性音素符号。

表音符号标记深入和精确到音素，书面语言与口头语言间的相互转换精准对接，字母由此得到完善。

罗马人对希腊字母稍加改进而创立了自己的拉丁字母。而希腊字母向北传播，则产生了斯拉夫字母。

到东亚的日语假名、朝鲜语谚文字母的分别问世，字母构件及文字拼音化建构的多样性得到证明。

3. 字部

比笔画或字母类基础构件更高一级的文字构件是字部。

汉字类表意文字的字部较笔画更高一级，而英语拼音文字的字部则较字母更高一级。字部可分为成字字部和非成字字部两类。

作为文字结构成分中的高级构件或高级结构单位，字部在文字结构中往往能一定程度地相对独立。

字部无疑是文字结构的一定局部，但不能跟文字局部画等号。文字局部可以是人为切分出来的文字任一部分（包括单笔存在），且无论其在一定结构中可否相对独立；而作为一定文字形体构件的字部，则仅指合体结构文字中具一定相对独立性存在的文字局部。所以，只有合体结构的文字中，才有一定的字部级文字构件存在。

合体结构汉字有形声字和会意字，它们或者由一定成字字部与成字字部结构性组合，或者是一定的非成字字部与一定成字字部的结构性组合。

笔画组合充当的非成字字部，一般指一些汉字所共同拥有的非成字性笔画合体组织形式。合体结构汉字中那些两笔或两笔以上的相对分离式部首、偏旁之类，即是如此。例如，“两点水”（冫）“秃宝盖”（冖）“建字旁”（廴）等汉字偏旁之类。

汉字成字字部则以既有的一定成字，来充当相应合体结构汉字的一定组成部分。例如“例”中的“亻”“列”、“如”中的“女”“口”等之类。

因文字的演变和发展，汉字中还存在着由一些成字演变而成的非成字字部。例如，“言字旁”（讠）“竖心旁”（忄）“食字旁”（饣）等。

英语拼音文字的字部，则可有字母或字母组合充当的非成字字部与成字字部的适当区分。一定字部在合体结构单词表象中或充当一定词根表象，或充当一定的前缀表象，或充当一定的后缀表象。“前缀＋词根＋后缀”是合体结构类英语单词的拼音文字表象的常见结构样式。

其中，词根类结构成分必不可少，而前缀和后缀则既有两者同时具备的情形，也有只出现两者之一的情形，但不能两者同时都缺。前缀、后缀都不存在的单词表象，已属独体字范畴。

通常，词根类字部由一定成字担当。一定的前缀或后缀一类字部，则非成字字部和成字字部都可担当。这表明非成字字部只在一定的前缀或后缀才有。

例如，单词“alive”（活着的，a＋live）属字母类字部，a-充当前缀表象，成字-live 充当词根表象。单词“disagree”（不同意，dis＋agree）属字母组合类字部，dis-充当前缀表象，成字-agree 充当词根表象。单词“outside”（外面、在外面，out＋side）属成字字部，out-充当前缀表象，而其成字字部-side 充当词根表象。单词“unmentionable”（说不出口的，un＋mention＋able）属字母组合类字部，un-充当前缀表象，成字字部-mention-充当词根表象，而其字母组合类字部-able 充当后缀表象。单词“powerful”（有力的，power＋ful）属成字字部，power-充当词根表象，而字母组合类字部-ful 充当后缀表象。

（二）文字的创立

当初音字的发明倚仗对人类种属声音的适当规范化改造，而后来的文字创立，则倚仗对一定身外之物的人工方法性产出。

音字化口头语言瞬间交流表达的不足，是记事方面的长时记忆欠缺。

以实物记事，人类在时空和体能方面无法对社会所有事物存在一一企及。到绳结记事，其笼统化、技术性和专业性影响了这种记事方法的推广和普及。

到简图印象记事取代实物记事，记事简图面临静物以外事物、抽象概念、意义，乃至事物的某些特征性状形状等无法表述难题。刻画记号或刻符记事取代绳结记事后，记号或刻符又面临抽象、笼统和任意性无法可控方面的难题。

最终，背靠口头语言，成为人类语言物化符号性记事的不二选择，人类文字在此背景下应运而生。

所谓背靠口头语言，即一定文字的形体存在不仅可记事，同时也是可转读的。而定义为文字，则该物化存在起码在形体上图性特征退居其次，而符号特性开始逐渐显现。

口语背景地隐性限定、形体性物化示指、符号化地超脱形体本身的桎梏，文字从此成了它自己，而不再是他物。西亚楔形文字、古埃及圣书字和中国甲骨文，最终都不同程度地朝图性象形特征不断递减、而符号特性不断增强、建构方法系统向规范方向演变和发展。

圣书字和楔形文字中的系统性意符、音符，本身是由更早发明的一些既表意、又可口头转述的简图字分别转化而来。而定符的创造性灵感，则来源于一定的记事记号或刻符。楔形文字诞生前，西亚两河流域地区曾频繁出现的星记符号及碑铭体圣书字的一些定符，就是如此。

因图性特征凸显，线条笔画未明显起讫性分解组合成字，所以严格地说，苏美尔象形符号和埃及碑铭体圣书字，实际只在由记事简图向文字的过渡阶段，或文字雏形阶段。僧侣体圣书字和楔形文字的钉头字阶段，才是这些文字的明确去图形化定型阶段。

现今汉字及其所传承的文字前身甲骨文，在形体的方法性建构上同样残留了一些文字成形信息。其后天统一而规范性的建构方法达四种之多，即象形、指事、会意和形声。最终，形声占绝对优势。

象形、指事、会意方法造的字，整字音意并表。指事字的建构引入记事记号或刻符来进行意义区分，而会意字的建构则以追加一定意符的方法来进行意义辨识。形声字的形旁（意符）去表音功能而专司表意、声旁去表意功能而专司表音（音节）。各类方法建构的字在源头上都指向象形方法造的字。

象形方法建构的汉字，在记事简图源头的考古依据，如距今五六千年前的陕西半坡遗址出土的人面鱼纹陶盆、陕西临潼姜寨遗址出土的鱼鸟纹陶瓶等器物上的图案及记事符号。到距今4000多年前的黄帝尧舜禹时期，相关文字渊源的确切考古依据缺失，仅残留战国时流传和后世记载的有关仓颉造字的历史传说。至有确切考古依据的殷商甲骨文问世，那时汉字已属一种系统化、规范化的成熟文字。

四、文字的流变

文字流变主要体现为一定笔画、字部及字体方面的变化与发展。

（一）笔画从屈与从直

笔画从屈指文字的线条笔画构件主要朝曲线及曲折方向演变和发展。典型的有古埃及圣书字、阿拉伯字母、希腊字母、拉丁字母等字母小写方面的线条笔画。

而笔画从直则指文字的线条笔画构件，主要朝直线及直折方向演变和发展。典型的如历史上楔形文字的装饰性线条笔画、腓尼基字母的线条笔画及秦以后的中国汉字笔画（之前笔画从屈）。希腊字母、拉丁字母等字母大写方面的一些线条笔画也在此类。

碑铭体圣书字的图形线条严格地讲，还称不上笔画构件。僧侣体圣书字在其曲线型线条笔画上，以草书面貌问世，体现文字符号形体从简的基本要求。其虽还未到线条笔画有明显起讫地分解组合成字的地步，但已标志圣书字摆脱了象形简图记号方面的形体束缚。僧侣体圣书字因此而成为一种去图形化的相对成熟文字。该曲线型线条笔画，明显来自于对碑铭体圣书字图性形体骨架的手写描摹，并最终发展到世俗体圣书字的相对完善性线条笔画阶段：线条笔画类文字构件有了明显起讫，各笔画类型趋于统一而规范。

作为阿拉伯字母、希腊字母、拉丁字母等字母的共同源头，腓尼基字母文字在线条笔画类型方面走的是直折发展方向。简捷化、抽象化、规矩化发展，且线条笔画构件已普遍有了书写方面的明显起讫，线条笔画可分解组合建构成一定字母，这些体现出腓尼基字母处于成熟文字构件阶段。

腓尼基字母的实质，是表意文字的一定表音或表意字部到表音文字的过渡。

腓尼基字母向西传播，其线条笔画上的直折特征，被希腊字母、拉丁字母、斯拉夫字母在大写方面继承，并在字母形体上统一趋于端正。后续字母小写方面，则区别性采用曲线型线条笔画，以便于手写方面的草书或连写。本土文化传承的希伯来字母、阿拉伯字母等，在线条笔画上反而一致选择曲线发展方向。

希腊字母的问世，令一定表意文字的表音或表意性字部，最终完成了向一定拼音文字构件过渡的使命。

早期楔形文字的图画性线条，也不能称之为严格意义上的笔画构件。直至公元前 2600 年以后，楔形文字的图形线条才简化为统一而规范性的、带三角形饰头的直折性抽象化线条笔画，且线条笔画有明显起讫，可分解组合结构成字。这是楔形文字得以成熟和完善的标志。其笔画种类也具体体现为横、竖、斜、折四类，但斜、折两类笔画的下属种类细分，则较汉字相应种类相对要少。

汉字在甲骨文、金文和篆书时的线条笔画是曲折型线条笔画种类，且形体方面还非主体性保留了一定的象形痕迹。历经秦隶、汉隶到汉代楷书问世，直折为主的线条笔画特征最终定型，并成社会正统。后来草书、行书的兴起，又为人们日常生活书写提供了线条笔画方面的一些社会流行范式。

（二）形体简化、变革与消亡

文字的阶段性演变和发展过程，一定线条笔画类构件的统一定型和规范，最终为一定文字形体的建构服务。而表象形体的建构，又为适应一定意义表达和交流方面的人工结合需要而产生。要最大限度地减轻文字交往中形体表象的负累，从简是基本要求。

楔形文字的形体简化，采取钉头笔画替代原有的图形线条，这令文字形体去图形化后变得抽象符号化。但另一方面，楔形文字在形体方面直立改横卧、线条笔画上加三角形饰头，虽重视觉感受，却又加重了文字形体表象的表达交流负累。

碑铭体圣书字在形体简化和去图形化方面，先是僧侣体圣书字（草书）的问世，然后再简化到成熟性世俗体圣书字的普遍应用。

汉字早在其甲骨文、金文、小篆、隶书、楷书、行书、草书等诸演变过程，就不断进行着文字形体方面的一些简化工作。这类简化字在旧称方面有诸如破体、小写、简体字、简易字、简字、手头字、俗体字、俗字等各称谓。

民国时，有关部门和人士在钱玄同等倡导下进行了有关简体字搜集、整理、推广、应用等方面的一系列工作，简体字地位得到显著提升。

新中国成立后，国家对汉字展开全面整理、简化工作。主要包括简化偏旁，以形体简单的同音字替代繁体字，草书楷化性地减少笔画，以简化字部替换繁难字部，用简单字部或字部轮廓替代整字，新创形声字或会意字，以替代原繁体字等。

而简化字的公布、推广和实施则分批进行，同时还依照从俗从简等原则，淘汰异体汉字，汉字异体字现象基本得到解决。此后，简化字取得书面正规用汉字的社会正统地位，但港、澳、台地区仍统一使用繁体汉字。

可见，人类三大原生古老文字在彼此发展过程，都历经各具特色的简化，以顺应社会文明的发展。

西亚楔形文字和埃及圣书字最终因文明中断而消亡，而中国甲骨文则因所结合的文明本身的一脉相承，不断演变和发展成今天的汉字，成为人类古老原生文字中的活化石。异体字、繁体字在中国大陆地区大体消亡，但在港、澳、台地区及学术领域仍存，体现文明跟其文字类表征间矛盾关系的协调，在局部地区或一定领域内也可能相对滞后或延缓。

而原生文字影响辐射的周边地区，文明特色尤其是语言特色，可导致有关文字的变革性形成和发展。由此问世的新文字，也当作一种借源文字来看待。例如，腓尼基文字、希伯来文字、阿拉伯文字、希腊文字、罗马文字、斯拉夫文字等，就都属借源文字。现今世上使用地区最广的英语文字，也是如此。这些国家和地区的该类文字的共同点，是都以一定字母，为本国或本地区文字的表音性基础构件，来拼写自己独具特色的语言。

腓尼基字母几乎是现今世上所有字母的鼻祖，罗马文字书写方面使用的拉丁字母，斯拉夫文字书写方面使用的斯拉夫字母等，还属辗转借源形成。

腓尼基字母源于原始迦南字母，它取代象形性原始迦南字母，是一个简化过程。

简化方法是借用古埃及圣书字的一些字符性简单字部，来替代相应的原迦南字母。连字母名称都改以圣书字的翻译性称谓。除此以外的圣书字全被淘汰。形体上简单到不能再简，抽象到不能再抽象。建构上仍采取迦南字母截头表音拼写语言的方法，单纯全拼化构形组织语言文字。口语与书面语完全一一对应，方法上简单而先进到不能再简再先进。

这样取圣书字和迦南字母之长，来拼写本民族独特语言，终结圣书字的繁琐建构方法、繁琐形体，同时还终结原始迦南字母的较难写象形形体。

腓尼基字母的问世和影响，令其以外的埃及圣书字、原始迦南文字、楔形文字等，相比之下显得累赘而落后。后来埃及圣书字和本地楔形文字的消亡，无疑在一定程度受到了腓尼基字母影响方面的冲击。

因此，可以说字母及其依托相应口头语言的直拼构造文字，始于文字形体和建构方法的从简，完备于文字的变革性演变和发展。

五、文字的规范

文字规范方面可有诸如影印规范、手写规范、构件规范、整字规范等种类。

现今文字的符号光感成形主要有两种途径，即影印和刻写。影印文字的字体规范即人们通常所说的印刷体，刻写文字的字体规范即人们通常所说的手写体。

无论印刷体还是手写体，文字规范都主要体现在它们的笔画形态、结构方法和字体状况等方面的规范。一些文字印刷字体或手写字体的形成，主要取决于生理心理方面的量能释放脱离手这一生理终端后，其信息外化所选取的特定成形工具的不同。二者只是一种相对的字体类属区分。影印出来的文字也可以是手写字体形态，手写字体也可依印刷体状况而一定程度达到跟印刷体类似的地步。

例如，拼音文字方面，以拉丁字母依音节连属拼写组合而成的英语单词的字表象方面，其字母类文字构件无论印刷还是手写，都有大、小写形态之分及相应的笔画组合构成。并体现出成字直线主导、直弧特征、线条相对均匀、自左向右书写、移行可依音节拆分等统一的规范特色。

具体的印写方面，印刷体大小写字母端正，而手写体大小写字母则通常有5°左右的右斜。印刷体字母的大写、小写上下延展形态，较未延展形态的小写字母往往高出或长出约三分之一。

横向宽度方面，印刷体大写字母普遍较小写字母大出三分之一左右。而手写体字母的大写、小写延展，则往往高出或长出未延展形态的小写字母的约一半。

印刷体字母中笔画末梢大多存在着装饰性饰条，而手写体字母则有部分小写字母的笔画首尾存在一定的飘拂特征。书面语言表达中，称谓、专名、月份、标题、参考文献、段首句首等的首个字母需大写，人称代词I、缩写字母等情况需大写。

结构方法方面，英语拼音文字是字母的依音序列组合，而单词表象的依音序列组合建构成字，又导致其文字线性形态特征的存在。

非成字字部建构方面，英语的拼音文字字部，还呈现出规则性字部形态跟性、数、格、级、时、式、态、体、否定、化等方面意义的一定对应性建构关系。

另外，手写体大小写字母连写需依一定规范要求书写，英语单词面临行末排写不下时，还可适当地依一定音节或字部构成来进行分拆移行。

表意文字类的汉字也是自左至右书写，笔画具直线主导、直折特征。它既有均匀性的线条笔画，也有开头和末端粗细不一的线条笔画。

印刷体汉字，一般只有繁简体、宋体、楷体、黑体等之类字体笔画的规范统一要求，及字体、字号、粗细等方面的统一要求。

手写体汉字主要以楷体为书写典范，其次还有行楷、行书、行草等字体通用书写规范。

学校教育中开设的写字课程，主要也从这些方面对学生进行一定的文字书写行为规范养成。

无论印刷或手写汉字，都需依国家统一规定或要求的笔顺和笔画数，来进行一定的文字建构。行末排写不下时，只能整字往下另行移行。

结构方法方面，汉字由一定线条笔画方块性向心结构而成。它们无论印刷还是手写，都普遍讲究整字的端正。对繁多笔画进行适当的简化，对各类异体字的存在进行统一的整理，有效解决了汉字历史上遗留下来的繁体和异体存在问题，现行汉字形态更为简单明了，汉字形态识读和书写方面的难题得到适当缓解。

六、文字的释读与表音记号功能

文字本身没有自带声音，但文字跟音字间具有一定的人工对应关系，可令其自带一定的或分属性或整字性释读记号，甚至有关表达属性。从而在表意时，也一并表音。音字文字间可相互转换，文字表达时可释读，即因为此。

从实物记事、结绳记事、记事图画再到成熟文字，文字的形成历史表明，文字诞生之初，并不直接为记录口头语言而生。但同时，文字诞生伊始即需上达口头交流，这表明能上达一定口头交流也是文字记事不可或缺的一环。

今已失传的西亚楔形文字和古埃及象形文字，都是以专门的成字字部性标记符号（音符）来表音的。

与今天的汉字一脉相承的中国甲骨文，其形声字多带成字形声旁表音，而其他汉字则整字表音，这个传统至今仍被汉字保留着。

汉语古文字表音方面的共同特征，是表音记号都属音节化记号，而字形主体功能则为标记一定意义。成字性字部充当的音节化表音记号表音，往往无规范而统一性的专门性正音工具。

中国古汉语文字释读时，曾先后采取直读、反切一类办法，来给当时的汉字读音做注。大陆地区现行汉字的释读，则直到20世纪50年代统一性的汉语拼音方案全面实施以后，音准在一定程度上精确到音素，才逐渐规范稳定和更趋科学。

现今汉语拼音方案作为汉字释读的辅助性正音工具，采取字母记音法来音节化标记一定汉字的规范、确切读音。但汉语文字本身，并没有自带这种可供直接释读的字母组合性表音标记。

西方拼音文字和汉语拼音方案的相同之处，是都采取了字母记音法。字母记音法不能解决的有关发音问题，例如，一定音素条件变体、自由变体的辨别等，是再实施音标标音法来给相应记音字母标记对应的音素记号，以解决释读问题。

（一）字母记音法

字母记音法是拼音文字普遍采用的文字表音方法。其记音字母类记号，实质由古老文字的一定表音或表意字部演变而来。其一定的字母或字母组合，不仅可标记一定文字读音方面的音素构成，而且还可标记一些音素省音情形。

腓尼基字母的发明，成为人类文字表音标记的分水岭。它直接导致拼音文字的问世。腓尼基字母表音带来的全新文字改革方向，是表音性字部记号简化为不能再简的几何图形式字母。

原用于标注一定音节存在的字部性表音记号，转变为字母类的更加精细化标记，并深入到文字中的一定音素存在，从而表音更精细、更确切。

该发明将音素记号限定于有限的22个规范化统一的字母，由它们组合建构那些任意性音节而成字。文字字形拼音化记号趋向最终定型，而其形体象形性直观标记意义的特征则淡化。这导致该字母记音符号的广泛传播，今日西方语言的绝大多数拼音文字的字母类表音记号，都在一定程度上跟其有着渊源。

英语类拼音文字跟汉语汉字一类的表意文字不同，正是其有专门、规范而统一的字母类音素记号表音。而汉字一类表意文字则无专门、规范而统一性的音素记号表音。汉语形声字所拥有的一定声旁，实际是一种自然成字性或字部性音节化表音记号，并非一种规范而统一的专门性表音记号手段。

字母表音方法往往采取以一定的字母或字母组合，来跟一定的音素、复音、音节甚至音节连属（音字）相对应的方法，来标记一定的拼音文字及其字部中的音素构成。其字母与音素间的关系，是一种不完全性一一对应的关系。同一字母或字母组合，在一定邻音条件下，可发不同的音。这种音素字母记音方法，可称为一种音素相对记音方法。

例如，同样的拉丁字母或拉丁字母组合，在不同的具体语言体系中所对应的，就未必是相同的音素、音节或音字；而同样的音素、音节或音字，在不同的具体语言体系中，也可能有不同的字母或字母组合与之相对应。

即使是同在英语体系中，字母表音法上的同一字母或字母组合，在不同的音节或单词中所标记的音素也是既可相同，也可不同的。例如，英语单词“radio”（收音机）“activity”（活动）“substance”（物质）“courage”（胆量）“what”（什么）“chalk”（粉笔）“class”（班级）中的单个相同的字母 i、e（省音或脱落）、s、t 的发音相同，单个相同字母 a 的发音则各不相同。单词“though”（尽管）“thought”（想）中的字母组合 gh 的发音相同（不发音），字母组合 th 的发音不同。单词“cough”（咳嗽）中的 gh，跟上面单词中的相同字母组合在发音上又是不同的。

字母记音法的长处，是其记音性字母或字母组合不仅是记音手段，而且还担当该文字的形体结构方面的一定组成部分，一定的字体辨形手段。

字母记音法对一定省音、复音的标记，是其他记音方法无可比拟的。至于音素的长短、轻重（强弱）类度量属性，字母记音法采取伴随性存在的非直接标记（包括非字母标记）。

（二）音标标音法

针对拼音文字中字母记号表音的一些不确定性，人们又采取另外再制定一些专门的一音一符式音素记号，来辅助性详细记录现存的各音素，以其给一定的拼音文字释读做注，这导致国际音标的问世。

国际音标[①]（International Phonetic Alphabet）的原义是“国际语音字母”，简称 IPA。1888 年由当初的所谓国际语音协会（主要由英法语言学者组成）制定。说明国际音标本身也是由一定的记音字母演变而来，是有别于普通拉丁字母的特殊记音字母或记音符号。

国际音标国际通用，几乎能记录世界各国或各地区的所有具体语言体系中的所有语音，从而，可称以这种特殊字母标记音素的方法为一种绝对记音法。

作为一种规范化统一的专门性音素记号，国际音标注定只是一种音字释读标记或文字方面的辅助性正音工具。

国际音标虽然盛行，但一定具体语言体系在给自己语言的发音做注时，则不一定会用到国际音标中的所有音素标记符号，而只会用到其中的一部分。

例如，以国际音标给诸如英语单词字表象一类的拼音文字作注，即可清晰而确切的标记出其一定单词字表象所含的各音素构成、各音素的质地属性及音长、音强类度量属性。英语依国际音标统一而规范的音素、复音共 48 个，其中元音 20 个，辅音 28 个。

国际音标标音还有严式和宽式之分。其严式音标是清晰而严密的音素符号标记，它对音字中的一些音素音变情形，都可作确切的标记。

而国际音标中的宽式音标，则往往忽略音字中的一定音素环境、音素性音变的存在，这实为一种接近普通字母记音的非严密性音素符号标记。

用国际音标的严式标音法给一定的表音文字作注时，需用一定方括号 [] 来对相应音标标明，以示跟普通拉丁字母相区别，而用国际音标的宽式标音

① 李宇明：《理论语言学教程》，华中师范大学出版社 1997 年版，第 74 页。

法（即所谓音位标音法）给一定表音文字标音时，则往往以/ /来标明。

针对文字释读的无专门表音记号手段情形，汉字最终确立了拉丁字母化汉语拼音方案，为其辅助性正音工具。而如果要确切知道汉字拼音中的诸拉丁字母的相应发音，则依然需要以国际音标来再作精准标注，以跟国际接轨。同样的拉丁字母或字母组合，它们在汉字拼音中的发音，与在一定英语单词中的发音未必是相同的。

第四章　指称、名义、逻辑和词

- 词
  - 单词
  - 单词扩展
    - 词组
    - 词域

字的发明，带来的最直接结果是：

（1）在社会表达和交往中，开辟一定事物存在的字化表象组织替代性存在，诞生最早的话。例如，“啊。”等。（2）后来则把同样事物、类似事物、相似事物及它们的具体表现等，都以该话及其字化表象组织替代性存在来指称和表达，从而带来一定称谓名类指称诞生。例如，“啊”。（3）之后，指称、其所能结合的诸意义、它们的字化表象组织替代性存在乃至相互间人工结合关系，都得到稳定和规范，并可社会统一规范化地用于示指该名下的所有事物存在及它们的某一特定具体存在。这导致一定语言名义逻辑组织的诞生。譬如“啊”。其中的逻辑，指名义间自然的或人为化（去逻辑情形）作用、关系。并包含对该名义的可概念化、范畴化等基础。语言名义逻辑组织的习惯称谓，包括社会普遍所说的单词、词组在内，并可更大地扩展到一定单词扩展表达的词域之类。例如，“啊哟/瞧你说的/这都哪里话了/我可不是这个意思哦”。（4）因词的发明，事物存在便有了既包含特定具体事物存在，又可一定程度脱离各特定具体事物存在的抽象概括性指称、名义及其事理逻辑化存在。这最终导致语言有了某种程度地脱离特定具体事物的相对独立而独到的自我主体存在——词化存在。如上所列举的之类，乃至更多。(5) 词的发明最终又需落实到为特定具体事物存在类实意的示指表达服务，而对特定具体事物存在类实意的示指表达，必定需到达可物物交换、须量化的特定产品组织，这叫话。从而又回到社会表达交往的起点——字化表象组织替代性存在化的话类实意表达与交往。这样，词即成为人类话语表达和交往的中坚、核心媒介或平台。它不仅顺应一切事物存在在指称、名义逻辑方面的协调、统一和发展的普遍表达需要，而且也顺应特定具体事物在协调、统一和发展方面的特定具体表达需要。但词不是特定话语构成的唯一的方式和手段。

以汉语为例，用“水”字跟“水”的某一具体表现结合，可形成最初的话。用这最初的话，来结合所有同类事物、类似事物、相似事物，可形成“水”这一指称类称谓名。稳定和规范“水”这一指称跟其所能结合的所有事物存在的人工结合关系，可导致“水”这名义逻辑组织（词）的形成。以该词统一体组织的字化表象组织替代性存在，来跟即时性的一定语气、语调、重音、停顿类辅助表达手段，及特定语境类意义协同表达成分人工结合，即可形成含言词“水”及其事物存在（词义）、并含相应辅助表达手段和特定语境的特定话，以即时性表达“水”这种特定具体事物的特定条件存在。

①“水”：字。

②“水。”话。陈述“水”这一特定事物存在。

③“水”：词。这包含：词名“水”（指称）；“水”这种事物存在及其特定具体存在情形（义）；字、名、义统一体的言词性字化表象组织替代性存在（代表“水”这一意义及词语“水”这一字义统一体）。

④“水？”话。表达对特定事物存在“水”的疑问。

⑤“水！”话。表达对特定事物存在“水”的令请、要求等。

⑥“水！”话。表达对特定事物存在“水”的感叹、惊讶等。

最初的最简话，甚至可能是单个含混不清的一定话语性字化表象组织替代性存在。例如，“啊。”“呀。”“哈。”“哇。”“嗬。”等，或“啊？”（疑问）“啊！”（祈使）“啊！”（感叹）之类，以用于表达某特定具体事物存在。如同人类新生儿初始语言对一定音字的生成那样。

随着社会深入广泛的联系和发展变化，象义一一对应性结合的单字化最简话语，已越来越不能胜任庞杂而繁复的社会表达交往的需要。对词扩容、扩展性泛化表达，赋予词以作用关系类交际功能及范畴化统领，人类语言即顺应对一切事物存在、作用关系、表达对象的交流表达。

第一节　初始生成

从现今儿童的牙牙学语，可以看出人的语言本领非遗传。以此类推，古人的一定语言能力的获得，也是在不断学习、表达和交往过程中学会的。

如同儿童先有对一定实物存在的感知和反映，然后才有对一定抽象事物存在乃至词语的感知一样，古人对抽象事物存在及词的感知和反映，也必定是在对实物存在的感知和反映的不断累积、不断觉醒基础上形成的。

单个字表象组织替代性存在及所代表的特定词、话，开始是一定社会成员的个体发明。其最初甚至是一定应激反应的结果，例如，“火”“虎”“河”“喝”等。个体成员遭遇一定威胁、饥渴、劳作、游乐等的发音器官条件反射，都可成为这种应激反应。

那些印象不断在时间、空间方面结合性被唤醒和强化，记忆形成，意识觉醒，相应发音器官类生理反应输出终端的条件反射态势也确立。不断传播和发展，被广泛用于社会统一地表达和交往，并适当规范，个体发明最终成为一种社会化产物。

之后，话语“量变”的结果，才带来某种程定“质变”的发生。

例如，后来遇到同样或同类事物存在，记忆印象、意识唤醒、生理反应输出终端条件反射，竟都涌向发音器官的量能释放性语音提示，以反作用于所要表达和交流的一定事物存在。且只需直呼其字（名），就一同有了相应实意类事物存在的表达和交往。

稳定到一遇见具同类质或概括性特征的所有事物存在中的某事物存在，都用同一字表象来表达，则显示一类事物存在的内涵和外延，也至此形成。

词的发展初显成效。

然后，抽象事物存在类特定话语表达和交往，乃至它们在词方面的表达，也终归问世。

这样，词始于某特定具体事物存在称谓（单字化），可表特指的一定具体事物存在，终于抽象概括的某类事物存在的泛化表达。

心理反映方面，一定事物存在观念、概念相继在人们头脑中形成，并在社会表达和交往中应用，也促进词的发展。

从而，跟某种抽象概括意义（泛意义）或某特定话语实意有社会统一规范化人工结合关系的一定字表象替代性存在，成为一定意义存在（词义或话意）的具象化示指或代表的物化标志。且社会统一而规范化地以一定称谓名来命名和结合性表达，它们在话中统一。例如，口头语言方面，“火”“虎”“吓”“我”及“禾”“河”“湖”“喝”“饿”等之类单个单音词的类同、类推甚至类似性发明，即是如此（从这些字的读音，甚至可某种程度地看出，我们的祖先对自己种属声音改造和创新发明的可能腔变方法）。

社会表达交往发展，人们遇到跟同一词义有关的事物、类似事物时，由于没有或无需新词名的发明，来结合性表达，就用该既有词名（该字化表象组织替代性存在）来提示、示指或代表其存在。这又带来一词多义性的多义单词的不断产生。例如，“打”“活”“花”等之类单字词。

至于汉语单词中两字或两字以上的字化表象组织结合单一意义的情形，或是在拟声化表达过程中逐渐形成的。例如，“姆妈”“鹧鸪”“嘿哟”等之类。

认识水平的提高，一些关联性单词的频繁双音词化联结表达，两字及两字以上类型的合成词、词组也随即不断形成。合成词如“太极”“行者”“童子”等，词组如“断竹”“续竹”“飞土”“逐肉”等之类。且汉语言词中的合成词，本来就是由一定词组演变而来。例如，“飞土伤人了。”的“飞土”。

合成词、词组的问世，标志着词的级阶性结构关系与相应逻辑关系统合表达的开始。

这样，单词与单词间的结构关系，从级阶起步，朝层级、层面、方面、领域等纵横拓展，而含义、作用、关系、范畴等再更深广、复杂性延伸，最终又导致词组及词的名义范畴区域等单词扩展表达的形成。其实质为一定名义逻辑关系性拓展。单词中的合成词内部还有内化级阶存在。

单词的内外扩展，既顺应事物存在的普遍联系和发展变化，也顺应人的主观能动作用对一定言词及意义类事物存在的作用。

第二节　建　构

建构
- 词名（指称）
- 意义（名义）
- 人工结合关系

词是语言的可概念性泛化名义与逻辑组织，并用于抽象、笼统、泛化而概念化的事物存在类的名和义的表达和交往。其现实存在包括三个方面的内容：（1）字化表象组织性称谓名（指称）；（2）概念性泛化意义；（3）人工结合关系。

人们通常所见的一定具体言词，即三者融合而成，并以一定词名性字化表象组织为词统一体及词义的替代性存在。例如，“人”“人世间”“人心叵测”“人在这世上有多少事是由得了我们自己的”等。其中，“人”是单词化概念性名义，其余为词组化概念性名义（单词作用关系化存在形式）。

到话语所含特定言词间的名义作用、关系，一般跟实意事实及表达需要保持一致，但句式、超言词辅助手段、修辞等，又可导致概念性名义泛指、常理、逻辑等，一定程度地变得跟特定实意不一致。

词名因字化表象组织替代性存在标志而具体，词义概念性泛指，笼统、概括而复合性涵盖。词名和泛化意义也可统称语言名义。

名和义的一定人工结合关系只存在于社会相同的心理反映过程当中，由一定心理反映来实施，是一种隐晦存在。除字化表象组织替代性存在的一定程度示指外，无明确而具体的其他物化存在标志。

概念性词义跟具体字化表象组织性词名的隐性结合，导致词的整个象义统一体呈现在人们面前时，表面看自然就只是一定具体的词名性字化表象组织的替代性存在了。

约略性公式表达即：词＝名（字化表象组织替代性存在）＋（义）＋（人工结合关系）。

词的泛化名义、逻辑、常理是人们彼此表达和交流的基础媒介或平台，但真实意义则可能跟人们常规理解的词义一致，也可能是有特指。言词矛盾或多义困扰，并不一定影响人们的实意表达，但对语言接受和理解无疑有不同程度的影响。

据说，北京西山旧有慈善寺，俗称魔王庙，曾有顺治帝的题壁诗，当中就有这样的诗句："未曾生我谁是我，生我之时我是谁。长大成人方是我，合眼朦胧又是谁。"

言词之下的意义，我们理解清楚了没？

一、词名

词名即词的一定称谓名，它单指词统一体内不包括一定词义，但却能跟一定词义有规范性人工结合关系的一定称谓性的字或字序列化表象组织。例如，"水""水疗""水立方""水火不容""一江春水向东流"等之类，其中"水"是单字化词名，而"水疗""水立方""水火不容""一江春水向东流"等，则是多字序列化词名。

因词名性字化表象组织是词统一体中唯一具体而明确的物化显性存在，所以，字化表象组织性词名实际即成为一定词统一体或词义的物化标志，进而又可将其看作是一定词统一体或词义的替代性存在。例如，"春风""拂""细柳""春风拂细柳""差半车麦秸"等之类。

当一定词名性字化表象组织是一定词统一体及词义的替代性存在时，其字化表象组织序列中直觉性存在一定词名界限，间接性存在词统一体组织的一定结构、相应词义及意义关系等的背靠。例如，上述"水/疗""水/立方""水火/不容""一江春水/向东流"等一类词名性字化表象组织序列，即是如此。

词名只能是它自己本身，是一个“这个”。这是一事物区别于其他事物的概念标志。例如，概念上，“水”只能是“水”，“水疗”只能是“水疗”，“水立方”只能是“水立方”，“水火不容”只能是“水火不容”，“一江春水向东流”只能是“一江春水向东流”，它们不能再是另外什么。话语表达时，特定言词可能只用一定的名、一定的概念义，也可能名义、逻辑关系、作用等都用。

心理反映过程中，词名性字化表象组织的心理映象依象义人工结合关系，可具备人脑中相应映象化词统一体、词义的替代性存在标志或物化存在标志功能。由此，又可建立相应意义方面思维活动的简明映象程序，它们的位置在人的大脑皮质的语言第二信号系统存在区域。

人脑中特定词名性字化表象组织映象区的形成，令一切名义化事物存在的心理映象化反映在大脑皮质有了简明替代性存在或一定的映象性物化存在标志。人的思维运行或心理反映过程大大清晰而简化，人的心理反映因而可由该类映象的区域性存在统领或俯瞰人脑中的一切相关相连性意义，或事物存在。例如，“在!”“山在。”“我在。”

心理生理联动时，词名作为词义和词统一体的替代性存在，其在生理终端的量能释放依线性单通道方式序列性次第产出。例如，“而今识得愁滋味，欲说还休。欲说还休，却道天凉好个秋。”（辛弃疾《丑奴儿·书博山道中壁》）

词名性字化表象组织可有单词型、词组型、名义范畴区域等种类，词组、名义范畴区域实为一定单词的扩展表达形式。因而，词实质只有两类组织形式：单词及其扩展表达形式。

无序列的单字型词名是词名的最简形式，例如，“手”“掰”等。多字序列化词名采取线性结构化字序列连属方式构成，例如，“手心”“不要自己故意的在那儿为这事胡乱瞎掰的”。

词名性字化表象组织跟单纯的字类自然表象的不同在于：

（1）单纯字类自然表象既无关意义，也无关乎自身是否与一定意义的人工结合关系。例如，“蝙”“忑”等。而词名性字化表象组织，则不仅包含一定的字类自然表象，同时还跟一定的词义人工结合关系直接相连，间接联结着相关词义。例如，“蜂”“想”等。

（2）字类自然表象呈现单个或众多字的自然零散存在。例如，“风”“马”“牛”等。而词名性字化表象组织，则不仅可体现为一定的单个字化表象替代性存在，而且还可体现为众多序列化表象组织替代性存在。它显然适当地引入了一定顺序，甚至一定意义结构、意义关系、意义作用之类背景因素的隐性支持。例如，“风马牛不相及”“牛马风筝天上飞”等。

书面语言方面的标点符号、空格、空行、翻页、翻篇等，对多字性、分句性的，甚至多语句、语段中的序列化词名性字化表象组织，适当直观地隔开，直观性提示其所示指或替代的一定意义、一定词统一体的一定边际、界限。例如，“山，快马加鞭未下鞍。惊回首，离天三尺三。”（毛泽东《十六字令》）

一些专属性词名还被当作专有名称来看待。例如，“小强”“0度以下”“莫道不消魂”“跟郁达夫无关，跟春风沉醉的夜晚有关”等之类网名。

词名性字化表象组织的建构是有限的，而社会表达交往中的新生事物则层出不穷。这自然导致一些新词名性字化表象组织的创立，以顺应社会表达交往中的意义本质发展。例如，“秒杀”“被增长”“压力山大”“羡慕嫉妒恨”等。

二、词义

词义即人们通常所言的一定字面意义，或概念意义、泛化意义、指称意义等之类。

而所谓字面意义，即单纯字化表象组织替代性存在代表的一定指称意义、概念性泛化意义、功能等。包括跟一定字化表象组织替代性存在人工结合且社会统一规范的一定抽象概括性含义、含义特定存在、功能、范畴等。例如，单词“人”，定义是“能制造工具并使用工具进行劳动的高等动物”（《现代汉语词典》）。但其实，这只指出了人的最突出特征，即人区别于其他事物存在的独特属性。“能制造工具”“使用工具”“高等动物”是义的突出项体现，及这些所指的统括。

之所以属概念性泛化意义，因为它概括了所有人的这方面共性，又可指向任何具这类特征的特定事物存在，却又不能跟共性或个性本身画等号，因为词义还是抽象的、概括的、笼统的。

至于概念性泛化功能方面，则指可由“人”扩展到与之相关相连的诸含义、属性、特征、关系、作用、范畴等。如由“人”到“人类”“人造革”“人云亦云”“人之初、性本善”等线性结构化扩展表达，包括相互间作用、关系、协调、统一、发展变化等诸拓展方面。

所以，依据一定词的概括性含义及其范畴，可泛指该名下所有事物存在。依据一定词的含义特定存在及其范畴，可特指该名下的某特定事物存在。依据一定词义方面的功能及其范畴所在，可泛指复杂性意义中的一定意义与意义间的结构、关系、作用等扩展存在。

一定范畴下的含义及事物存在，是词义的本位所在，一定范畴下的作用、关系是词义的交际功能所在。所以，单一含义往往由一定范畴统领，由一定含义、作用关系构成。多项含义则包含相应的多个范畴及其属下的诸含义及作用关系构成。

事物存在不仅包括自然界、人类社会的诸事物存在，而且还包含思维、观念、想象等方面的一定事物存在。所以，词义包含诸特定实意特指，但本身又不特指。如需特定实意特指，则需采取一定话语组织形式来表达。

特定话语组织除含某特定言词，还有特定语境及一些辅助表达手段类人工变量存在，乃至一定修辞手法对特定言词的处理，一定表现方法对特定实意的处理。

一定的词象义统一体组织所含词义在称谓名方面共享，含义所指及范畴方面则既统合又分别化存在。

词义可自由运行的起点，是一定单词组织及所包含的某单一临界含义、范畴、相应事物存在与相关功能存在。后来则一些相关、类似意义也被统一地置于某同一词名之下，从而在单词层面形成一定的多义词与一词多义。词类活用和一词多音多义是单词一词多义的特别情形。

临界语用条件下，多义单词所含的多项含义中，通常只有合乎临界语用条件的某一项含义用于该即时语用界面。

较单一含义项更小的词义存在是义素，义素是一定的单项单词含义内部的构成要素。一定单词含义可以是单一含义要素构成的，如一定的单纯词。也可以是两者或两者以上的含义要素构成的，如一定合成词。单纯词的单一含义要素与单一含义一体化，而合成词则含两项或两项以上的含义要素及它们整合而成的某单一含义项。各含义要素可以分解剖析，以弄清其具体的成分构成，但实际运行时，则往往需统合成某项单一含义来整体性实施。

从一定单词的单一临界含义、范畴、相应事物存在与相关功能存在起步，适当拓展，可导致一些复杂性词义的形成。复杂性词义中的临界含义至少在两者或两者以上。它们由词组及词组以上的扩展表达组织来担当其词统一体组织。含义与含义间的结构、关系、作用等之类功能，是词组及词组以上的名义范畴区域组织的复杂性词义拓展的纽带和依据。

复杂性词义包含一定的一词多义时，该多义单词所含的多义中通常只有某一项临界含义被即时语用界面使用。语境非特定或结构关系非明朗化时，词组层面的一些复杂性词义还可带来一定的词组性多义。

你见，或者不见我
我就在那里
不悲 不喜
你念，或者不念我
情就在那里
不来 不去
你爱，或者不爱我
爱就在那里
不增 不减
你跟，或者不跟我
我的手就在你手里

不舍 不弃

来我的怀里

或者

让我住进你的心里

默然 相爱

寂静 欢喜

扎西拉姆·多多《班扎古鲁白玛的沉默》

作者自述：这一首诗的灵感是来自于莲花生大师非常著名的一句话："我从未离弃信仰我的人，或甚至不信我的人，虽然他们看不见我，我的孩子们，将会永远永远受到我慈悲心的护卫。"我想要通过这首诗表达的是上师对弟子不离不弃的关爱，真的跟爱情、跟风月没有什么关系。

三、人工结合关系

人工结合关系指词统一体内，介于词名和词义之间的那种社会统一约定和规范的人工联结关系。人工结合关系的两端，分别与相应词名和词义（包括功能）直接相连，但不在相应词名、词义当中。

词名和词义的象义人工结合关系，只存在于一定社会成员的思维、观念或想象类心理反映过程，由人的主观能动作用积极主动地作为。

它属一种人为性追加的抽象性联结关系。人的耳、眼类生理终端接收器具体而直观地听或看，是听看不出来的。但通过心理和生理的联动，通过词名、词义和人工结合关系在词统一体组织中的一体化，听到或看到一定词名或一定词义性事物存在，即可心理间接地意识到这种人工联结关系存在。

词名与词义的结合，之所以是一种人工联结关系，就在于词名、词义及表达交流对象的彼此不同质、不同类，甚至可能异时空存在。

词名性字化表象组织是一种社会人工发明的标记性表象物，统一而规范，以社会成员公共而统一的意志为转移，而不是社会个人意志为转移。从而属社会化表达与交往方面的公共化产物。自然界、人类社会及思维观念领域本身，并不天然存在此类物质。

而词义作为社会语言表达和交往的质本身，则包括自然界、人类社会乃至思维、观念、想象等领域的或物质或精神，或具体或抽象，或个性或共性化存在的一切事物存在，并包括事物存在类含义间的功能或作用关系存在。且不管是否人力可及、是否以人的意志为转移，不管是自然之物还是人工产物。

因而，词义性事物存在既是一种泛指性、概括性事物存在，同时还包括含义所及的事物特定存在。其意义本身的一定具体物化存在，并可有自身固有的非字性自然表象。

词名性的音字文字类字化表象组织及所要人工结合的一定词义，两者作为一种事物存在，彼此并不天然具备统一、规范而积极主动地上达对方、跟对方结合并融为一体的能力。词义方面的抽象事物存在，虽处人们思维、观念、想象类心理反映当中，但被桎梏于人的内心深处，无倚仗条件下本身也到不了外在的词名性字化表象组织存在。心理反映的主观能动作用方面的积极主动作为，才令人工结合关系由客观存在和想象变作了表达现实。

在社会表达和交往时，人一类的社会表达或交往对象，会因对一定自然、社会的依赖而在心理上具主观能动性，从而是社会表达交往中唯一可积极主动地上达一定词名、词义并对二者进行适当人工联结的因素。因而，词统一体中的一定词名、词义间的结合关系只能是一种人工联结关系。由心理反映负责实施，以社会所有成员统一的意志及公共规范为转移，属一种隐性存在。

人类自身作为一种物化存在，其跟自我身心及外界事物存在的现实表达与交往，只能建立在一定的物化表达与交往基础上。对一定事物存在类意义，人工追加相应词名性字化表象组织，令二者人工结合成相应词统一体组织，并约定二者之间的统一规范性人工联结关系，一定事物存在便有了社会统一约定和规范的词统一体及相应具体物化表象组织替代性存在。从而，一定社会表达交往，便有了相对自由而统一规范的替代性物质表达交往基础。

基于词名、词义的人工结合，一定词统一体组织对相关新意义又可开放性追加，因而，一词多义也成为平常情形。例如，汉语单词“谢”，就可有：

①感谢；②认错，道歉；③辞去，拒绝；④（花或叶子）脱落；⑤姓，共五项含义。

而单词扩展表达方面，其所含复杂词义及意义间繁复性作用、关系等，也存在类似情形。人们熟知的句子歧义，实因词的二元结构所致。它们在词名上是一体化的，但组织成分间结构关系，却有着两种存在可能，从而同样带来一词多义。

例如，“牧童牵着牛在河边喝水”，就包含“牧童牵着牛在河边喝水”（牧童喝水，连动结构）和“牧童牵着牛在河边喝水”（牛喝水，兼语结构）两种结构关系存在可能。对“在河边喝水”这一动作的支配关系的两种存在可能，是导致其结构关系两种存在可能的原因。

词组的二元结构在表面上只有单一的词名性字化表象组织序列存在，但实际则是两项词名性字化表象组织的合二为一。在具体的话语表达与交往过程，因特定语境条件的存在及其对意义的协同表达或交往，此种多义即只有其中之一情形的存在。

词名线性序列化义合性扩展，词统一体组织结构化建构，词义由某单一界面含义范畴整体性涵盖，含义与含义间功能化整合，这是复杂性词组织建构方面的共同点。

词名、词义及二者间的人工结合关系，这三者在词统一体内相互依存、相互制约、相互影响、彼此协调，共同维持词的名义逻辑性字化表象组织统一体的存在。

话语表达及交往中的特定言词跟词的区别在于，特定言词是一定词组织在特定话语产品中的特定存在和具体表现，而词则指语言总体系中所有词组织及其子系统的总称。

因为词类组织是一切具体语言都必含的泛指性概念名义与逻辑单元组织，所以词属语言的常量范畴。

第三节　单词组织

词总的分为单词和单词扩展表达两大类。

单词是可独立存在的最小的名义逻辑单位及组织。单词所含的单一界面含义可简称义项，单一界面含义所含的含义要素可简称义素。从单词的某单一界面含义，往往可看出其一定义项的或单纯质或合成质类义素构成。

- 单词
  - 构成
    - 含义要素
      - 单纯词
      - 合成词
    - 含义义项
      - 单义词
      - 多义词
  - 功能
    - 一般功能
      - 含义功能
      - 作用关系功能
      - →
        - 实词：名词、动词、形容词、副词、数词、拟声词、量词、代词、叹词
        - 虚词：介词、连词、助词
    - 色彩功能
      - 形象色彩
      - 感情色彩
      - 语体色彩
      - 文化色彩
    - 比对功能
      - 同义词
      - 反义词

一、单词的含义要素存在

单词含义有单个含义要素构成的，也有多个含义要素构成的。

（一）单纯词

单纯词是界面含义、含义要素都单一的单词，从而在单一含义构成上是

单纯质。

汉语单纯词在词名性字化表象上多为单字单音节型，例如，“风”“马”“及”等之类。

而其多字多音节性字化表象，则由与一定音节连属具对应结合关系的多个汉字字序列（无级阶）来担当。例如，“蚯蚓”“忐忑”“马虎”“肯德基”“卡拉 OK”（这种英汉混合情形相对较少）等。这些字序列整体地与单一含义及单一含义要素相对应，所含各单字只起一定的音节记号作用。它们跟一定含义要素间是非对应性结合关系，所以不能单字分解和独立性地表意。它们不过是多字性音节连属而已。

多字多音节性汉语单纯词的字表象，依照词名性字化表象组织中各字所对应音节的连属情形的不同，多音节多字化汉语单纯词可划分出以下一些种类：

（1）连绵型单纯词：词义上由单一含义要素构成单一界面含义，名义性字化表象组织上则是与双声、叠韵及非双声叠韵类音节连属对应的字序列，这样的多字多音节性单纯词即连绵型单纯词。其中，双声类连绵型单纯词中的名义性字化表象组织在各字的对应性音节上的声母相同，例如，“彳亍”（chí chú）“仿佛”（fǎng fú）等；叠韵类连绵型单纯词中的名义性字化表象组织在各字的对应性音节上的韵母相同，例如，“从容”（cóng róng）“耷拉”（dā la）等；非双声叠韵类连绵型单纯词中的名义性字化表象组织在各字的对应性音节上声母韵母都不相同，例如“蝴蝶”（hú dié）“狡猾”（jiǎo huá）“噼里啪啦”（pī lǐ pā lā）等。

（2）叠音型单纯词：意义上由单一含义要素构成单一界面含义，名义性字化表象组织上是与完全相同的音节连属对应的字序列，这样的多音节性单纯词是叠音型单纯词，例如，“狒狒”（fèi fèi）“潺潺”（chán chán）等。

（3）音译外来词型单纯词：词义上由单一含义要素构成单一界面含义，名义性字化表象组织上是与外来词译音上的音节连属对应的一定字序列，这样的多音节性单纯词即一定的音译外来词型单纯词，例如，“干部”（gàn bù，英语：cadre）“凡士林”（拼音：fán shì lín，英语：Vaseline）“歇斯底里”

（拼音：xiē sī dǐ lǐ，英语：hysteria）等。

可见，汉语单纯词的多字化字化表象实为拼音化音节音素连属导致的结果。地位跟单字等同。

（二）合成词

合成词是界面含义单一，但却含两者以上的含义要素的词，从而在意义本质上是混合质。

因单一界面含义中的各含义要素都必有自己相应的字化表象，所以，汉语合成词在字化表象组织上都是多字多音节化且级阶内化的字序列。例如“有/时”“谢/谢”“老/乡”“独创/性”等之类。

在合成词的某单一界面含义中，多种含义要素往往内部结构化扩展而整合性地存在，而其含义要素方面的意义独立性，则相对性地被取消，这是汉语合成词的含义要素存现特色。

汉语合成词的字化表象组织以两字型的居多，其象义统一体组织的结构关系主要有如下一些种类：

（1）并列关系。构成单项混合性含义的两含义要素，依意义相同、相近、相关、相对或相反的关系，内化扩展整合而成一定单词，这样的意义内化扩展整合关系，就是合成词的并列型结构关系。例如，“声音”“左右”“骨肉”“忘记”等。

（2）偏正关系。构成单项混合性含义的两含义要素，依被修饰与修饰或被限制与限制关系，内化扩展整合而成一定单词，这样的意义内化扩展整合关系，就是合成词的偏正型结构关系。例如，“误判”“外貌”“很好”等。

（3）主述关系。构成单项混合性含义的两含义要素中，前一含义要素表主领性事物存在，后一含义要素内化扩展性述说与该事物存在相关的一定情形存在，这样的意义内化扩展整合关系，就是合成词的主述型结构关系，也称主谓关系。例如，“海啸”“体贴”“冬至”等。

（4）述宾关系。构成单项混合性含义的两含义要素中，前一含义要素表一定动作、行为或存现情况，而后一含义要素则内化扩展性表该动作、行为或现存情况所支配或关涉的事物、对象，这样的意义内化扩展整合关系，就是合成词的述宾型结构关系，也称支配关系。例如，“融资”“关心”“缩水”等。

（5）补充关系。构成单项混合性含义的两含义要素，依被补充与补充关系内化扩展整合而成一定单词，这样的意义内化扩展整合关系，就是补充关系。例如，“长大”“人员”“喜洋洋”等。

（6）主附关系。构成单项混合性含义的两含义要素，依主体与附属关系，内化扩展整合而成一定单词，这样的意义内化扩展整合关系，就是合成词的主附型结构关系。可分前附和后附两种情形。前附情形如“初一”“老虎”“阿姨”等。后附情形如“票子”“石头”“头儿”“党性”“科学工作者”“现代化”“乐滋滋”等。

（7）重叠关系。构成单项混合性含义的两含义要素完全相同，后一含义要素仅是前一含义要素的重复性叠加，借以表达单纯含义要素所没有的一定新内容，这样的意义内化扩展整合关系，就是合成词的重叠型结构关系。例如，“爸爸”“常常”“天天”等。

汉语合成词的结构关系，体现的是单项混合质含义的各义素间的一定内化扩展整合性作用关系，从而其各含义要素的意义独立性被取消，并导致一种相对稳定性内化扩展整合结构的一体化存在。甚至可以是“科学工作者”“联合国教科文组织”一类复杂性结构。

汉语合成词的义素虽在统一体结构中被取消了意义独立性，但却多为可独立成词性义素，只有少部分例外。从而在构成方式上普遍为统合结构。而英语合成词除统合结构外，还普遍存在一定的派生结构方式构成的派生词。派生词是由一定成词做词根，再结合一定非成词性词缀（前缀或后缀）构成。

二、单词的含义项化存在

（一）单义词

无论是否临界使用，单词的名义逻辑性字化表象组织都只与单一界面含义人工结合，这样建构而成的一定象义结合体，就是单义词。例如，“耐”“铀”“踟蹰”等一类的单纯词，“苗圃”“拓展”“教科书”一类的合成词等。

（二）多义词

临界条件下只结合单一的界面含义，但非临界条件下可与两项或两项以上的界面含义人工结合，这样的名义逻辑性字化表象组织与一定意义的象义结合体，是多义词。例如：单纯词“拿”，就可有如下众多意义：

① 用手或其他方式抓住、搬动（动词）：谁拿了老师的课本？

② 用强力取；捉（动词）：快拿住那个小偷！

③ 掌握（动词）：这事儿你拿得问吗？

④ 刁难；要挟（动词）：这事儿谁都做得了，你拿不住人。

⑤ 装出；故意做出（动词）：你就别拿样子唬人了吧！

⑥ 领取；得到（动词）：他拿了第一。

⑦ 强烈的作用是物体变坏（动词）：这木头让药水给拿黄了。

⑧ 工具、材料、方法、对象等的一定介入方式，跟“用”相当（介词）：A. 你拿尺子量一下；B. 睡前拿热毛巾捂一下；C. 要拿事实说话才能服人；D. 真拿你没办法。

合成词型多义词在非临界条件下包含多项界面含义的情形，如单词“那个”，就可在不同的临界使用条件下分别结合如下四项界面含义：

① 那一个：那个比这个好些。

② 那东西；那事情：你要那个做啥啊？

③ 那样：北风那个吹。

④一定意思的替代性模糊表达：他这人也太那个了吧！

多义词在非临界条件下所包含的多项界面含义中，往往有一项属基本意义，而其他意义则是由该基本意义发展和转化而来。

多义词中由一定基本意义转化而来的意义，又可分为引申义和比喻义两种。引申义由基本义推演发展而来，例如，“走”的本义是“跑”，而由此推演发展而来的则可有如下众多含义：

① 步行：走自己的路，让别人说去吧！

② 往来：走亲戚。

③ 离开；去：她打算明天走。

④ 移动；运行：你这步棋走的好。

⑤ 通过：大家走这个门出去。

⑥ 改变或失去原样：这钥匙走形了。

⑦ 趋向；呈现某种趋势：她现在可走红了。

⑧ 泄露；漏出：他说着说着就说走了嘴。

由基本义的某相似性或关联方面分离而来，并以之概括性地形容或统称另外的一定事物存在，这样的单词非基本性含义，是单词的比喻义。例如，“地下”的基本义是“地面以下”，这自然关联了“秘密的；不公开的”或“秘密的、不公开的活动”之类的含义或范畴方面。“地下”的基本意义转而再用来概括性地形容或统称别的具相同特性的抽象事物存在，就形成“秘密活动的、不公开的”这样的比喻义。

单词本义以本来方式构成，其引申义以引申方式构成，而比喻义以比喻方式构成。

三 、单词的功能取向

单词的功能主要有三大方面：即含义功能、作用关系功能和范畴统括功能。

单词的含义功能指的是，一定单词所具的社会统一而规范地人工结合一定泛意义的能力。例如，结合一定义项（单项或多项）及构成该义项的一定义素（单质或混合质），并包括其一定的内涵和外延。既含抽象、概括而笼统的概念、质的抽象概括，也含各具体事物及其特定存在。从而才可面对一切或抽象或具体事物存在。

单词的含义功能对应语言结合功能的单词含义结合方面。

而作用关系功能又包含两方面：泛意义本身的自我扩展功能，和被人的主观能动性作用而人为扩展的功能。前者为意义本身的自扩功能，后者为意义的被扩展功能。

泛意义本身的自我扩展功能在于事物存在本身都是普遍联系和发展变化的，这具体体现为单词与单词间的本来可联结性作用关系。人们通常所言的名义事理、逻辑本身的表达，就是如此。

被人的主观能动性作用的功能，则体现其可被作用于一定交流对象，被示指性表达、应用，单词与单词间的诸主观联结等。例如，言下之意、比喻义、引申义、表达、应用、解释等。

两者在字化表象组织方面，可具体扩展到一定词组、词的名义范畴区域。

这表明，单词的作用关系功能，实为单词含义往内外纵横联系、发展、变化等方面的关系功能。事物的普遍联系和发展变化，社会交往的广泛而深入，注定单词可广泛而深入地建立与其他单词间的人工联结，从而具备对其他单词的一定作用关系。

单词的作用关系功能，对应语言表达功能、交际功能、思维优化功能的名义逻辑联结方面。

单词的含义功能与作用关系功能在各具体单词中的分布，两者不一定不均衡。例如，有含义明显而作用关系隐含的，也有作用关系明显却含义空灵的。

单词的含义功能界定自己只是自己，而单词的作用关系则界定了自己的联系、发展、变化等有多深广。

一定单词的范畴，包含含义范畴和作用关系范畴两方面。其存在确立该单词含义及作用关系方面的最高类属与细分存在，并因而对一定名义逻辑乃至话语实意进行有效统领和约束。这是单词的一定范畴统括功能的体现。

一定的话语语句或篇章言词，之所以能走得远，又收得拢，全在一定单词的范畴统括功能的有效发挥。例如，一定篇章标题以词的面貌呈现，而一定篇章内语段方面言词的展开，则往往受一定单词含义及作用关系的影响和制约等。

（一）单词的一般含义功能

依照单词的含义与作用关系范畴，汉语往往将其所有单词统归分为实词和虚词两大类。

汉语实词的内置含义示指明确，而扩展性作用关系隐晦。这包括人们通常所言的名词、代词、动词、形容词、副词、数词、量词、叹词、拟声词，共九小类。

汉语虚词则内置含义空灵，而扩展性作用关系显性示指。这包含了人们通常所言的介词、连词、助词，共三小类。

名词、代词适配于词义所在的时空、对象及跟其他单词的一定扩展性作用、关系范畴。时空、对象类意义在数、量方面的衡量，不外乎一定对象、时空的数、量结构化存在。因而，名词、代词主要在时空、对象类含义范畴。

动词、形容词、副词、数词、量词、拟声词、叹词适配于词义所属事物对象的一定情状及跟其他单词（如时空、对象类单词）间的扩展性作用关系范畴。动词结合的行为、动作、心理活动、事物存现方面意义，体现的是一定事物存在对象的动静变化存现情状。形容词结合的性质、特征、状态方面意义，体现的是一定事物对象在质的凸显方面的情状。副词结合的对一定动作、性质、状态、时空等意义的修饰、限定，体现的是对一定动词、形容词意义情状的边际、界限方面的适当界定。数词、量词所结合的数、量、度、频率等方面意义，同样属一种事物对象的情状意义范畴。数、量一是体现为一定对象、时空意义的结构化存在状况，二是体现为一定动词、形容词、副词意义情状方面的频率化存在状况。拟声词、叹词所结合的一定声音存在、一定呼唤、应答类意义，体现的是一定事物存在对象的振动情状的适当分类界定。显然，上述这些都可归结到单词词义的情状类存在方面，并包括其扩展性作用、关系类功能。

介词、连词、助词类虚词，突出标示单词与单词间的扩展性作用，关系类交际功能，而含义弱化、虚化或空灵化。介词、连词虽含义空灵，但仍一定程度地保留某些具体含义存在的痕迹，介词如“根据”“通过”“沿着”“自从”“按照”“由于”“在”“到”等，连词如“和”“跟”“与”“及”“并”“并且”“但是”“因为”“如果”“总之”等，就仍不同程度地存在着一定的相关性历史含义残留。助词包括结构助词、动态助词和语气助词，除动态助词

“着”“了”“过”有一定程度的实义残留外，其他都已普遍含义虚空化。

英语单词中的名词、代词、动词、形容词、副词、冠词、数词、叹词在实词范畴，而介词、连词在虚词范畴。

汉语的量词、助词、拟声词是英语所没有的，而英语的冠词则是汉语所没有的。其原因一方面在于语言名义逻辑方面象义统一体的象义人工结合，另一方面则在人的主观能动作用的积极主动作为（例如一定的社会规范）。

因象义人工结合，同一个单词可在含义方面含多个义项，并具相应扩展性作用关系功能，从而又导致一词多类情形的存在。这种情形在英语和汉语中都着一定的存在。例如，英语单词“clean”表示“洁净的”意思时是形容词，表示“使洁净”意思时是动词，表示“完全地”意思时是副词；单词“hand”表示“手”意思时是名词，表示“递交”意思时是动词，等等。

而汉语单词的这方面情形如：

（1）汉语单词“给”：

①动词，让或使对方得到或遭受：A 钥匙给他；B 给他刺激刺激。

②介词，交与（动词后）或表被动：A 他一生都献给了祖国；B 她说不定又会给忘了。

（2）汉语单词“兜”：

①名词，口袋一类的东西：A 裤兜里；B 网兜。

②动词，做成兜形装（东西）：A 她衣襟里兜着些苹果；B 大叔拿毛巾兜着鸡蛋。

汉语、英语单词中都存在的一词多类体现的，是多义词的多个不同的即时使用界面存在状况，而汉语、英语单词种类划分方面的不一致体现的，则是两种语言在词义人工结合、处置方法、习惯、规范等方面的不同。

附：《信息处理用现代汉语词类标记规范》确立的词类划分及其符号标记（节选）：

4 词类及其他切分单位分类：

本标准将词类划分为 13 个一级类，16 个二级类；其他切分单位划分为 7 个一级类，13 个二级类。用户可根据需要自行增补。

4.1　词类划分及标记代码

4.1.1　名词（n），表示人或事物的名称，在句子中主要充当主语和宾语。

4.1.1.1　普通名词（ng），表示事物的名称。如：人　马　书　教师　飞机　电冰箱　阿姨　桌子　木头　道德　理论　历史　思想　文化　因素　作风　哲学

4.1.1.2　时间名词（nt），包括一般所说的时量词。如：年　月　日　分　秒　现在　过去　昨天　去年　将来　宋朝　星期一

4.1.1.3　方位名词（nd），表示位置的相对方向。如：上　下　左　右　前　后　里　外　中　东　西　南　北　前边　左面　里头　中间　外部

4.1.1.4　处所名词（nl），表示处所。如：空中　高处　隔壁　门口　附近　边疆　一旁　野外

4.1.1.5　人名（nh），表示人的名称的专有名词。如：华罗庚　阿凡提　诸葛亮　司马相如　松赞干布　卡尔·马克思

4.1.1.6　地名（ns），表示地理区域名称的专有名词。如：亚洲　大西洋　地中海　阿尔卑斯山　加拿大　中国　北京　浙江　景德镇　呼和浩特　中关村

4.1.1.7　族名（nn），表示民族或部落名称的专有名词。如：回族　藏族　壮族　蒙古族　维吾尔族　哈萨克族

4.1.1.8　机构名（ni），表示团体、组织、机构名称的专有名词。如：联合国　教育部　北京大学　中国科学院

4.1.1.9　其他专有名词（nz）。如：五粮液　宫保鸡丁　桑塔纳

4.1.2　动词（v），表示动作、行为，心理活动、生理状态及事物的存现、变化等，在句子中主要充当谓语。

4.1.2.1　及物动词（vt），能够带宾语。如：吃　打　擦　洗　喂　借　送　买　捧　提　填　喜欢　告诉　接受　羡慕　考虑　调查　同意　发动

4.1.2.2　不及物动词（vi），不能够带宾语。如：病　休息　咳嗽　瘫痪　游泳　睡觉

4.1.2.3 联系动词（vl），表示关系的判断。如：是

4.1.2.4 能愿动词（vu），表示可能、意愿。如：能够 能 应该 可以 可能 情愿 愿意 要

4.1.2.5 趋向动词（vd），表示趋向。如：（走）上 （趴）下 （进）来 （回）去 （跑）上来 （掉）下去 （提）起来 （扔）过去

4.1.3 形容词（a），表示性质、状态，在句中主要充当谓语、定语、状语和补语。

4.1.3.1 性质形容词（aq），表示性质。如：好 高 美 大 勇敢 危险 漂亮 干净 伟大

4.1.3.2 状态形容词（as），表示状态。如：雪白 黢黑 通红 冰凉 绿油油 亮堂堂 白花花 冷冰冰

4.1.4 区别词（f），表示事物的区别性特征，在句子中只能做定语修饰名词或跟助词“的”组成“的”字结构。如：男 女 公 母 雌 雄 微型 国产 军用

4.1.5 数词（m），表示数目和次序。如：零 一 半 百 千 百万 一百零八 第一 第十八

4.1.6 量词（q），表示人、事物或动作的单位。如：个 条 片 匹 辆 尺 斤 两 吨 支 回 次 遍 千瓦时

4.1.7 代词（r），起替代和复指作用。如：我 你 他 这 那 谁 我们 你们 他们 这个 那个 大家 自己 什么 哪里 怎么 怎么样

4.1.8 副词（d），修饰或限制动词和形容词，表示范围、程度等。在句子中做状语。如：都 只 就 仅 很 再三 屡次 将 不 却 总共 正在 常常 重新 曾经 竟然 居然

4.1.9 介词（p），引介名词性成分，不单独充当句子成分。如：把 被 从 向 对 凭 按照 对于 为了 自从 关于

4.1.10 连词（c），连接词、短语或句子，表示两者之间所具有的某种关系。如：和 同 与 及 并 或 并且 而且 或者 因为 所以

4.1.11 助词（u），附着在词、短语、句子后面表示某种附加意义。如：

的　地　得　了　着　过　等等　似的　一样

4.1.12　叹词（e），表示感叹、呼唤或应答，可独立成句或在句中充当独立成分。如：啊　嗯　唉　哎　哼　哦　哎哟　哎呀

4.1.13　拟声词（o），模拟自然界事物的某种声音，不能单独成句。如：砰　滴答　扑通　咕咚　叮叮当当

4.2　其他切分单位划分及标记代码

4.2.1　习用语（i），一种相沿习用的定型短语。

4.2.1.1　名词性习用语（in）。如：海市蜃楼　井底之蛙　蛛丝马迹

4.2.1.2　动词性习用语（iv）。如：跑龙套　打官腔　吃老本　与时俱进　励精图治

4.2.1.3　形容词性习用语（ia）。如：丰富多彩　艰苦朴素　光明正大

4.2.1.4　连词性习用语（ic）。如：总而言之　由此可见　综上所述

4.2.2　缩略语（j），专有名词或常用语的简缩形式。

4.2.2.1　名词性缩略语（jn）。如：人大　五四　奥运

4.2.2.2　动词性缩略语（jv）。如：调研　离退休

4.2.2.3　形容词性缩略语（ja）。如：短平快　高精尖

4.2.3　前接成分（h），词根前面的附加构词成分。如：阿　老　初　第

4.2.4　后接成分（k），词根后面的附加构词成分。如：子　儿　头　化　们　式　性　者

4.2.5　语素字（g），汉字字符集中一般不单独使用的汉字。

4.2.5.1　名词性语素字（gn）。如：民　农　材

4.2.5.2　动词性语素字（gv）。如：抒　究　涤

4.2.5.3　形容词性语素字（ga）。如：殊　遥　伟

4.2.6　非语素字（x），汉字字符集中单独使用时不具有意义的汉字，如：垃　琵　蜘　踌　鸯　蜻

4.2.7　其他　（w）

4.2.7.1　标点符号（wp），如：，　。　、　；　？　！　：　“”　……

4.2.7.2　非汉字字符串（ws），如：office　windows

4.2.7.3　其他未知的符号（wu）。

5　词类及其他切分单位标记代码表（略）

摘自《信息处理用现代汉语词类标记规范》[①]

上述词类中的区别词跟形容词的差别不大，其他切分单位中的习用语在固定词组，缩略语在简缩型单词，前、后接成分和语素字，都在词素，非语素字在字系统。标点符号在字的辅助性注音符号，非汉字字符串例证属非汉语母语单词。

（二）单词含义的色彩凸显功能

一些汉语单词在其泛指性的、概括性的名义逻辑基础上，通过对一定义素突出感官体验、突出情感倾向、突出语体倾向、突出文化特色等方式，来令意义相应地呈现出明显的形象色彩、感情色彩、语体色彩和文化色彩等，这些情形即属单词含义的色彩凸显功能。

1. 单词含义的形象色彩

单词在其含义义素、义项结合方面突出示指了一定视觉、听觉、嗅觉、触觉、味觉类感官体验，从而令人感觉到含义的形象具体，单词含义的这种形象化结合特色即人们通常所言的词语形象色彩。例如：

视觉类：席卷、天青、猫头鹰、傻乎乎等。

听觉类：雷人、咔嚓、哗啦啦、布谷鸟等。

嗅觉类：狐臭、刺鼻、夜来香、香喷喷等。

触觉类：失手、推敲、毛茸茸、热心肠等。

味觉类：斟酌、冲口、甜滋滋、酸溜溜等。

2. 单词含义的感情色彩

单词在其含义义素、义项结合方面突出示指了一定情感、态度倾向，从而令人感觉到词义鲜明的立场所在，单词含义的这种情感倾向结合特色即人

---

① http：//www.china—language.gov.cn/fw/zwxxhpt/201612/t20161215 _ 4075.html

们通常所言的词语感情色彩。其中，含义上明显体现了一定赞扬、喜爱、尊敬、肯定等情感态度倾向的，是褒义词，例如“勇敢”“伶俐”“神圣”“爱戴”等。含义上明显体现了一定贬斥、憎恶、鄙视、否定等情感态度倾向的，是贬义词，例如“渺小”“丑陋”“无耻”“怂恿”等。至于在义素、义项上情感态度倾向未明确示指的单词，则属中性词，例如“看”“发现”“结尾”“犹豫”等。

3. 单词含义的语体色彩

单词含义因有了某些义素的结合性存在，从而突出示指了意义的一定语体适用倾向，单词含义的这种语体倾向结合特色即人们通常所言的词语语体色彩。没有一定的结合性义素突出示指其含义语体倾向的单词，其语体色彩不明显，应用上自然无语体局限。

单词含义的语体色彩首先可总体分为两类：即一定口语化色彩或一定的书面化色彩。其中，口语化色彩并不等同于一切口头形式化色彩，它仅指口头语词方面那些单词含义被其结合性义素示指得更加通俗化的义素配置特色，从而不包括一切口头语词的含义分布及其义素配置。为顺应意义的通俗化要求，口语色彩突出的词在其含义的义素配置方面往往显得平易朴实、生动活泼，例如：“拽”“呷”“头儿”“数落”“巴不得”“脑瓜子”等。

而书面化色彩则不等同于一切书面形式化色彩，它仅指书面语词方面那些单词含义被其结合性义素示指的更加典雅化的义素配置特色，从而不包括一切书面语词的含义分布及其义素配置。为顺应意义的典雅化要求，书面色彩突出的词在其含义的义素配置方面往往显得讲究、庄重而文雅，例如：“晔”“煜”“成行”“兹有”“屹立”“商榷”等。

对单词含义的书面色彩适当细分的话，还可分为文艺色彩、科技色彩、政论色彩、公文色彩等种类。

其中，单词含义的文艺色彩即一定单词含义上所具的某些文学艺术色彩。这类单词含义上所结合的一些义素多为一些文学艺术意蕴方面的表达所用，故而称其具一定的文艺色彩，例如：“绚丽”“踟蹰”“旖旎”“璀璨”“歌颂”等。

单词含义的科技色彩是指一定单词含义上所具的某些专门性科技意义特色。这类单词含义上所结合的一些义素特属所指往往为一些专门性科技知识的语言表达所用，从而称其具一定的科技色彩，例如："定投""法人""公式""原理""纳米""微创""转基因""基底节"等。

单词含义的政论色彩指一定单词含义上所具的某些专门性政治意义色彩。这类单词含义上所结合的一些义素大多为一些专门性政治意义的语言表达所用，所以称其具一定政论色彩。例如："体制""法治""宪政""公民""执政党""公务员""马克思主义""邓小平理论"等。

单词含义的公文色彩则指一定单词含义上所具的那种专门性机关单位公务意义色彩。这类单词含义上所结合的一些义素往往为那些专门性机关单位间公务交往方面的语言表达所用，从而称其具一定的公文色彩。例如："函""文""报告""呈请""签署""批复""通知""抄送"等。

4. 单词含义的文化色彩

单词含义因有了某些义素的结合性存在，从而突出示指了意义的一些社会文化方面的特色，单词词义的这种社会文化结合特色即人们通常所言的词语文化色彩。单词文化色彩的实质，是单词含义中的一定结合性义素对一定意义的社会文化背景的明确示指。

从词源及一定具体语言体系中的单词系统构成来说，单词本身就是故事，是社会文化属性化的，所有的单词其实都有着自己特属的文化色彩。不同语言体系的单词，各有各的文化特色。即使同一语言体系内，也存在着一定单词在含义文化色彩方面较其他单词更明显突出的情形。汉语单词中的这方面情形可更细地分为以下三类情形：

(1) 一般称谓类、典故性称谓类和专属称谓类。

一般称谓性单词即汉语中那些普遍存在的一般性、常规性诸单词存在。例如，"山""水分""人们""高兴"等。

典故性单词的形成，往往有一点的典故背景。例如，"矛盾""推敲""问鼎""折腰""岳父"等。

专属名称是一定的人或事物独有的一定称谓。例如，人名、地名、店名、商标名、品牌名、组织名、单位名、机构名、公司名、著作名、文献名等。

(2) 共同语词和方言词。例如，同是普通话（共同语）中的“厨房”，长沙话称“灶屋”，双峰话说“茶堂”，太原说“伙房”，成都说“灶房”，建瓯、阳江、厦门、潮州分别说“鼎间”“灶前”“灶脚”和“灶下”。

(3) 外来词：外来词是从别的语言借来的单词，它是跟母语单词相对而言的。有单纯直译的，如“咖啡”（coffee）“沙发”（sofa）“雷达”（radar）等；有音译加意译的，如“芭蕾舞”（ballet）“吉普车”（jeep）“卡片”（card）等；有直接借用的，如“干部”“劳动”“场合”等借用自日语，“GDP”（Gross Domestic Product 的缩写，国内生产总值）“CPI”（Consumer Price Index 的缩写，即居民消费价格指数）“SAT”（Scholastic Assessment Test 的缩写，即美国高考）等借用自英语。

（三）单词含义的比对功能

从别的单词含义存现角度，来对现有单词含义做比较对照性界定，或从现有单词含义存现角度，来对别的单词含义做比较对照性界定，则一些单词与单词间，还不同程度地存在着一定的义同、义近、义反、意义相对或意义迥异情形存在。义同、义近、义反、意义相对的词，往往可表述为“某词是何词的同义词（包括近义词）或反义词”或“某词跟（和）何词是同义词（包括近义词）或反义词”。意义迥异的单词间含义不做比对。

1. 同义词

同义词是从含义存现角度衡量，跟比对性单词相比而言含义大体相同或相近的词。例如，“瞧、瞅、盯、瞟、瞪、瞥、窥、望、观察、观光、观摩、观看、看望、看见、眺望、仰视、俯视、平视、斜视、鸟瞰、张望”和“看”、“盘尼西林”和“青霉素”、“妈妈”和“母亲”等，就分别构成对应性同义词。

成组性比对的同义词与同义词间的一定义同或义近，往往只是相对而言的，含义存现上完全相同的同义词，如“盘尼西林”和“青霉素”，“歇斯底里”和“神经病”等，只是极少数。

同义词间的单词义同、义近方面的差异主要在于单词的含义轻重、对象示指、场合示指、范围示指、主观搭配意愿、习惯示指等方面的一些不同。合成词型同义词在含义轻重、适用范围大小、主观搭配意愿、习惯等方面，还有着各单词中差异性含义要素或结构形态方面的适当提示，例如“请求”和“恳求”，前者含义要素“请”，是一般性的要求，含有尊重的意思；后者含含义要素“恳”，是恳切性的要求，含有诚恳和迫切的意思，“恳求”的词义比“请求”重。而“时代”和“时期”中，前者含含义要素“代”，指一个较长的时期，所指的时间范围大，后者含含义要素“期”，是一段时间，所指的时间范围小。“坚定”和“坚强”中，前者含含义要素“定”，常和“立场、方向”等含义配合，后者含含义要素“强”，常和“性格、意志”等含义配合。

2. 反义词

反义词是从别的单词含义存现角度，来跟比对性单词相比而言含义相反或相对的词。例如，“黑”和“白”、“幼、少、小、嫩、新”和“老”、“高贵”和“卑鄙”、“拥护、赞成、支持”和“反对”等，就可分别构成对应性反义词。

第四节　单词扩展表达

- 单词扩展
  - 词组
    - 级阶化单式词组
      - 紧凑性单式词组
      - 凸起性单式词组
    - 层级化复式词组（单重或多重层级结构关系）
  - 词域
    - 名义单区范畴
    - 名义联区范畴

由一定单词自身的含义及作用、关系，外化扩展到与之相关的其他单词在含义和作用关系方面的跟其一体化表达，这样的单词作用关系化表达，是词的名义逻辑方面的单词扩展表达。

单词扩展表达的功能，在于拓展一定单词的含义和作用关系，发挥一定名义逻辑方面的诸“交际”（事理发展变化）功能。

言词性字化表象组织替代性存在的音字或文字序列，导致单词扩展表达在自然表象上，呈现为一种口、手类单端口下的射线性结构化扩展。含义及作用关系上，则体现为一种或同类或异类或类别纵横交错性的有序扩展。

例如，A. 北京、上海、哈尔滨、满洲里、齐齐哈尔、乌鲁木齐

B. 中共十五大中央政治局常委

江泽民：中华人民共和国主席，中央军委主席

李鹏：国务院总理、人大常委会委员长（1998 年当选）

朱镕基：国务院副总理，

李瑞环：全国政协主席

胡锦涛：中央书记处书记、中央党校校长 、国家副主席（1998 年当选）

尉健行：中央书记处书记、中央纪委书记、全国总工会主席

李岚清：国务院副总理

C. 北京 良 多云 21～34℃ 6 月 26 日 周一 六月初三 星座运势

上海 良 雷阵雨 23～28℃ 6 月 26 日 周一 六月初三 星座运势

黑龙江 优 晴 20～30℃ 6 月 26 日 周一 六月初三 星座运势

上面这些是含义及作用关系相对宽松的单词同类扩展表达。

而含义及作用关系相对紧密的单词扩展表达的起步，则是词组中的一定级阶化单式词组。

级阶化单式词组适当层级化扩展，会导致一定层级化复式词组的形成。

层级化复式词组适当层面化、层次性扩展，会导致一定词域的形成。词域包括名义单区范畴和名义联区范畴。

可见，单词扩展表达在一定事理性作用关系结构上，是基于一定单词及该单词以外的其他单词间的外化扩展整合。

一、词组

词组 { 级阶化单式词组
　　　 层级化复式词组

词组是由一定单词依名义逻辑方面的含义及作用、关系外化扩展表达而来的，较单词更高一级的单词与单词间义合性扩展表达。可分为级阶化单式词组和层级化复式词组两类。

（一）级阶化单式词组

1. 含义

级阶化单式词组是单词类结构成分在一定主领性单词意义作用下的单组有序性级阶关系扩展表达。例如："社会主义新农村""我爱你中国""她终于止不住泪水哗啦啦地流了下来"等。

单式词组中的级阶，指词组中的紧邻单词间或跨度单词间的某同类同阶或异类异阶扩展统合方式。级阶性扩展组合方式在词组及词组以上的词组织结构方面普遍存在，但只有单式词组用其作仅有的结构关系方式。且可有并阶、降阶、升阶、屈阶等更小的级阶种类区分。

并阶如并列关系、顺承关系、递进关系、选择关系、复指关系、类属关系词组中的单词与单词间的同类或类似级阶结构关系，就是如此。

并列、选择关系词组中的单词性结构成分与结构成分间关系并列，两者并阶。例如："光明/正大""莺飞/草长""开/关""你/我""可/不可以""明天/或后天"等。

复指、顺承、递进关系词组中的单词性结构成分与结构成分间关系，有前后相承或递增递减类意义存在，意义所指同类或类似，彼此同阶，是射线型并阶。例如："他们/这些有关系的""回来/在家好好给我待着""张狂/且无礼"等。这类词组中的单词类结构成分与相应结构成分所在的同一级阶，往往属不平整的。

类属关系词组中的单词性结构成分，显性存在的只有一定的末端或开端性结构成分，另一关系方结构成分只有一定的关系标志词存在，实义方面根本没同时出现，属隐性存在。这类词组中的单词性结构成分，因实义方面的另一关系方欠缺、而被看作为一种粘连性并阶。例如："所幸的""令人不可思议的""街灯似的""疯了一样"等。

降阶如主谓、动宾、动补、介入或它们结合性关系的词组中，单词性结构成分与结构成分间的地位级差性存在。例如："我在啊"（主词＋谓词）"拔萝卜"（动词＋宾词）"撞飞了出去"（动词＋补充词＋补充词）"由于洪水泛滥成灾"（介词＋原因）"杯子给撞飞了出去"（主词＋谓词＋补充词＋补充词）等。

升阶指偏正关系词组中的修饰词或限定词跟其所修饰或限定的一定中心词间的地位级差性存在。例如："好好干""冉冉升起""静悄悄的玫瑰""满脸落寞的神情"等。它由特征扩展到本体。

屈阶指并阶、降阶、升阶类级阶结构方式中至少含两类或两类以上的结合存在情形。例如："我/昨天不是跟你说了他们今天要打组约乘专机来上海的吗"（总体：主词＋谓词，降阶；"昨天"跟"不是"后面所有内容：修饰词＋中心词，升阶；"不是"跟后面所有内容：动词＋宾词，降阶；"跟你"与"说了"之后所有内容：修饰词＋中心词，升阶；"说了"跟其后面所有内容：动词＋宾词，降阶；兼类成分"他们"跟其后所有内容：兼词＋动词，降阶……）等。

最简单词组只包含两项单词性结构成分，例如："红的""开/关""我和你""吹吹打打"等。而复杂性单式词组，则至少包含三项及三项以上单词性结构成分，例如，上述所举的屈阶类级阶性单式词组方面的例子之类。

2. 建构

作为单词扩展表达的起步，单式词组的建构主要从以下一些方面入手：

(1) 单词性结构成分间级阶关系化存在。

级阶的实质是词组中各单词的词义及成分地位性存在状况。同阶成分相容并举，异阶成分地位差别化存在。无论最简单式词组，还是复杂性结构关系的单式词组，都体现一定时空、对象性事物存在及情状间的各纵横联系与发展变化。

例如，“薄薄的青雾浮起在荷塘里”“这年头神马都是浮云”“老师/打人”（非主述关系，前者表呼喊对象，后者表出现的紧急情况）。

（2）单词本身的逻辑化含义、作用、关系等是单式词组级阶化结构关系建立的基础。

例如，“中国将于2016年发射天宫二号空间实验室”（新华网）“我只因为我是我”（含一定言外之意）“众所周知的是，这事情后来就一直杳无音信了”。

（3）词组中的单词性结构成分单通道线性序列化地扩展。

例如，“素胚勾勒出青花笔锋浓转淡”。

例句中总体的降阶性主述关系中更包含主词部分、述词部分的分别降阶性主述关系，但各单词却只能单通道线性序列化产出。

“官方称去年70大中城市房价涨1.5%遭质疑”。

例句因结构成分较多而导致一定结构成分的尾大不掉，从而出现结构关系的两种组合关系可能：“官方称/去年70大中城市房价涨1.5%遭质疑”和“官方称去年70大中城市房价涨1.5%/遭质疑”。表达者的主观意愿及特定语境条件限定的原意是后一种结构关系，但词组中单词类结构成分的单通道线性序列化产出，则令两种结构关系存在可能都出现在了同一单式词组中。

（4）结构成分间作用关系或逻辑化存在或主观意愿性修辞化促成。

例如，“会考虑一国两制在台湾实现形式”“君主/立宪（偏正关系而非主述关系）”“我的胃每到此时就开始踢我”。

（5）二元结构中的级阶关系可依一定语境条件及主观意愿而拓展。

例如，“从中学到大学没有的知识”（包括“从中学到大学/没有的知识”和“从中/学到大学没有的知识”，单词间组合关系界限的两种可能，带来同一单式组织中的单词类结构成分的变化性存在，但主观表达意愿及特定语境条件下则只有其中一种情形存在）“鸡不吃了”（包括“鸡/不吃食了”和“鸡/我们不吃了”，前一种的“鸡”和“不吃了”支配关系，后一种的“鸡”和“不吃了”是被支配关系）。

（6）修辞方面的一定强调或突出表达意愿，导致词组中单词先后顺序及级阶关系的变化。

例如，“这本书/我看完了”“我看完了/这本书”“我/这本书看完了”“我把这本书/看完了”。

（7）方言、他国语言中随一定结构关系拓展习惯，而导致的一定词组中单词先后顺序及级阶关系变化差异。

例如，“我吃饭”“我饭吃”“吃我饭”。

（8）介词、连词、助词类虚词在词组结构关系的建构中只起一定的关系标志和辅助表达作用。

例如，“我们为他的事以正当方式向各上级机关都做了情况反映的”（“为”“以”“向”类介词起辅助表达一定的介入关系类意义方面的作用）“小宇调皮地把室友最喜欢的那本畅销书悄悄地藏到了对方垫得厚厚的垫被底下”（“地”“的”“得”之类助词起辅助表达一定的结构关系类意义方面的作用）“老师说过一个腿脚不便的老年人要拄着拐棍上得了那座独木桥是不可能的”（“过”“着”“了”之类动态助词起辅助表达一定的动态关系类意义方面的作用，末尾 语气助词“的”起辅助表达一定的语气方面作用）。

（9）未完整表述内容，由交流的另一方面自我补充完善。例如，“人生实苦，但请你足够相信”[①]（“相信”后需自我理解补充的内容或可是对方这样的隐含意义：“我们会视情况帮你”）。

至于单式词组中的单词性结构成分的作用或关系化存在，传统上分为三类：（1）主词、述词、宾词和一定中心词往往充当一定单式词组中的主干；（2）修饰词、限定词和补充词是一定单式词组的枝叶成分；（3）介词、连词、助词之类关系词是一定单式词组的辅助性结构成分。那种不把一定关系词当句子成分来看待的观点，实际上否定了单式词组中的作用关系类意义或功能的标记性存在。

① http：//society. people. com. cn/n1/2017/0628/c1008－29367266. html

3. 类别

依据单式词组中单词间的级阶关系的紧凑与否，可以将单式词组分为紧凑性级阶化单式词组、凸起性级阶化单式词组和补充性级阶化单式词组三类。

（1）紧凑性级阶化单式词组

① 结构关系种类

依照紧凑性单式词组中的单词与单词间的结构关系的固定与否，可将单式词组中的结构关系分为固定关系和非固定关系两大类。

固定关系是一定社会长期使用而定型化了的单词与单词间结构关系，该类词组中的单词类结构成分一般不可随意的增减和变换。例如，“牌棍子”“交际花”“我行我素”“一叶落知天下秋”“泥菩萨过河——自身难保”等。

单式词组的固定性结构关系突出体现在一定的专有名称（专名）和熟语这两类词组的单词类结构成分与结构成分间关系方面。专有名称如：“联合国教科文组织”“浪潮信息”等。熟语包括成语、惯用语和歇后语等。成语如：“乐不思蜀”“醉翁之意不在酒”等；惯用语如：“唱高调”“八竿子打不着”等；歇后语如：“孔夫子搬家——尽是输（书）”“周瑜打黄盖——一个愿打，一个愿挨”等。

非固定关系单式词组中单词类成分间结构关系相对自由，且词组中的单词类结构成分可适当增减或变换，例如，“青青河畔草”“青青园中葵”“青青子衿”“我不是黄蓉”等。

非固定关系类单式词组中的单词或结构适当改变，往往能导致一定的新单式词组的产生，以顺应语言社会化交往过程中意义发展变化方面的表达需要。

如对词组中的单词类结构成分间的关系固定与否不作考虑，只就词组中的单词性结构成分与结构成分间的级阶关系考虑，则单式词组中的单词性结构成分间的作用关系又可分为如下一些种类：

A. 主述（主谓）关系。

主词示指一定的主导性对象、情状，述词扩展性表述主导性对象、情状所主导的相关情状。例如：“水东流”“今天星期四”“多说无益”等。主述关系也即传统语言学所言的主谓关系。

B. 述宾关系。

支配性述词表一定的动作、行为、存现等情状，宾词扩展表达跟述词所述及的一定对象或事物存在等。例如："爱聊天""感受生活"等。述宾关系也即传统语言学所言的动宾关系。

C. 联合关系。

联合关系包括单式词组中单词与单词间的并列、顺承、递进、选择等扩展关系。例如："辱骂和恐吓"（并列）"进来坐坐"（顺承）"骂甚至打"（递进）"今天或者明天"（选择）等。

D. 偏正关系。

偏正关系包括修饰关系和限定关系两类，词组中的一定修饰词或限定词往往对词组中的一定中心词起修饰或限定作用。例如："慢走""彬彬妈妈"等。

E. 补充关系。

补充词对词组中的中心词做适当的补充说明。例如："邮寄过去""红遍全球"等。

F. 兼类关系。

词组中往往有一定单词既跟其前的单词构成述宾关系，同时又兼而跟其后的单词构成一定的主述关系。该兼类单词即一定的兼词。例如："叫他进来""有人不赞成"等。

G. 复指关系。

词组中的单词和单词并排出现，虽称谓不同，作用不同，但所指对象同一。例如："小李自己""你们三位""北京、上海等大都市""我们这些知识分子"等。

H. 方位关系。

词组中表时间或处所的单词在意义上朝有关的一定方位词及意义方面拓展，以表达被该时间或处所界定的一定时间段、处所范围等。例如："天亮以前""一个月内""长江以南"等。

I. 介入关系。

词组经淡化本义却规范了一定关系意义的介词扩展到相关实义性单词及意义，这样的单式词组中的单词与单词间结构关系是介入关系。例如，“在北京”“为了明天”“根据举报”等。

J. 类属关系。

词组经一定实词及意义扩展到淡化了的本义，但却规范了特定类属所在，且有助词性类属标志词“的”“所”或“似的（地）”“（一）般（的、地）”“（一）样（的、地）”等，以表达跟一定实词意义关系紧密的特指、类属或类似等情形，词组中单词与单词间的这样一类结构关系是类属关系。这里的助词并不是结构关系标志词，而是一定替代意义（或隐性意义）上的类标志。例如，“该来的”（特指）“所想”（所属）“触电一样”（类似）等。

K. 歇后关系。

歇后语中的前部结构成分打比方，而后部出现的结构成分则适当给出一定的解释性结果。歇后关系是汉语单式词组中的特类结构关系。例如，上面固定关系类单式词组中的一些歇后语例子。

只有彼此间在意义上能产生一定作用、功能关系的单词与单词，才能适当地扩展成一定的单式词组。

②性质种类

依性质而言，紧凑性单式词组可分为名词性级阶化单式词组、动词性级阶化单式词组、形容词性级阶化单式词组、量词性级阶化单式词组和介词性级阶化单式词组共五种。

A. 名词性级阶化单式词组。名词、代词类单词主导的一定单式词组是名词性单式词组。例如，“今天 5 号”（主述关系）“一介书生”（偏正关系）“我和你”（并列关系）“今天或明天”（选择关系）“我要他别来”（兼语关系）“英雄黄继光”（同一关系）“地中海东岸”（方位关系）“站后面的”“所言”“木头一样”（类属关系）等。

B. 动词性级阶化单式词组。动词类单词主导的一定单式词组是动词性单式词组。动词性单式词组的结构关系方式主要有述宾关系、偏正关系、联合关系和兼语关系等。例如，“扁他”（动宾关系）“快回去”（偏正关系）“有说有笑”（并列关系）“出来走走”（顺承关系）“涨还是跌”（选择关系）“请你出去”（兼语关系）等。

C. 形容词性级阶化单式词组。形容词类单词主导的单式词组是形容词性单式词组。形容词性单式词组主要是以一定的偏正关系、补充关系类结构方式组合而成，例如，“非常好”“好得不得了”等。

D. 量词性级阶化单式词组。量词类单词主导的一定单式词组是量词性单式词组。例如，“500 架次”“多少回”“那颗”等。

E. 介词性级阶化单式词组。介词类关系词导引的一定单式词组是介词性单式词组。例如，“经统计”“打那时起”“在自然灾害面前”等。

介词性单式词组是单式词组性质种类方面的特类。其他的副词、拟声词、叹词、述词、连词、助词类汉语单词，通常不能相对独立地主导或导引性组建一定的单式词组。

（2）凸起性级阶化单式词组

一定的单词或紧凑性单式词组以插入、招呼、感叹、拟声、其他或它们的一定综合等结构方式，级阶性融合到一定单式词组的组织结构当中，从而令意义交错相通地融为一体，并形成较突兀开头的一定级阶化单词扩展表达，这样的单式词组是凸起性单式词组。

凸起性级阶化单式词组的结构方式主要有如下一些种类：

① 插入类凸起拓展方式

例如，“总之，/我不会再上你的当了”（“总之”插入到一定的单式词组结构前，以表达一定的总结性意义）“据说，/这次银行又降息了啊”（“据说”插入到一定单式词组结构前，对另一词组意义做适当的解释或说明）。

此外，一些独立性强、界限被适度放大的表时间、地点、方位、方式、方法、手段、途径、对象等意义的单词或词组，适度插入或介入到一定的单式词组前或词组结构中，也可构成一定的凸起性级阶化单式词组。例如，“傍晚，/晚霞映红了西边的天空”“在美国，/这种事根本不可能发生”“向左，/再前走几步就是”“经筛选，/我们的八强产生了”“依照你的吩咐，/我把张师傅找来了”“用拖把，/大家把地板好好拖干净”“为他，/你这样犯得着吗”。

②招呼类凸起拓展方式

例如，“陈总，/我们上次所订的那批货到了”“妈妈！/毛毛虫！/等等我呀”。

当中一些招呼对方、引起对方注意的称谓，相对独立地置于相应的一定词组前，一体化地构成一定的凸起性单式词组，这样的结构关系方式就是招呼类凸起扩展方式。

③感叹类凸起拓展方式

例如，“哎呀，/我忘了拿钥匙了”“嗯，/我会想办法的”“啊！/多么壮丽的山河”“哼！/到底谁胜谁负还不一定呢”。

上述的一些能相对独立存在的感叹词置于相应的一定词组结构前，一体化地构成一定的凸起性单式词组，以表达惊讶、感慨、应答、喜怒哀乐等情感跟其后的单式词组间的一定意义关系，这样的结构关系方式就是感叹类凸起拓展方式。

④ 拟声类凸起拓展方式

例如，“砰，砰，呯……他连开多枪都没有击中”“呼——呼——狂风夹着沙石扑来了”“嘟——列车缓缓地进站了”“吱唧唧——吱唔，蟋蟀真烦人”。

上述的一些可具一定存在独立性的拟声词，置于相关的一定单式词组前，一体化地构成一定的凸起性复式词组，以表达所模拟的声响跟其后或其前的单式词组间的一定意义关系，这样的结构关系方式就是拟声类凸起拓展方式。

⑤其他凸起扩展方式

例如，A. 语言：建立在一定字化表象组织基础上的社会示指表达及体系，包括一定的泛化名义逻辑表达（词）和一定的实意特指表达（话），并就结果而言主要体现为一定意义及语言象义（意）统一体的字化表象组织替代性存在。(注解对象凸起)

B.“3. 甲乙二人从两地同时相对而行，经过 4 小时，在距离中点 4 千米

处相遇。甲比乙速度快，甲每小时比乙快多少千米?”(题次序号凸起)

C.“答：甲每小时比乙快 2 千米。”(内容提示凸起)

另外，也存在上述的一些组合方式结合着连用的情形，例如：“哦，家乡，你永远是我热恋的地方”等，这就属综合性凸起拓展方式。

上述单式词组的各凸起拓展方式中，插入类凸起拓展方式单纯就结构关系而言，招呼类、感叹类、拟声类、解释类拓展方式基于结构关系并偏重性质而言，而综合性拓展方式则二者都可包含其中。

凸起性单式词组中的一定结构成分的凸起，主要在于对该成分意义的突出提示或强调，因词类字化表象组织替代性存在的单通道线性序列产出，词组中的凸起结构成分普遍置于词组起始位置。

(3) 补充性级阶化单式词组

一定单词或紧凑性单式词组以适当补充说明或称谓性招呼方式，置于一定单词或紧凑性单式词组末尾，与其共同构成的一定非紧凑性单式词组，是补充性级阶化单式词组。

例如，“这也太不像话了，你”(“你”强调对象，强化对对象的斥责)“那你就兑现自己曾经许下的诺言啊，马上”(“马上”表逼迫)“草地上点缀着各色小花朵，红的，黄的，白的”(“红的，黄的，白的”用于解释或补充说明“各色小花”)“蟋蟀在墙角单调地弹唱，唧——唧——”(修饰词“唧——唧——”置入另一词组的末尾，用于补充说明)“不会出什么意外吧！/经理”(补充说明交流对象)。

(二) 层级化复式词组

复式词组是以一定的级阶化单式词组为基点，并建立在一定主领单词或主领性单式词组作用下的单词与单词间的一定层级化结构关系拓展表达。

有成组或单用的明显关联词联结的层级化复式词组，属显性层级化复式词组，无明显关联词联结的层级化复式词组，属隐性层级化复式词组。

复式词组的层级结构方式中的级，指其一样包含着的单词与单词间的一定成组性级阶关系，而层指其所包含的起码在两组或两组以上的级阶化作用关系组的扩展表达，且那些扩展性级阶化作用关系组是经一定的主领性级阶化单式词组分道分表而来。

只含两组级阶化作用关系组的扩展表达层级可称为单重层级。单重层级的复式词组在主领性级阶化作用关系组的起点基础上，只另外扩展了一组级阶化作用关系组。两组以上的级阶化作用关系组的扩展层级，则在两重或两重以上，这可称为多重层级。多重层级的复式词组则在主领性级阶化作用关系组的起点基础上，另外再至少扩展了两组及两组以上的级阶化作用关系组。

单重层级结构关系扩展可分为联合式层级结构关系扩展和偏正式层级结构关系扩展两大类。

联合式层级结构关系扩展有并列关系、顺承关系、递进关系、选择关系和解说关系五种。

1. 并列关系

层级扩展结构中的一定词组间拓展的，往往是并立着的一些相关、相对的事物存在情形，或同一事物存在的一些相关、相对方面，这样的词组间（包括单词与一定的词组间）层级拓展关系，就是并列关系。例如，“政府既要促进社会经济的发展，同时也要倍加关注民生”。

不用关联词的词组间并列关系拓展，则以词组意义间的自然作用关系而进行拓展。例如，“莫道不消魂，帘卷西风，人比黄花瘦”（李清照：《醉花阴·薄雾浓云愁永昼》）。

2. 顺承关系

层级扩展结构中的各词组在意义上结合的也是一些相关事物、存在、情况或连续性的动作行为，但它们往往需依明显的时间、空间或事理上的前后相承关系来渐次拓展，这样的词组与词组间拓展关系，就是顺承关系。例如，“起先雨很小，后来就渐渐大起来了”。

顺承关系强调彼此之间在一定顺序上的前后相承，其词组间层级组合关系也有使用关联词和不使用关联词两种情形存在。

不用关联词的词组间承接关系拓展，则采用概念意义上的自然作用关系来拓展。例如，“感觉气温升高了些，蛤蟆想去地上看看春天到了没”。

3. 递进关系

层级拓展结构中的后面的词组所结合的意义，往往比其前的词组所结合的意义更进一层，这样的词组与词组间的层级拓展关系，就是递进关系。

递进关系的词组间层级拓展必须以规范而统一的相应关联词为标志来组织和强化，并强调意义间程度上的增进或加深。例如，“对于叔叔回国这件十拿九稳的事，大家还拟定了上千种计划，甚至计划到要用这位叔叔的钱置一所别墅（关联词：甚至）”（［法］莫泊桑：《我的叔叔于勒》）。

4. 选择关系

层级拓展结构中的各词组（包括一定的单词与词组）在意义上所结合的，是可供选择的几种情况、可能（未定选择）或已经摆明的取舍情形（已定选择），这样的词组与词组间层级拓展关系，就是选择关系。

词的选择关系层级拓展强调的往往是一定意义上的必选。例如，“或者进来，或者出去，你这站门口让人家怎么过”。

5. 解说关系

层级拓展结构中的各词组所结合的意义，依或先总后分，或先分后总，或先笼统后具体的关系而分解性地展开，这样的词组与词组间层级拓展关系，就是解说关系。

解说关系层级拓展往往强调对各意义的适当合分、分合或解释，一般不用关联词。

例如，“2008年，中国一下就经历了三次大考：年初雪灾，5月12日汶川地震，世界金融危机来袭”（总一分关系）。

偏正式层级结构关系扩展有转折关系、假设关系、条件关系、因果关系和目的关系五种。

6. 转折关系

层级拓展结构中的各词组间意义关系一定程度地相对或相反，折转后的词组意义才是拓展结构中主要要表达的一定意义所在，这样的词组与词组间层级拓展关系，就是转折关系。例如，“尽管不是你的责任，可是跟你就一点关系都没有了么”。

转折关系的词组间意义层级化拓展，往往需要明确的关联词来体现。

7. 假设关系

层级拓展结构中的各词组所结合的意义中，前者结合的是一种假设性前提情况，后者结合的是该假设性前提情况变现时才有的或该假设性前提变现时也无可改变的一定结果，这样的词组与词组间层级拓展关系，就是假设关系。

词的假设关系层级拓展着重于假设性前提情况的预设及该假设性前提情况变现时才有或都无可改变的一定结果，或该假设性前提情况变现都无可改变的结果。例如，“如果春天没有花，夏天没有树，那将是个怎样的世界”。

假设关系的层级组合也可依词组间自然作用关系而不用关联词。

例如，“辛苦干上几十年，不及京沪房一间”。

8. 条件关系

层级拓展结构中的词组与词组在意义上所结合的，分别是一定结果所需的条件及该条件下才可实现的一定结果，这样的词组与词组间层级拓展关系，就是条件关系。

词的条件关系层级拓展强调的是条件的必要，可分为充分条件、必要条件及任意条件，但不能没条件。例如，“ 无论情况怎样，生活总得继续”。

9. 因果关系

层级拓展结构中的词组与词组所结合的意义，分属于一定的原因和该原因所导致的一定结果，或分属于一定的结果及该结果形成的原因，这样的词组与词组间拓展关系，就是因果关系。

例如，“因为我们是为人民服务的，所以，我们如果有缺点，就不怕别人批评指出”（毛泽东《为人民服务》）。

10. 目的关系

层级拓展结构中的词组与词组所结合的意义，分别是采取的一定行动和采取该行动所要达到的一定目的或采取该行动所要避免的一定情况的出现，这样的词组与词组间层级拓展关系，就是目的关系。

例如，“他甘愿如此操劳，为的是他的孩子们将来不要再这样辛苦操劳”。

另外，还有多重层级关系拓展而成的层级复式词组，例如，“美国有能力操控几乎整个世界的政治、经济和安全安排的时期注定不会永远持续下去，|如果我们能够做出明智的调整，‖那么美国时代的逝去未必预示着一个威胁不断增加、经济愈加困难的新时代的到来”。(《美刊：春风得意的美国时代已经终结》)①

因词组的一定结构关系性拓展是一种单通道线性序列化产出，所以，词组中的一定复式词组的存现，往往体现为分节化的单通道线性结构化单词序列存在。

如果将汉语词组跟英语词组比较，则汉语词组跟英语词组的相同之处是：彼此都属一种意合性结构关系与意义拓展。不同之处是：汉语词组属一种纯意合性结构关系与意义拓展，而英语词组则属一种形态格式化意合性结构关系与意义拓展。

二、词域

词域{名义单区范畴
名义联区范畴}

词域即一定名义、逻辑性范畴区域。它是较层级复式词组还更高一级的单词、词组间的层面化或层次化结构关系扩展。词域往往以一定统领性词组为基点，经一定的事理、时间或空间顺序类结构方式，或纵向贯串或横向联结地进行各意义间的结构关系拓展。

层面是名义范畴区域以上的词组织才有的、由一定级阶化、层级化词组扩展而成的较层级化词组更大的结构关系网络。层次是整区范围内各层面的次序。

---

① http：//world.people.com.cn/GB/157278/16711799.html

名义范畴区域的事理，指整区内各结构成分意义及一体化作用关系的统称，而时间、空间类结构关系，则单指一定时间或空间意义与一体化作用关系的统称。

一定名义范畴区域内，事理意义是基础，且其跟时间、空间类意义结构化存在，一体化融合着意义方面的诸级阶、层级、层面间结构关系。它们从某种程度上看也是一种客观存在，不以人的意志为转移。

但人类心理反映方面的主观能动作用，却能凭借其跟外界事物存在类意义信息的关系与反映，而积极有为地行动。感觉、想象、思维、观念类心理反映活动，依据其对一定外界事物存在类意义的概念称谓名、词名性字化表象组织替代性存在及其心理反映，而选取一定入点，不同程度地介入，以上升到事理、时间、空间类诸泛意义当中。

事理方面，人的观念习惯于采取由此及彼、由表及里的一定发展变化顺序。

时间方面，人的观念习惯于一定经历过程的先后发展变化顺序。

空间方面，人的观念习惯于采取先后变换的空间位置、方位类发展变化顺序。

事理顺序是一切事物存在类意义间本身固有的必不可少的结构关系方面，时空意义作为跟一定事物存在类意义的结构性存在，既可时空结合应用，也可单用一定的时间或空间顺序，时空顺序都未出现时，则只有一定的事理顺序存在。

心理介入性将一定名义范畴区域内所有意义简化到一定事理、时间、空间类意义或它们的结合性存在，并归结到纵向贯串或横向联结类总关系，然后再遂行词名性字化表象组织替代性存在的分隔化单通道线性结构化扩展，一切意义的表达交往便都现实性顺序化地顺理成章了。

名义范畴区域内，界面含义的一定纵横关系分隔、截止，是其一定边际、界限所在。而区内意义间的一定级阶、层级、层面等一体化结构，则形成整区意义脉络。单通道线性序列化存在方面，名义范畴区域体现为较词组更长的适度分隔化单通道线性结构化单词序列。

贯串和联结分别指整区范围内的结构成分一体化的、广域级阶性的纵向异阶或横向并阶性扩展。它们是区域内一定事理、时空顺序类结构或它们统合的再总体综合分类。

贯串体现了单词、词组意义间扩展组合的纵向交错相通结构，令结构内各意义弱化其一定的存在独立性，从而更加紧密地融合为一体。

而联结则体现了单词、词组意义间扩展的横向链接相通结构，它令结构内各意义环节适度分隔相通地单位组织化，意义因而一定程度上各有自己存在方面的相对独立性，却又环环相扣地融为一体。

虽然一定单词、词组也有各自的笼统名义范畴，但它们的笼统名义范畴，显然没有名义范畴区域这样具体而区域性拓展开来。

(一) 种类

1. 名义单区范畴

例如：

A. 我赋予某些词语特殊的含义，拿“度日”来说吧，天色不佳，令人不快的时候，我将“度日”看作是“消磨光阴”，而风和日丽的时候，我却不愿意去“消磨”，这时我是在慢慢赏玩、领略美好的时光。坏日子，要飞快地去“度”，好日子，要停下来细细品尝。“度日”“消磨光阴”这些常用语令人想起那些“哲人”习气。他们以为生命的利用不外乎将它打发、消磨，并且尽量回避它，无视它的存在，仿佛这是一件苦事、一件贱物似的。至于我，我认为生命不是这个样的，我觉得它值得称颂，富于乐趣，即便我自己到了垂暮之年也还是如此。我们的生命受到自然的厚赐，它是优越无比的。如果我们觉得不堪生之重压而白白虚度此生，那也只能怪我们自己。“糊涂人的一生枯燥无味，躁动不安，却将全部希望寄托于来世。”

蒙田：《热爱生命》(节选)

B. 自此以后，又长久没有看见孔乙己。到了年关，掌柜取下粉板说，“孔乙己还欠十九个钱呢!”到第二年的端午，又说“孔乙己还欠十九个钱呢!”到中秋可是没有说，再到年关也没有看见他。

我到现在终于没有见——大约孔乙己的确死了。

鲁迅：《孔乙己》（节选）

当中，例A是单纯性名义单区范畴，例B由单纯性名义单区范畴跟一定的分界化词组混合建构而成，是混成性名义单区范畴。

2. 名义联区范畴

例如：

A.（一六）中国方面呢？它已经不能和别的任何历史时期相比较。半殖民地和半封建社会是它的特点，所以被称为弱国。但是在同时，它又处于历史上进步的时 代，这就是足以战胜日本的主要根据。所谓抗日战争是进步的，不是说普通一般的进步，不是说阿比西尼亚抗意战争的那种进步，也不是说太平天国或辛亥革命的那种进步，而是说今天中国的进步。今天中国的进步在什么地方呢？在于它已经不是完全的封建国家，已经有了资本主义，有了资产阶级和无产阶级，有了已经觉悟或正在觉悟的广大人民，有了共产党，有了政治上进步的军队即共产党领导的中国红军，有了数十年革命的传统经验，特别是中国共产党成立以来的十七年的经验。这些经验，教育了中国的人民，教育了中国的政党，今天恰好作了团结抗日的基础。如果说，在俄国，没有一九〇五年的经验就不会有一九一七年的胜利；那么，我们也可以说，如果没有十七年以来的经验，也将不会有抗日的胜利。这是国内的条件。

国际的条件，使得中国在战争中不是孤立的，这一点也是历史上空前的东西。历史上不论中国的战争也罢，印度的战争也罢，都是孤立的。惟独今天遇到世界上已经发生或正在发生的空前广大和空前深刻的人民运动及其对于中国的援助。俄国一九一七年的革命也遇到世界的援助，俄国的工人和农民因此胜利了，但那个援助的规模还没有今天广大，性质也没有今天深刻。今天的世界的人民运动，正在以空前的大规模和空前的深刻性发展着。苏联的存在，更是今天国际政治上十分重要的因素，它必然以极大的热忱援助中国，这一现象，是二十年前完全没有的。所有这些，造成了和造成着为中国最后胜利所不可缺的重要的条件。大量的直接的援助，目前虽然还没有，尚有待于来日，但是中国有进步和大国的条件，能够延长战争的时间，促进并等候国际的援助。

毛泽东：《论持久战》

B. 听说，杭州西湖上的雷峰塔倒掉了，听说而已，我没有亲见。但我却见过未倒的雷峰塔，破破烂烂的映掩于湖光山色之间，落山的太阳照着这些四近的地方，就是“雷峰夕照”，西湖十景之一。“雷峰夕照”的真景我也见过，并不见佳，我以为。

……

当初，白蛇娘娘压在塔底下，法海禅师躲在蟹壳里。现在却只有这位老禅师独自静坐了，非到螃蟹断种的那一天为止出不来。莫非他造塔的时候，竟没有想到塔是终究要倒的么？

活该。

一九二四年十月二十八日［2—3］

鲁迅：《论雷峰塔的倒掉》

例 A 是单纯性名义联区范畴，例 B 由分界化单词、词组及两区以上的名义单区范畴混合建构而成，是混成性名义联区范畴。

语言篇章在整体言词方面，则普遍采用混成性名义联区范畴组织来实施。

（二）结构方式

名义范畴区域类词域的含义、事理逻辑性作用关系结构，普遍是跨度性建构的。即其既包含单词内的内化级阶扩展整合性意义及作用关系间结构关系，同时也包含基于一定单词且由该单词级阶性或层级性外化扩展整合性意义及作用关系间结构关系，更包含较层级外化扩展整合性意义及作用关系更高的层次、方面性作用关系间结构关系。

1. 事理结构方式

名义范畴区域内意义主要依由表及里或由此及彼的一定事理方面顺序来建构，这样的名义范畴区域意义结构方式是事理结构方式。

例如：

A. 设计者和匠师们因地制宜，自出心裁，修建成功的园林当然各个不同。可是苏州各个园林在不同之中有个共同点，似乎设计者和匠师们一致追求的是：务必使游览者无论站在哪个点上，眼前总是一幅完美的图画。为了达到这个目的，他们讲究亭台轩榭的布局，讲究假山池沼的配合，讲究花草树木的映衬，讲究近景远景的层次。总之，一切都要为构成完美的图画而存在，决不容许有欠美伤美的败笔。他们唯愿游览者得到“如在画图中”的美感，而他们的成绩实现了他们的愿望，游览者来到园里，没有一个不心里想着口头说着“如在画图中”的。

叶圣陶：《苏州园林》

该名义范畴区域内意义在事理方面的或贯串或联结结构，呈现如下简略形式：

苏州园林 —设计→ ┬→不同（前提）
　　　　　　　　　└→相同→表现→方法→目的（感受）

B. 我们在田野散步：我，我的母亲，我的妻子和儿子。

母亲本不愿出来的。她老了，身体不好，走远一点就觉得很累。我说，正因为如此，才应该多走走。母亲信服地点点头，便去拿外套。她现在很听我的话，就像我小时候很听她的话一样。

天气很好。今年的春天来得太迟，太迟了，有一些老人挺不住。但是春天总算来了。我的母亲又熬过了一个严冬。

这南方初春的田野，大块小块的新绿随意地铺着，有的浓，有的淡；树上的嫩芽也密了；田里的冬水也咕咕地起着水泡。这一切都使人想着一样东西——生命。

我和母亲走在前面，我的妻子和儿子走在后面。小家伙突然叫起来：“前面也是妈妈和儿子，后面也是妈妈和儿子。”我们都笑了。

后来发生了分歧：母亲要走大路，大路平顺；我的儿子要走小路，小路有意思。不过，一切都取决于我。我的母亲老了，她早已习惯听从她强壮的儿子；我的儿子还小，他还习惯听从他高大的父亲；妻子呢，在外面，她总是听我的。一霎时我感到了责任的重大。我想一个两全的办法，找不出；我想拆散一家人，分成两路，各得其所，终不愿意。我决定委屈儿子，因为我伴同他的时日还长。我说："走大路。"

但是母亲摸摸孙儿的小脑瓜，变了主意："还是走小路吧。"她的眼随小路望去：那里有金色的菜花，两行整齐的桑树，尽头一口水波粼粼的鱼塘。"我走不过去的地方，你就背着我。"母亲对我说。

这样，我们在阳光下，向着那菜花、桑树和鱼塘走去。到了一处，我蹲下来，背起了母亲，妻子也蹲下来，背起了儿子。我的母亲虽然高大，然而很瘦，自然不算重；儿子虽然很胖，毕竟幼小，自然也轻：但我和妻子都是慢慢地，稳稳地，走得很仔细，好像我背上的同她背上的加起来，就是整个世界。

莫怀戚：《散步》

该名义联区范畴区域意义由一定具体的散文类艺术文篇章组织，以单词"散步"做标题统领，其意义在事理逻辑方面的或贯串或联结结构呈现为如下简略形式：

散步：
- 对象：我们→我、母亲、妻子、孩子　（地点：田野）
- 缘由：呵护生命→
  - 关心母亲→身体不好（母亲）→熬过来了
  - 生命焕发（新绿、嫩芽、冬水）（类比）（提示时间）
- 分歧：生命关系→正常矛盾→各方处理：互相关爱、呵护（倾向孩子）
- 和谐：母慈、我孝、妻贤、子慧（各有担当、我为中坚）→亲情诗篇、关爱的赞歌（中华民族优秀美德）

该联区名义范畴区域意义中，事理方面的贯串或联结是主要结构关系，同时还兼有地点、时间方面的一定贯串或联结性结构关系。

C. 剪一段时光缓缓流淌

流进了月色中微微荡漾

弹一首小荷淡淡的香

美丽的琴音就落在我身旁

萤火虫点亮夜的星光
谁为我添一件梦的衣裳
推开那扇心窗远远地望
谁采下那一朵昨日的忧伤

我像只鱼儿在你的荷塘
只为和你守候那皎白月光
游过了四季 荷花依然香
等你宛在水中央

萤火虫点亮夜的星光
谁为我添一件梦的衣裳
推开那扇心窗远远地望
谁采下那一朵昨日的忧伤

我像只鱼儿在你的荷塘
只为和你守候那皎白月光
游过了四季 荷花依然香
等你宛在水中央

那时年轻的你 和你水中的模样
依然不变的仰望 满天迷人的星光
谁能走进你的心房 采下一朵莲
是那夜的芬芳 还是你的发香

荷塘呀荷塘 你慢慢慢慢唱哟

月光呀月光 你慢慢慢慢听哟
鱼儿呀鱼儿 你慢慢慢慢游哟
淡淡的淡淡的 淡淡的月光

我像只鱼儿在你的荷塘
只为和你守候那皎白月光
游过了四季 荷花依然香
等你宛在水中央

我像只鱼儿在你的荷塘
只为和你守候那皎白月光
游过了四季 荷花依然香
等你宛在水中央
等你宛在水中央

张超：《荷塘月色》

该名义联区范畴区域意义由歌词一类特定艺术文文体来组织，其意义在事理逻辑方面的或贯串或联结结构呈现为如下简略形式：

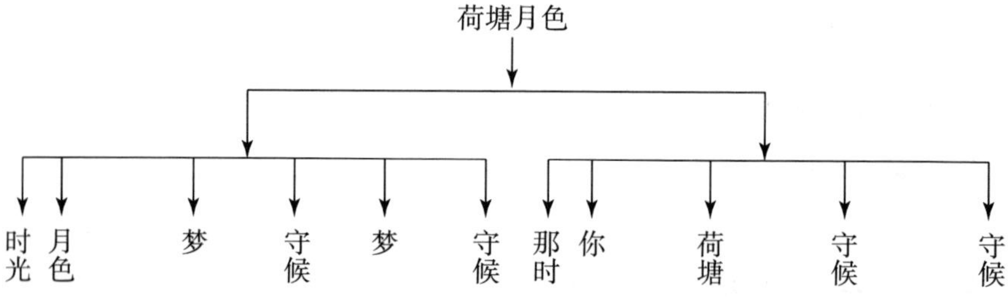

这里结构中的意义板块重复片段的出现，在于修辞因素介入了言词名义表达的逻辑建构当中。从而体现出一种艺术文的非常逻辑、结构关系。

2. 时间结构方式

在一定的事理基础上，名义范畴区域内意义主要依明显的时间变换方面的顺序来建构，所有意义都受该时间变换顺序相应限定，这样的名义范畴区域意义结构方式即一定的时间结构方式。

因时间大多是一种对象性事物（包括人）或性状的伴随属性，且是一种非自主性的、无意识的存在，它显然无法单独地完成对各意义及结构的建构，所以，采用时间结构方式往往会适当结合着一定事理、空间方面变换顺序的使用来进行。例如：

A. 果然，过了一会儿，那里出现了太阳的小半边脸，红是真红，却没有亮光。这个太阳好像负着重荷似的一步一步，慢慢地努力上升，到了最后，终于冲破了云霞，完全跳出了海面，颜色红得非常可爱。一刹那间，这个深红的圆东西，忽然发出了夺目的亮光，射得人眼睛发痛，它旁边的云片也突然有了光彩。

巴金：《海上的日出》

该名义范畴区域意义主导性时间顺序及结合性空间、事理方面顺序的或贯串或联结性结构如下：

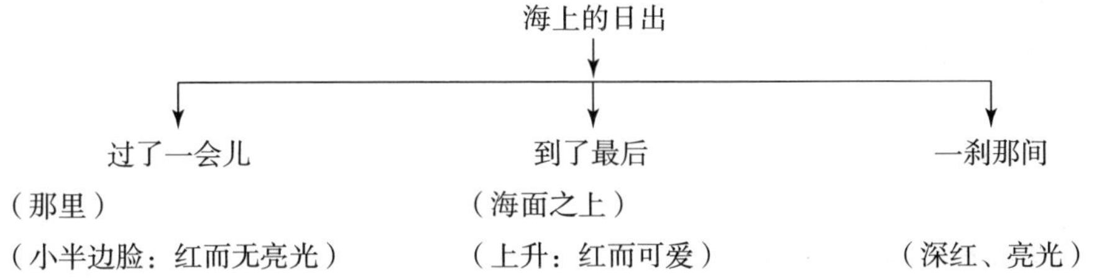

B. 在七百里长的三峡中，两岸都是相连的高山，中间没有空缺的地方。重重叠叠的山峰像屏障一样，遮住了天空和太阳。如果不是正午或半夜，就看不到太阳和月亮。

到了夏天，江水漫上两岸的丘陵的时候，顺流而下和逆流而上的船只都被阻隔了。如果有时皇上的命令要紧急传达，早晨从白帝城出发，傍晚就到了江陵，这中间有一千二百多里，即使骑着奔驰的快马，驾着风，也不如船行的快啊！

每到春季和冬季，白色的急流，回旋着清波，碧绿的潭水，映出了（山石林木）的倒影。高山上生长着许多奇形怪状的柏树，悬挂着的瀑布冲荡在岩石山涧中，水清、树荣、山高、草盛，实在是有许多趣味。

每到秋雨初晴、降霜的时候，树林山涧一片清凉寂静，经常有猿猴在高处长啸，叫声不断，声音凄凉怪异，空荡的山谷里传来了回声，悲哀婉转，很长时间才消失。所以打渔的人唱道：“巴东三峡巫峡长，猿鸣三声泪沾裳。”

郦道元：《三峡》（译文）[①]

该名义联区范畴区域意义的主导性时间顺序及结合性空间、事理方面顺序的或贯串或联结性结构如下：

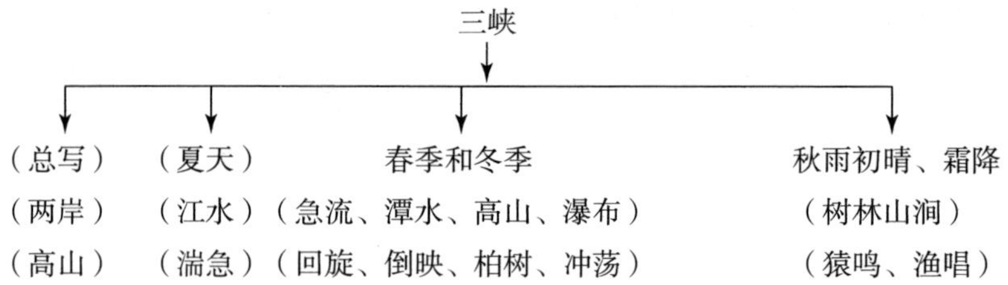

C. 小时候

乡愁是一枚小小的邮票

我在这头

母亲在那头

长大后

乡愁是一张窄窄的船票

我在这头

新娘在那头

后来啊

乡愁是一方矮矮的坟墓

我在外头

母亲在里头

---

① https：//www.gushiwen.org/GuShiWen _ 76c98b6c01.aspx

而现在

乡愁是一湾浅浅的海峡

我在这头

大陆在那头

余光中：《乡愁》

该名义联区范畴区域意义的主导性时间顺序及所结合着的一定事理、空间方面顺序的或贯串或联结结构如下：

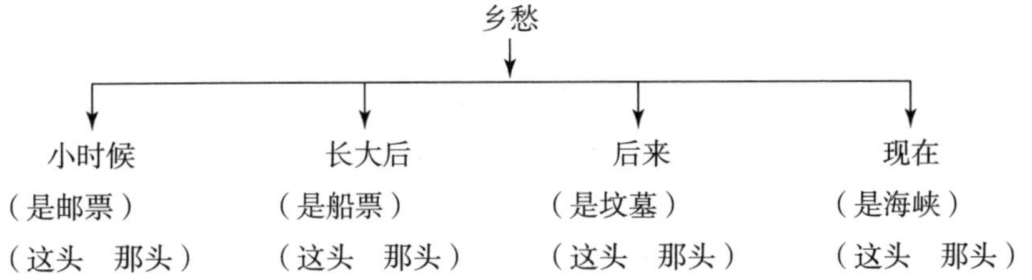

3．空间结构方式

在一定的事理基础上，名义范畴区域内意义主要依明显的空间变换方面顺序来建构，所有意义都受该空间变换顺序相应限定，这样的名义范畴区域意义结构方式即一定的空间结构方式。因空间同样大多是一种对象性事物（包括人）或性状的伴随属性，且是一种非自主性的、无意识的存在，它显然无法单独地完成对各意义及结构的建构，因而，采用空间结构方式往往也会适当结合着一定事理、时间方面变换顺序的使用来进行。例如：

A. 北面数峰，远近环拱，至西面而南偏，绝壁千丈，成了一条上突下缩的倒覆危墙。危墙腰下，离地约二三丈的地方，墙脚忽而不见，形成大洞，似巨怪之张口，口腔上下，都是石壁，五峰书院，丽泽祠，学易斋，就建筑在这巨口的上下腭之间，不施椽瓦，而风雨莫及，冬暖夏凉，而红尘不到。更奇峭者，就是这绝壁的忽而向东南的一折，递进而突起了固厚，瀑布，桃花，覆釜，鸡鸣的五个奇峰，峰峰都高大似方岩，而形状颜色，各不相同。立在五峰书院的楼上，只听得见四周飞瀑的清音，仰视天小，鸟飞不渡，对视五峰，青紫无言，向东展望，略见白云远树，浮漾在楔形阔处的空中。一种幽静，清新，伟大的感觉，自然而然地袭向人来；朱晦翁，吕东莱，陈龙川诸道学先生的必择此地来讲学，以及一般宋儒的每喜利用山洞或风景幽丽的地方作讲堂，推其本意，大约总也在想借了自然的威力来压制人欲的缘故；不看金华的山水，这种宋儒的苦心是猜不出来的。

郁达夫：《方岩纪静》

该名义范畴区域意义的主导性空间顺序及所结合着的一定事理、时间方面顺序的或贯串或联结结构如下：

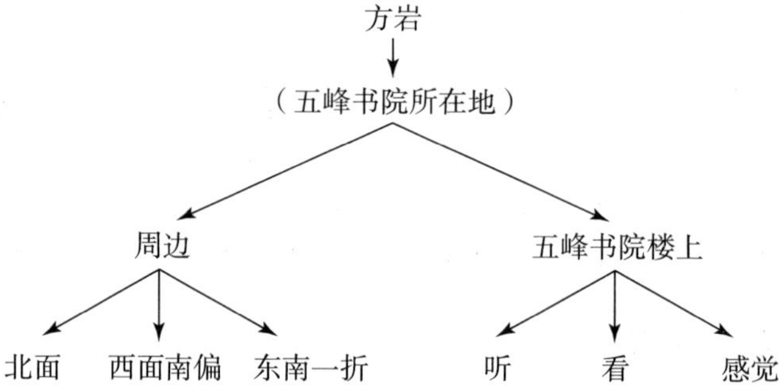

总体上空间顺序主导，空间顺序的变换会有着时间上的先后，到五峰院楼上后，再转换为事理顺序为主。

B. 在北京的中心，有一座城中之城，这就是紫禁城。现在人们叫它故宫，也叫故宫博物院。这是明清两代的皇宫，是中国现存的最大最完整的古代宫殿建筑群，有五百多年历史了。

紫禁城的城墙十米多高，有四座城门：南面午门，北面神武门，东西面东华门、西华门。宫城呈长方形，占地 72 万平方米，有大小宫殿七十多座、房屋九千多间。城墙外是五十多米宽的护城河。城墙的四角上，各有一座玲珑奇巧的角楼。故宫建筑群规模宏大壮丽，建筑精美，布局统一，集中体现了我国古代建筑艺术的独特风格。

从天安门往里走，沿着一条笔直的大道穿过端门，就到午门的前面。午门俗称五凤楼，是紫禁城的正门。走进午门，是一个宽广的庭院，弯弯的金水河像一条玉带横贯东西，河上是五座精美的汉白玉石桥。桥的北面是太和门，一对威武的铜狮守卫在门的两侧。

进了太和门，就到紫禁城的中心——三大殿：太和殿、中和殿、保和殿。三座大殿矗立在七米多高的白石台基上。台基有三层，每层的边缘都用汉白玉栏杆围绕着，上面刻着龙凤流云，四角和望柱下面伸出一千多个圆雕鳌头，嘴里都有一个小圆洞，是台基的排水管道。

太和殿俗称金銮殿，高28米，面积2380多平方米，是故宫最大的殿堂。在湛蓝的天空下，那金黄色的琉璃瓦重檐屋顶，显得格外辉煌。殿檐斗拱、额枋、梁柱，装饰着青蓝点金和贴金彩画。正面是12根红色大圆柱，金琐窗，朱漆门，同台基相互衬映，色彩鲜明，雄伟壮丽。

大殿正中是一个约两米高的朱漆方台，上面安放着金漆雕龙宝座，背后是雕龙屏。方台两旁有六根高大的蟠龙金柱，每根大柱上盘绕着矫健的金龙。仰望殿顶，中央藻井有一条巨大的雕金蟠龙。从龙口里垂下一颗银白色大圆珠，周围环绕着六颗小珠，龙头、宝珠正对着下面的宝座。梁枋间彩画绚丽，有双龙戏珠、单龙翔舞，有行龙、升龙、降龙，多态多姿，龙身周围还衬托着流云火焰。

三大殿建筑在紫禁城的中轴线上，这条线也是北京城的中轴线，向南从午门到天安门延伸到正阳门、永定门，往北从神武门到地安门、鼓楼，全长约八公里。

太和殿是举行重大典礼的地方。皇帝即位、生日、婚礼和元旦等都在这里受朝贺。每逢大典，殿外的白石台基上下跪满文武百官，中间御道两边排列着仪仗，皇帝端坐在宝座上。大殿廊下，鸣钟击磬，乐声悠扬。台基上的香炉和铜龟、铜鹤里点起檀香或松柏枝，烟雾缭绕。

太和殿后面是中和殿。这是一个亭子形方殿，殿顶把四道垂脊攒在一起，正中安放着一个大圆鎏金宝顶，轮廓非常优美。举行大典，皇帝先在这里休息。

中和殿后面是保和殿。雍正后，这里是举行最高一级考试殿试的地方。

从保和殿出来，下了石级，是一片长方形小广场，西起隆宗门，东到景运门。它把紫禁城分为前后两大部分。广场以南，主要建筑是三大殿和东西两侧的文华殿、武英殿，叫“前朝”。广场北面乾清门以内叫“内廷”，是皇帝和后妃们起居生活的地方，主要建筑有乾清宫、交泰殿、坤宁宫和东六宫西六宫。

乾清宫是皇帝处理日常政务，批阅各种奏章的地方，后来还在这里接见外国使节。

乾清宫后面是交泰殿，交泰殿后面是坤宁宫。坤宁宫是皇后宫，也就是皇帝结婚的地方。

乾清宫、交泰殿、坤宁宫称“后三宫”。布局和前三殿基本一样，但庄严肃穆的气氛减少了，彩画图案也有明显的变化。前三殿的图案以龙为主，后三宫凤凰逐渐增加，出现了双凤朝阳、龙凤呈祥的彩画，还有飞凤、舞凤、凤凰牡丹等图案。

后三宫往北就是御花园。御花园面积不很大，有大小建筑二十多座，但毫无拥挤和重复的感觉。这里的建筑布局，环境气氛，和前几部分迥然不同。亭台楼阁、池馆水榭，掩映在青松翠柏之中；假山怪石、花坛盆景、藤萝翠竹，点缀其间。来到这里，仿佛进入苏州园林。

从御花园出顺贞门，就到紫禁城的北门神武门，对面就是景山。景山是明代修建紫禁城的时候，用护城河中挖出的泥土堆起来的，现在成了风景优美的景山公园。站在景山的高处望故宫，重重殿宇，层层楼阁，道道宫墙，错综相连，而井然有序。这样宏伟的建筑群，这样和谐统一的布局，不能不令人惊叹。

黄传惕：《故宫博物院》

该名义联区范畴区域意义的主要空间顺序及所结合着的一定事理、时间方面顺序的或贯串或联结结构如下：

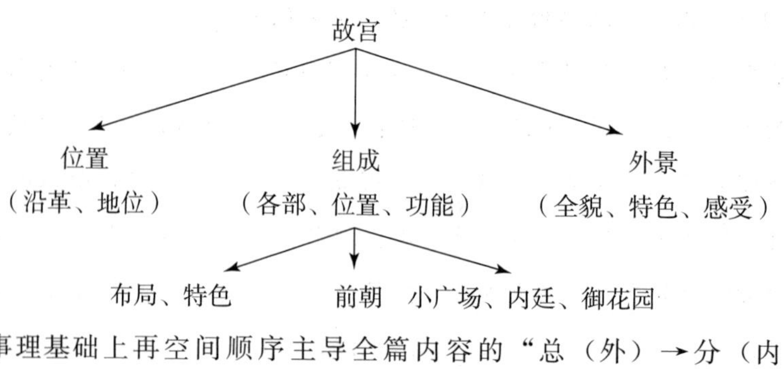

在事理基础上再空间顺序主导全篇内容的“总（外）→分（内）→总（外）”结构架构，同时，第一部分的从位置到沿革、地位，第二大部分的各

部到位置到功能，第三部分的从外景到全貌、特色与感受，各内容的分别建构也是事理顺序方式，而全篇移步换景的空间顺序中，还暗含时间先后方面的顺序变换。

传统语言理论对词体系的认识主要限于词汇（或语汇）领域，即单词与词组的总括领域，这显然局限了词的概念化名义逻辑的广泛联系与发展变化。莫非语言的概念化名义逻辑到词组以后是不可以拓展开来了的吗？那语句及语句以上的语篇类话语产品，在事物存在发展变化、心理反映、思维组织上的指称名义逻辑，又是怎样扩展、联系和统括的呢？

将词定义为一种名义逻辑组织，将词义定义为一种泛化名义逻辑存在，而不是将词仅限于一定单词、词组的总括，这不仅在根本上拓展了词义作用关系及其名义逻辑交际功能，有效解决名义逻辑存在在心理酝酿处理过程不超单词、词组结构关系的问题，而且在意义本质方面将词义与话语实意有效区分开来，从而弄清了语言意义的本质。

视词组及其以上的词组织的作用关系为一种单词义合性扩展，而不是简单的组合、聚合，这不仅体现人的主观能动作用的主动作为，也合乎事物存在基于一定起点存在的普遍联系与发展变化本质。从而，不仅在心理反映层面俯瞰一切，也跟一切事物存在融会贯通了。

而随着词理论的完善，传统语法（所谓词法及句法）名称这一怪胎可以休矣。莫非字法、话法和修辞，都不是语言之法了吗？

第五章　所指、实意、产品和话

话{语句
篇章

词的形成和发展，让人类语言有了自己可相对独立的主体存在——词化存在。其物化方式和手段，仍是一定的字化表象组织替代性存在，但属词一类的字化表象组织替代性存在。

词化存在的实质，是令自然界、人类社会、思维领域的一切事物存在都有了词语化的指称及其名义逻辑（事理）类替代存在，从而实现了对一切事物存在的一定程度语言化——词化。

词化又令人类对一切事物存在的心理反映和思维组织，可在某种程度脱离一切事物存在的特定具体存在，而直接经事物存在的词化指称、名义逻辑及其字化表象组织替代性存在的反映和组织，间接性进行对一切事物存在的反映与组织。但又以词义统一体的人工结合化存在，保持着对其所人工结合的一切事物存在（包括其特定具体存在）的扩展、联系、发展、变化等作用关系化存在。从而大大缩短了人对事物存在的心理反映和思维组织过程，优化人类心理反映和思维组织。

尽管如此，但无论事物存在、心理反映与思维组织，还是语词本身，都是有着自身的相对独立化客观存在的。三者自身不天然具备那种主动上达彼此的能力。事物存在不以人的意志为转移，心理反映和思维组织深居人的内心，语词类字化表象组织替代性存在所含名义逻辑（事理）不一一对应性确指。因而，三者中任何一方，乃至三者一体化，在某种程度上都仍然无法完成一定具体的社会化语言表达和交往使命。

这就是词为何只能为语言的话化表达服务，而语言表达最终需由一定话来变现的原因。

因为只有话能做到对实意类特定具体事物存在（特定语境化）、心理反映与思维组织结果（依据与生理反应的联动关系）、特定言词（名义逻辑性泛事物存在化）、特定言语书写类量能释放性生理反应及人的主观能动作用等，都一体化协调。

话的特定语境化、语句或篇章性物量化、语气语调等超言词手段、修辞变式化特定言词、表现方法性特定实意处理等，这些话语表达手段、方式、方法，对一定话语实意的或明示或暗示，更令词语本身无法企及。

例如，A. 妈（字或词）

B. 妈。（陈述）

C. 妈——（呼唤）

D. 妈？（疑问）

E. 妈！（责备）

F. 妈！（请求）

G. 妈！（惋惜）

H. 妈！（惊喜）

I. 《生活》（标题）

网。（正文）

第一节 含义与类别

话是语言的特定实意产品组织，同时也是建立在一定言词的泛化名义逻辑示意基础上的单位化言语或书写结果。

特定言词（常量）、特定超言词表达手段（人工变量）、特定语境（意义自变量）是一定话语构成的基本要素。各要素作用的结果，是带来一定实意类话语产品组织（字化表象组织替代性存在）的形成，功能在实施相应实意表达。

依据话语实意产品组织的字化表象组织替代性存在的物化手段与变现端口的不同，话语可整体性分为口头话语和书面话语两类。

口头话语由言语变现，以口为产品发生器，耳为产品发生的监听器，并以耳为产品接受的捕获器。其特定产品组织具体体现为一定的音字性或音字序列性的字化表象组织替代性存在。该产品组织的语气、语调等言词膨胀指数是一种显性化的即时伴生存在，而其特定语境意义则是一种隐性化即时伴随存在。

书面话语由一定的书写行为变现，以手为间接发生器，手所使用的一定笔、键盘类工具为产品直接发生器，眼为产品发生的监视器，并以眼为产品接受的直接捕获器。其特定产品组织具体体现为一定的文字性或文字序列性的字化表象组织替代性存在。该产品组织的语气、语调等言词膨胀指数则表象符号化、泛化甚至虚化，其特定语境意义明显泛化、隐性化和虚化。

依据社会交流对象的或泛化或具体情形，则特定话语产品组织可总体性分为独白和对话两类。

独白是自己跟自己、内心或一切非显性、具体、明确而特定对象间进行的一定表达和交流。这在某种程度上是一种交流对象的虚缺、泛化，因而可相应地视作一种单独性话语表达和交往。

而对话则指交流对象显性且在两者或两者以上的双向或多向互动式话语表达和交往。对话可有双向对话与多向对话、任意性对话与导向性对话等类别划分。显然，对话的交流对象具体、明确而特定。

从话的物量与单位化角度而言，则话类实意产品组织有语句和篇章两大类。

语句也即一定的话语句子。它是话语相对独立、完结而最小的字化表象组织形式与实意内容结合体。从而是一定话语实意产品组织建构的起点。就像饭要一口一口地吃一样，话是要一句一句地说的。

语句有单句和复句两类。部分单句及多数复句中，还可适度界分出一定分句性结构成分组织。分句本身并非一定的语句，而只是一定单句或复句的结构局部。

篇章也称语篇。它由一定语句或其扩展表达适当升级而来，并比语句更高一级的适当编辑而完结性的话题展开组织。

依完结性话语展开组织有无合乎社会统一规范的一定编辑整理要求，篇章可分为工整性篇章和散章两类。

工整性篇章是对规范化编辑整理有明确要求且前后连贯而完整作结的一定成总性话语产品组织。

各类文章、文学作品类书面话语产品组织，在一定工整性篇章范畴。工整性篇章大多可有一定的篇首标题设置、正文段落层次界分乃至章节编排等。

工整性书面话语篇章更细地区分，还可有应用性篇章和艺术性篇章的适当区分。

应用性篇章是人们在日常生活、学习、工作等领域规范使用的实用性很强的一定工整性篇章，也称应用文。日常应用性、程式化和要素规范化，是应用性篇章的主要特征。

就表达方式而言的记叙文、议论文、说明文之类的实用性文章；就特定规范性文体格式要求而言的书信、日记、通知、启事、会议记录、读书笔记、说明书、请柬、博客、短信、评论、跟帖、申请、报告、规章制度等一类的事务性应用文，及布告、通告、批复、指示、决定、命令、请示、公函等一类公文性应用文等，归属到一定应用性篇章范畴。

艺术性篇章指人们源于生活而又高于生活地以一定话语表达，来反映生活，塑造生活，从而形成合乎特定审美要求的工整性篇章，也称艺术文。

一定的言词整合与运用风格化、典型化、个性化、形象化、概括性等的有机合一，贴近生活甚至高于生活的话语性表达对一定生活的感受、体验、期许等，令艺术性篇章体现出一种跟应用性篇章显著不同的情致。例如一定的小说、散文、诗歌、戏剧等之类的文学作品，即是如此。

散章是对规范化编辑整理无明确要求且前后连贯而完整的一定成总性话语产品组织。表达完结的一定整体性口头话语产品组织，未明确要求必经规范化编辑整理的整体性书面话语表达完结，一些较随意性的口头或书面话语产品组织的集结表达等，一般在散章种类范畴。

因未历经社会统一的适当规范化编辑整理，散章大多笼统地以一定动量性组织单位来组织和称谓。例如，一定的场次性口头招呼应答、聊天、谈话、讨论、会议、演讲、报告、发布会等，就是如此。

散章大多无规矩性标题及段落、章节等的适当截分。

当然，散章与工整性篇章、应用性篇章与艺术性篇章及篇章篇幅大小等的划分，只是一种相对的区分，

本、部、卷等，相应归结到一定超级篇章范畴。

人们通常所言的篇章，实指一定工整性篇章而言。这里则把无论是否合乎人工化编辑整理要求的前后连贯而完结性话题展开组织，都统归到篇章范畴。

第二节　组织与结构

一、语句

- 语句
  - 单句
    - 主述句
      - 主动句
      - 被动句
    - 非主述句：名词性非主述句、动词性非主述句、形容词性非主述句、副词性非主述句、叹词性非主述句
    - 混成句：介入型混成句、招呼型混成句、感叹型混成句、拟声型混成句、混合型混成句
  - 复句
    - 一般复句
      - 联合复句：并列复句、承接复句、递进复句、选择复句、解说复句
      - 偏正复句：转折复句、条件复句、假设复句、因果复句、目的复句
    - 紧缩复句
    - 多重复句

（一）单句

单句是句中言词无层级结构关系的话语句子。它由一定的单词、单式词组跟一定的语气语调时空间隔类超言词手段（人工变量）及特定语境类意义自变量结合而成，以表达特定具体的一定实意。

单句既可表达单一的对象性事物存在，例如，“你！”“七月一日。”之类独词句。也可表达单一对象性事物存在的所属情状（特征等）存在情形，这类句子可以是一定的独词句，例如，“好。”“来了！”等，也可是词组充当其特定言词的单句，例如，“热的真够受的！”“故弄玄虚。”等。还可表达单一对象性事物存在跟其相应情状的结合情形，这有一定单式词组充当其特定言词的单句，例如，“大家今晚有什么活动安排？”“依我猜测，董事会可能早有安排。”等。

单句可分为主述关系的单句、非主述关系的单句及混成关系的单句三类。

1. 主述句

主述句指以主述关系的词组跟一定的语气语调时空间隔类超言词手段及特定语境类意义自变量有机结合而成的句子，主述句又可分为主动句和被动句两类。

（1）主动句

主语是后面的述语部分的动作、行为、情状等的发出者或实施者，这样的主述关系的句子就是主动句。

主动句在功能表达方面，重在指明一定的施事对象及其施事行为，其主语往往被称为施事主语。

主动句可分为不带受事对象的主动句和带受事对象的主动句两类。不带受事对象的主动句一般无标志性介词，而带受事对象的主动句则往往可适当携带一定的标志性介词。

主动句不带一定受事对象的标志性介词的常用格式为：

施事主语＋施事行为。例如，A. “瘦点好啊！”B. “我鱼不吃了。”C. “你叫（让、要）他立马滚蛋！”

下列主述句则适当使用了一定的标志性介词。

例如，A. “工地老板雇人将（把）讨薪民工打成了重伤。”

B. “俺去不去西双版纳旅游这还要和你老人家商量?”（加入受事对象强调对受事者不满）（施事主语＋宁愿动词＋施事对象＋施事行为）

主动句常用的标志性介词有“把”“将”“和”“跟”“与”“给”等之类，以用于指明一定的受事对象。

主动句携带一定标志性介词的常用格式为：施事主语＋受事对象＋施事行为。

（2）被动句

主语是后面的述语部分的施事动作、行为、情状等的被动承受者，这样的主述关系的句子就是被动句。

被动句在功能表达方面强调一定的受事对象及相关施事行为，其主语往往被称为受事主语。

被动句可分为带被动性标志词的被动句和不带被动性标志词的被动句两类情形。

带被动性标志词的被动句除指明一定的受事对象及相关施事行为外，还适当标明了一定的相关施事对象或受事行为，其常用标志性介词有“被”“为”“让”“给”“叫”等，而常用格式为：受事主语＋被动性标志词（＋施事对象）＋施事行为。

例如，A. “这些人的良心都给（叫、让、被）狗吃了吧!”

B. “捣乱者都叫（被、让）警察给逮进公安局去调查审讯了。”

不带被动性标志词的被动句，则只适当指明一定的受事对象及相关施事行为，常用格式即：受事对象＋施事行为。

例如，A. “饭都吃完了吧!”

B. “有关收入分配改革方案正在紧锣密鼓地实施当中。”

C. “钥匙开门。”

D. “衣服不小心刮破的。”

2. 非主述句

非主述句主要由一定的单个单词或非主述关系的词组，跟一定语气语调时空间隔类超言词手段及特定语境类意义自变量有机结合而成，且可分为如下几类：

（1）名词性非主述句

单表人或事物一类的对象，包括这些对象的数量和代称所指。

例如，A. “蛇!” B. “左边。” C. “都三天了……” D. “中国石化。” E. “我的包呢?” F. “多么壮丽的河山!”

（2）动词性非主述句

主要表达动作、行为、存现、应答等对象所属情状。

例如：A. “来了。”

B. “是的。”

C. “有蟑螂!”

D. “把东西都卸下来。”

（3）形容词性非主述句

主要表达一定的性质、特征、状况或情状等。

例如，A. “快!”

B. “好傻!”

C. “还不错。”

D. “别太瘦哦!”

E. “非常优美!”

（4）副词性非主述句

主要表达一定的时间、程度、肯定、否定、情态、范围等。

例如，A. “刚刚。”

B. “一点点。”

C. “必须。”

D. “不。”

(5) 叹词性非主述句

主要表达一定的感叹、应答等情形。

例如，“咦!”“嗯。”“呵呵。”“哎呀!”“哇塞!”“哎呀呀!”

某种程度而言，绝大多数汉语单词，都是可适当独立地构成一定的独词性非主述句的。

例如，A. 阿。(回答“昵称前一般加什么标志词?”时)

B. 呢。(回答“选择疑问句一般可加什么疑问语气词?”时)

C. 们。(回答“汉语常用的复数标志词是什么?”时)

D. 在。(回答“掉和地上间可加一个什么词?”时)

E. 和。(回答“阿里巴巴、四十大盗间可加一个什么连词?”时)

3. 混成单句

混成单句由凸起类、综合类单式词组，跟一定的语气语调时空间隔类超言词手段及特定语境类意义自变量有机结合而成。它可分为如下几类:

(1) 介入型混成句

一定的单词或词组以相对独立的存在，介入到一定的主述关系单句表达中，协调一致地表达一定的融合性意义，这样的介入性包容关系单句，就是介入型混成句。

例如，A. “在船上，//为了看日出，/我特地起了个大早。”

B. “瞧，/他这不来了吗!”

C. “毫无疑问，/他们这样做就是要把水搅浑。”

D. “根据上级指示，/你们今晚就开始采取行动。”

E. “因此，/这件事就到此为止吧。”

(2) 招呼型混成句

表称谓的一定单词、词组，以一定的独立存在或招呼方式，融入一定的主述关系或非主述关系单句表达中，协调一致地表达一定的融合性意义，这样的招呼性包容关系单句，就是招呼型混成句。

例如，A. “ADE，/我的蟋蟀们!”

B. “同志们，/打!”

C. “别理他，/老王。”

D. “张总，/明天的招待会你可一定要光临哦！”

（3）感叹型混成句

一些表惊讶、感慨、应答、喜怒哀乐等的感叹性单词，以一定的独立存在和感叹方式，主导性融入一定的主述关系或非主述关系单句表达中，协调一致地表达一定的感叹性融合意义，前者表感叹或应答，后者表感叹或应答的事物，这种二者融合关系且必含一定感叹意义的单句，就是感叹型混成句。

例如，A. “ 哟，/雏儿！”

B. “哇塞！/鼓掌。”

C. “哎哟哟，/看你说到哪里去了！”

D. “嗯，/就这样吧！”

（4）拟声型混成句

单句中一些模拟声响的单词、词组，跟另外的单词、词组融为一体，以共同表达跟该声响紧密关联的各特定实意，这样的混合关系单句，就是拟声型混成句。

例如，A. “嗡——/机器声好刺耳的。”

B. “又叽叽喳喳的，/你们都在扯些啥啊？”

C. “蓬嚓嚓，//蓬嚓嚓，/大家跟着节奏一起来。”

D. “轰隆，/又一阵炸雷响过天空。”

（5）综合型混成句

两个或两个以上的单词或词组，以各自的凸起存在及一定融合方式，并行不悖地融入一定的主述关系或非主述关系单句表达中，协调一致地表达一定的融合性意义，这样的综合关系单句，就是综合型混成句。

例如，A. “哎，//兵兵啊，/难道你就不能让着弟弟点吗？”

B. “这个啊，/我想，//你就别再为难我了吧！”

C. “嚓、嚓、嚓，//嚓、嚓、嚓，/呃，//什么声音？”

D. “同志们，//为了新中国，/冲啊！”

在某种程度上，混成单句是单句与复句间的界限相对模糊地带。

（二）复句

复句是句中言词属层级复式词组的话语语句。它由一定的层级复式词组类言词，跟一定的语气语调时空间隔类超言词手段及特定语境类意义自变量有机结合而成。

复句中带一定句中停顿类时空间隔的每单组级阶化结构成分，也称分句。分句在意义上虽相对完整，但表达尚未作结，其语句独立性被取消，从而只是复句性语句的局部性结构成分，不是一定的完整句子。

依据复句言词层级结构关系方面的层级多寡，可将复句分为单重复句和多重复句两大类。其中，单重复句是句中结构成分只包含单重层级及所对应的两个小分句。而多重复句的句中结构成分则至少包含两重及两重以上层级及相应层级对应的三个或三个以上的小分句。

汉语单重复句依复句中成组性级阶化结构成分的俭省与否及言词泛意义层级间有无一定的句中时空间隔，可分为一般复句和紧缩复句两大类。一般复句的言词意义层级间，往往有一定的时空间隔，结构成分相对完备，而紧缩复句的一定结构成分及言词意义层级间的句中时空间隔，则被明显地压缩掉。

1. 一般复句

依照汉语复句中的言词泛意义间的层级性复式扩展结构关系，可以把一般复句分为并列复句、承接复句、递进复句、选择复句、解说复句、转折复句、条件复句、假设复句、因果复句、目的复句等结构关系种类。其中，并列复句、承接复句、递进复句、选择复句、解说复句整体上属联合关系，而转折复句、条件复句、假设复句、因果复句、目的复句则整体上属偏正关系。

（1）并列复句

句中言词化结构成分在层级作用关系上，依一定并列关系拓展而成的复句，是并列复句。

例如，A. “轻轻的我走了，｜正如我轻轻的来。”B. “虚心使人进步，｜骄傲使人落后。”C. “他一边玩游戏，｜一边在网上跟朋友语音聊天。”

(2) 顺承复句

句中言词化结构成分在层级作用关系上，依一定顺承关系拓展而成的复句，是承接复句。

例如，A. “他先动的手，｜然后我才扁他的。”

B. “她深深地叹了口气，｜终于什么话也没说就走了。”

C. “一回到家，｜他就把自己关书房里了。”

(3) 递进复句

句中言词化结构成分在层级作用关系上，依一定递进关系拓展而成的复句，是递进复句。

例如，A. “巨大的秘密是我们永远不知道在哪一站下车，｜更不清楚我们的伙伴在哪儿离去。”

B. “你这人性子真急，｜甚至比‘老猴儿’还过去三里路。”

C. “人到了他这个年龄，｜会更加希望自己事业有成的。”

(4) 选择复句

句中言词化结构成分在层级作用关系上，依一定选择关系拓展而成的复句，是选择复句。

例如，A. “不是东风压倒西风，｜就是西风压倒东风。”

B. “要么你把它们做完，｜要么就让我们来完成。”

C. “他习惯于在清早跑跑步，｜或者做些其他什么锻炼。”

(5) 解说复句

句中言词化结构成分在层级作用关系上，依一定解说关系拓展而成的复句，是解说复句。

例如，A. “她有个不大好听的外号，｜叫‘短尾巴’。”

B. “杨树有一个显著的特点，｜就是容易繁殖。”

C. “历史上的战争不外乎两种：｜一种为正义的战争，另一种为非正义的战争。”

当然也存在一些先分说、后总说或先总说、后分说、再总说的情形。

例如，A. “两匹马都牵来了，一匹枣红，一匹雪白，｜都有一人多高。”

B. “一篇是《桨声灯影里的秦淮河》，一篇是《背影》，一篇是《荷塘月色》，｜三篇都是朱自清先生写的著名散文。”

（6）转折复句

句中言词化结构成分在层级作用关系上，依一定转折关系拓展而成的复句，是转折复句。

例如，A. “麻雀虽小，｜五脏俱全。”

B. “他其实并没有什么过人之处，｜只不过很勤奋罢了。”

C. “尽管你说的话也有一定的道理，｜但我们还是得依照董事会的决议来执行。”

（7）条件复句

句中言词化结构成分在层级作用关系上，依一定条件关系拓展而成的复句，是条件复句。

例如，A. “只要我们专注于某件事情，｜就一定能做出令自己满意的成绩来。”

B. “除非大家都有合作意愿，｜否则就不可能达成协议。”

C. “无论生活多么艰难，｜她都那样笑对生活的。”

三者分属充分条件下的条件复句，必要条件下的条件复句，及任意条件下的条件复句。

（8）假设复句

句中言词化结构成分在层级作用关系上，依一定假设关系拓展而成的复句，是假设复句。

例如，A. “没有共产党，｜就没有新中国。”

B. “要是今天你不来的话，｜这件事就拉倒。”

C. “纵然有天大的困难，｜我们也一定要把任务完成。”

其中，前两例属假设前提与变现结果一致，末例属假设前提变现都无法改变的一定结果。

（9）因果复句

句中言词化结构成分在层级作用关系上，依一定因果关系拓展而成的复句，是因果复句。

例如，A.“因为我们是为人民服务的，｜所以我们要虚心接受人民的批评和建议。”（由因及果的说明因果关系）

B.“我总认为这个青年之所以不再迟疑而下决心结婚，｜是因为有一天晚上我们给他看了于勒叔叔的信。”（由果及因的说明因果关系）

C.“这事儿搁心里这多年，｜足见他的心理负担是何等的重！”（由因及果的推论因果关系）

D.“村里交通非常落后，｜年轻人根本不想待在家里。”（无关联词语的说明因果关系）

（10）目的复句

句中言词化结构成分在层级作用关系上，依一定目的关系拓展而成的复句，是目的复句。

例如，A.“董事会还做了一些计提减值准备，｜以防公司出现呆账、坏账之类情形。”（所采取的行动及其所要避免出现的一定结果。）B.“她认认真真地做好每一件事，｜为的是不辜负党和人民对她的殷切期望。”（所采取的行动和所要达到的结果一致）

另外，一些语句虽有两个以上的单句，但其结构成分间层级作用关系只有一层，即平级性联结，所以仍属一重复句。

例如，A.“山朗润起来了，｜（并列）水涨起来了，｜（并列）太阳的脸红起来了。

B.“火箭从乳白色的巨大水柱中飞蹿而出，｜（顺承）拖着橘红色的火焰，｜（顺承）飞向湛蓝的天际，｜（顺承）然后准确地溅落在预定的海域。”

当然，一般复句上的言词结构也可以是词的穿插类复式词组与层级类复式词组相结合的情形。

例如，“嘿，//猴子，/上来吧！｜上来吃我的心吧！”

2. 紧缩复句

如果一般复句中的一定分句间时空间隔及某些单词，都被适当压缩掉，则其就转变为一定的紧缩复句，且其层级关系通常在一级以内。

例如，A. “你看，说曹操曹操就到了。” B. “你说了这事也没辙。” C. “他每天天一亮就去外头锻炼去了。”

紧缩复句在某种意义上也属单句跟复句间的界限相对模糊地带。

3. 多重复句

言词化结构成分间的层级作用关系在两层及两层以上的复句，是多重复句。

多重复句是单重复句的一定层级关系化扩展，偏正型结构方式是两重或两重以上层级结构关系必不可少的结构关系方式，其同时还可适当包含一定的联合型层级作用关系。

例如，A. “他后来还托他父亲带给我一包贝壳和几支很好看的鸟毛，｜｜（并列）我也曾送他一两次东西，｜（转折）但从此没有再见面。”

B. “现在一些中低焦油含量的香烟虽然减少了对肺部的损害，‖但并不等于此类香烟无毒，｜因为只要香烟燃烧，‖就会产生大量的一氧化碳和其他的有毒物质，‖就会对肌体继续造成损害。”

C. “虽然是满月，‖天上却有一层淡淡的云，‖｜所以不能朗照；｜但我们以为这恰是到了好处——酣眠固不可少，‖小睡也别有风味的。”

下面是混成单句依一定层级作用关系扩展表达而成的一定多重复句。

例如，A. “是的，/我虽然自有我的确信，｜然而说到希望，｜｜却是不能抹杀的。”

B. “不错，//军军啊，/你可以这么做的，｜但是，/一旦你这么做了，｜｜它所造成的一切后果，｜｜｜就必然都是由你来承担的。”

C. “对于一个在北平住惯的人，//像我，/冬天要是不刮风，｜｜便觉得是奇迹；｜济南的冬天是没有风的。”

此类多重复句中的混成单句里的一定凸起性结构成分，与其他结构成分间关系，只在一定级阶层面，并不能构成一定的层级，所以一般不能当作分句间结构关系来看待。

二、篇章

- 篇章 —编辑与否→
  - 工整性篇章（偏书面） —体裁→
    - 应用文
      - 记叙文
      - 议论文
      - 说明文
    - 艺术文
      - 散文
      - 小说
      - 诗歌
      - 戏剧
  - 散章（偏口头） —对象→
    - 独白性散章
    - 对话性散章

（一）工整性篇章

结构方面，绝大多数篇章可总体包含标题和正文两部分，但书信、日记、短信、跟帖、微博等，则属语段自然集结成篇，一般没有所谓的一定标题。

1．标题

所谓标题，即一定话语篇章在其开端醒目位置突出地标出的一定言词性内容提示。书面话语篇章的标题，具体位置在一定语篇的篇首句中，例如中学语文课本里的《蜘蛛》《谁是最可爱的人》等之类文章标题的标示，就是如此。

口头话语篇章中的标题需以一定的开场白来预先表明，例如“今天我跟大家要说的题目是×××”之类的开场白之类。

直观性书面话语的篇章标题，看似在一定的单词、词组之类特定言词组织层面，因为通常没有明确的标点符号之类语句种类符号标记；或者被当作是在一定的语句组织层面，但也没有明确的标点符号之类语句种类符号标记；而其实是在整个篇章结构中的一定凸起性语段层面。

这种标题性语段由单一语句依特定需要适当升级而来，其内容提示跟正文部分诸语段内容有机地融为一体。它跟其他语句、语段间关系，并非同一等级层面，通常不能依一定的句间或段间标点符号类标记标明，但特殊情况下可依一定的特别需要适当添加。

例如：《看看电脑会有多聪明，让它下盘围棋吧！》《里海是湖，还是海?》《和平协议签署之后……》《回家的感觉真好——访大赛归来的本市运动员》等。

开端，首段，居中，与正文其他语段间空行性分隔化区分开来，这是书面话语语篇标题的规范性书写要求或标准。

篇章标题的功能或作用，是充当整个篇章意义方面的内容提示标签或眉目，从而令人们对特定篇章的意义内容知其大概或一目了然，例如《中国人丧失自信心了吗》《从茶马古道文化说起》等。它可以是一定篇章的主旨、中心，也可是与一定篇章内容相关的醒目话题，以担当统领全篇组织结构的重任。

新闻、消息、电文等特定书面话语篇章，还可在一定标题前适当规范性格式化地添加一定的文字化内容出处、时间等，以声明其内容的来源、时效性。有些书面话语篇章的标题后还另起一行，遵循一定格式而规范化地添加一定的副标题，以对篇章内容做更进一步的概括性提示。大篇幅篇章不仅有自己的大标题，而且还在其正文当中适当规范化地标列一定的章、节、点之类小标题，以明确概括和显示相应结构方面正文内容的意义主旨、中心或关乎方面。

至于另起一行、居中而跟一定标题排在一起的作者姓名的标注，这可看作是一定标题的附注性签名，作用在提示整个语篇类产品的贡献者或拥有者。

书信、日记、微博等篇章没有相应的标题标示。

2. 正文

篇章正文是一定篇章的主体，它是篇章中各意义内容的结构性铺展与具体表现。

因正文方面话语产品内容一样需单通道线性结构化序列产出，所以，篇章类产品组织的主体部分也只能顺一定言语或书写类行为的生理产出端口，而一句句地量能性单位化产出。产出的语句性产品结果可先集结起一定的起始性或统领性意义自然段，经该段扩展组合，顺利作结，最终形成整个篇章的一定正文方面。例如：

A. 床前明月光，疑是地上霜。
举头望明月，低头思故乡。

李白《静夜思》

B. 假如我变成了一朵金色花，为了好玩，
长在树的高枝上，笑嘻嘻地在空中摇摆，
又在新叶上跳舞，妈妈，你会认识我么？

你要是叫道："孩子，你在哪里呀？"
我暗暗地在那里匿笑，却一声儿不响。

我要悄悄地开放花瓣儿，看着你工作。

当你沐浴后，湿发披在两肩，穿过金色花的林荫，
走到做祷告的小庭院时，你会嗅到这花香，
却不知道这香气是从我身上来的。

当你吃过午饭，坐在窗前读《罗摩衍那》，
那棵树的阴影落在你的头发与膝上时，
我便要将我小小的影子投在你的书页上，
正投在你所读的地方。

但是你会猜得出这就是你孩子的小小影子吗？

当你黄昏时拿了灯到牛棚里去，
我便要突然地再落到地上来，

又成了你的孩子，求你讲故事给我听。

“你到哪里去了，你这坏孩子？”

“我不告诉你，妈妈。”

这就是你同我那时所要说的话了。

（印度）泰戈尔《金色花》

多语段一体化的篇章正文内容，为使条理清晰而脉络分明，各语段往往会依一定的条理顺序来合理地组织。篇章中各语段的组织顺序，必不可少的仍然是一定的事理顺序。时间和地点类意义转换明显的，往往还以一定的事理顺序与一定的时间或空间顺序相结合的顺序，来组织正文内容方面的各语段。

一些篇幅较大的复杂性篇章的正文内容间，普遍还采取适当添加一定带数字编号的章、节、点类分标题，以对结构内容进行一定的概括性提示，进而使正文内容的脉络更加清晰，条理、层次更加分明。这些带一定数字编号的分标题的醒目存在，也大多是依一定事理方面意义而标示的。

一些篇章的正文首尾，往往还适当结合着标示了一定信息来源、特定交流对象、特定时间、作者等附属性意义内容，以使正文语境意义更加明确而具体。例如，新闻、消息、通讯、报告、通知、申请书、日记、书信、合同、规章制度、电子邮件、短信等应用性篇章的正文发端或末尾就是如此，且格式化表达。剧本台词一类文学作品的正文，对人物对话双方、时间、地点、场景、背景等的标示，有剧本特定的格式化要求。

一定的记叙文、议论文、说明文等应用写作方面篇章，较少地携带一定的附属性意义内容，但彼此表达方法上各有自己的相应格式化文体要求。

不论是否带一定的附属性意义内容，篇章正文常见的结构大多由一定的开头、主体和结尾三部分构成。它们依一定条理、层次、顺序、线索等整体化地组织，讲究内容布局方面的起承转合，注重适当的衔接、过渡与照应等。至于一定篇章的正文具体怎么开头，其主体具体怎么拓展，结尾具体怎么收束和作结，彼此间的衔接、过渡和照应等具体怎么布局安排等，则属一定篇章的技能性表达方式或技艺性表现手法方面的实施了。

篇章正文的结构成分有自然段和片段两类，二者都是从一定篇章正文切分而来的从属性结构成分。自然段是一定篇章正文的自然切结性基本结构单位与组织，而片段则是较自然段更大一级的正文结构成分组织。段幅大的一定自然段内还可有一定话语片断的适当区分或切分性存在。

（1）片段

片段是由一定自然段或其扩展表达升级而来的、比篇章小但又比自然段大的一定篇属话语段落。最简片段直接由一定的单个自然段升级而来。

片段可分为篇内从属性片段和篇外从属性片段两类。

篇内从属性片段跟所属篇章一体化地存在，是所属篇章正文整体结构方面虽可区分、但却不可分割的一部分。例如，下面的篇外从属性片段方面所举的例①、②，它们在原篇章中的原语段存在，即是通篇一体化存在的。

而篇外从属性片段，则依一定的另外使用需要，而被从其所属篇章结构中人为地分割出来，并被置于一定的相对独立存在。

例如：

A. 在张家界的一天夜里，我非常迫切地想独处一会。我朝一片茂密的丛林走去，待我发现已经摆脱了背后的灯火和人语时，一片星月下的竹林接纳了我。

摘自：迟子建《萤火一万年》

B. 记得是小学三年级，偶然生病，不能去上学，于是抱膝坐在床上，望着窗外寂寂青山、迟迟春日，心里竟有一份巨大幽沉至今犹不能忘的凄凉。当时因为小，无法对自己说清楚那番因由，但那份痛，却是记得的。

为什么痛呢？现在才懂，只因你知道，你的好朋友都在那里，而你偏不在，于是你痴痴地想，他们此刻在操场上追追打打吗？他们在教室里挨骂吗？他们到底在干什么啊？不管是好是歹，我想跟他们在一起啊！一起挨骂挨打都是好的啊！

摘自：张晓风《我在》

（2）自然段

自然段直接由一定语句或语句扩展表达升级而来，同时又是一定片段或篇章正文整体结构方面的一定构成部分。

一定的单个自然段在所属片段或篇章正文中的位置特定，它跟一定片段或篇章正文既一体化地存在，又有着意义上的一定可区分性与相对独立存在。

自然段可分为最简自然段和一般自然段两类。

①最简自然段

最简自然段由单一语句升级而来，且有句首句末的一定格式化时空间隔要求。它常用于表达简要、概括而强调性的一定骨架性意义，或一言以蔽之地表达一定的简约化意义内容。

例如，

A. 活该。

鲁迅《论雷峰塔的倒掉》

B. 这样想着，猛一抬头，不觉已是自己的门前；轻轻地推门进去，什么声息也没有，妻已睡熟好久了。

朱自清《荷塘月色》

C. 具体来说，其2011年度应纳税额的计算方法为，前8个月应纳税额＝（全年应纳税所得额×税法修改前的对应税率－速算扣除数）×8/12，后4个月应纳税额＝（全年应纳税所得额×税法修改后的对应税率－速算扣除数）×4/12，全年应纳税额＝前8个月应纳税额＋后4个月应纳税额。

京华时报《国税总局：8月工资9月发放 个税免征额按3500元执行》

②一般性自然段

一般性自然段是由一定语句扩展表达升级而来，其特定言词多为一定的名义范畴区域。

例如：

A. 纽兰在表达美方“关切”的同时，丝毫没有提及中国的关切，这便陷于偏颇。中国有着长1.8万多公里的海岸线。历史上的中国积贫积弱，在西方的船坚炮利面前饱经屈辱。就在不久前，美国的航空母舰还在中国的家门口耀武扬威。中国的国家安全、领海主权和海洋权益不能不是中国武装力量的极大关切。在此之前，联合国五个常任理事国中，唯独中国没有航母。而美国航母数量则占全球航母总数一半以上。中国发展航母本是题中应有之义，刚一起步，便“被关切”，是不是有些过于霸道?！难怪纽兰此番“关切”当场遭到诘问：在过去十年，美国军费开支增长速度快于中国。美国国防部预算在6000亿美元以上。在美国仍享有如此超强优势的情形下，为何美国对中国装备政策、防御开支如此关切?

《人民日报刊文：美国还想要中国就航母做出什么解释?》①

B. 中国是联合国安理会常任理事国中派遣维和人员最多的国家。截至2011年5月，中国军队共参加20项联合国维和行动，累计派出维和官兵18515人次。中国军队先后与外军举行了40多次联演联训。2002年以来，中国军队先后28次赴国外执行国际人道主义援助任务。截至2011年7月，中国海军共派出9批舰艇编队赴亚丁湾、索马里海域执行护航任务，共完成349批4015艘船舶的护航任务。2010年，中国海军医院船赴亚丁湾海域及吉布提、肯尼亚、坦桑尼亚、塞舌尔、孟加拉国等执行人道主义医疗任务。2010年9月，中国人民解放军三军仪仗队参加墨西哥独立200周年庆典阅兵。2011年年初，中国军队先后派出海军军舰、空军运输机执行撤护中国在利比亚人员任务。

摘自《中国军队：在开放自信中阔步前行》②

(3) 片断

话语片断单指从段幅较大的一定自然段中适当区分并切分而来的一定部分，从而属一定自然段的局部性结构成分。无一定自然段整体，就无所谓一

① http://news.ifeng.com/mainland/detail_2011_08/15/8400040_0.shtml

② http://paper.people.com.cn/rmrbhwb/html/2011-08/15/content_897119.htm

定的局部性片断。有时也指未完整作结的一定语句扩展表达组织。

例如，

A. 有时候，我躺在草地上，望着天上懒洋洋地飘动着的白云，脑海里便浮现出许多莫名其妙的幻象。我们那地方流传着许多狐狸变成美女的故事，我幻想着能有一只狐狸变成美女与我来做伴放牛，但她始终没有出现。但有一次，一只火红色的狐狸从我面前的草丛中跳出来时，我被吓得一屁股蹲在地上。狐狸跑没了踪影，我还在那里颤抖。有时候我会蹲在牛的身旁，看着湛蓝的牛眼和牛眼中的我的倒影。有时候我会模仿着鸟儿的叫声试图与天上的鸟儿对话，有时候我会对一棵树诉说心声。但鸟儿不理我，树也不理我。

莫言《讲故事的人》

B. 现在世界和社会的环境变化得很快。世界上不同文化的交流也越来越密切。我们不能盲目地接受过去认为的真理，也不能等待"学术权威"的指示。我们要自己有判断力。在环境激变的今天，我们应该重新体会到几千年前经书里说的格物致知真正的意义。这意义有两个方面：第一，寻求真理的唯一途径是对事物客观的探索；第二，探索的过程不是消极的袖手旁观，而是有想象力的有计划的探索。希望我们这一代对于格物和致知有新的认识和思考，使得实验精神真正地变成中国文化的一部分。

丁肇中《应有格物致知精神》

片段、自然段和片断也统称语段，篇章中的大段的划分，就是一定的篇内从属性片段的适当切分。段的实质是一定语篇或对话组织的局部性结构成分，并非跟语句、对话、语篇统一层面的特定话语产品组织。如果将语段视为比语句大但比篇章组织小的特定话语产品组织来看待，将是一种误解。除非在一定篇章组织内部，才可那样逐级化理解。

（二）散章

1. 独白性散章

交流对象为自己、自己内心，或交流对象并不显性、明确、具体而特定，这样的口头话语表达完结，是独白性散章。

例如，

A. 曾经，有一份真诚的爱情放在我面前，我没有珍惜

等到我失去的时候才后悔莫及

人世间最痛苦的事莫过于此……

如果上天能够给我一个再来一次的机会

我会对那个女孩子说三个字：

“我爱你。”

如果非要在这份爱上加上一个期限

我希望是……一万年！

周星驰《大话西游》[①]

B. 昨晚梦见自己跟朋友去一个大学里面玩，下雨了，就在走廊上休息躲雨，结果从右边的房间里跑出来一只小的宠物狗就咬着我的右脚，我怎么甩也甩不掉，狗的主人是个年轻女子，她跑出来也没办法，狗就是不放，但也没咬破皮，我还是感觉痛，主人还笑嘻嘻地说自己没办法，只有等她自己放口。好不容易我挣脱了，就使劲地跑，跑到下面准备去坐上车跑掉，结果跑到下面刚停下准备看狗追来没，另一个年龄比前面那个狗主人稍大点的女人又牵着一只一模一样的宠物狗，那狗也是没什么征兆的就朝我左脚咬上来了，也是使劲咬住不放，也没咬破皮，狗主人也没办法，然后前面那只狗又追下来了。不一会儿我就醒了，请问高人，我这个梦有什么征兆？[②]

2. 对话性散章

交流对象在两者或两者以上的成总性对话结果，是对话性散章。一些口头性对话或书面性对话记录，就是如此。

例如：

① http：//www.juzimi.com/article/大话西游

② https：//wenwen.sogou.com/z/q198882456.htm

A. 对话白岩松①

关键词："段子手"

奥运本该快乐不是吗?

京华时报：这几天在巴西的感受怎么样?

白岩松：没大家说的乱。比北京凉快，空气超好。不跟伦敦、北京比，不一样才好玩。

京华时报：网友封你是奥运开幕式解说"段子手"，怎么看这个称呼?

白岩松：上届伦敦闭幕式就是这么玩的，只不过很多朋友忘了。奥运本该快乐不是吗? 不为讲段子而讲段子，段子来源于心态。

京华时报：里约奥运开幕式哪个场景印象深刻?

白岩松：我为努兹曼的致辞感动，他全程抖动的手说明办奥运多么不容易，以及致辞时多幸福。

京华时报：有观众疑惑，菲律宾队入场时，您是喝水还是上厕所去了?

白岩松：没喝水，四个小时直播更没上过一次厕所，二百多个国家与地区，我有几十个都没说，正常。

B. ××市城南开发区管委会办公会议纪要②

时间：××年×月×日上午

地点：管委会会议室

主持人：李××（管委会主任）

出席者：杨××（管委会副主任）、周××（管委会副主任管城建）、李××（市建委副主 任）、肖××（市工商局副局长）、陈××（市建委城建科科长）及建委、工商局有关科室 宣传人员。街道居委会负责人。

列席者：管委会全体干部

① http：//www. sohu. com/a/110284634 _ 160228

② http：//www. 1010jiajiao. com/qx _ portal/doc/598176. html

记录：邹××（管委会办公室秘书）

讨论议题：1. 如何整顿城市市场秩序。

2. 如何制止违章建筑、维护市容市貌。

杨主任报告城市现状：我区过去在开发区党委领导下，各职能单位同心协力、齐抓共管在创建文明卫生城市方面取得了一定成绩，相应的城市市场秩序有一定进步，市容街道也较可观。可近几个月来，市场秩序倒退了，街道上小商贩逐渐多起来，水果摊、菜担、小百货满街乱摆……一些建筑施工单位沿街违章搭棚。乱堆放材料，搬运泥土撒落大街……这些情况严重地破坏了市容市貌，使大街变得又乱又脏；社会各界反应很强烈。因此今天请大家来研究 ：如何整顿市场秩序？如何治理违章建筑、违章作业、维护市容……

讨论发言：（按发言顺序记录）

肖××：个体商贩不按规定到指定市场经营，管理不得力、处理不坚决，我们有责任。这件事我们坚决抓落实：重新宣传市场有关规定，坐商归店、小贩归市、农民卖蔬菜副食到专门的农贸市场……工商局全面出动抓，也希望街道居委会配合，具体行动方案我们再考虑。

罗××（工商局市管科科长）：市场是到了非整不可的地步了。我们的方针、办法都有了，过去实行过，都是行之有效的，现在的问题是要有人抓，敢于抓落到实处。……只要大家齐心协力问题是能够解决的。

秦××（居委会主任）：整顿市场纪律我们居委会也有责任。我们一定发动群众配合好，制止乱摆摊，乱叫卖的现象。

李××（建委副主任）：去年上半年创建文明卫生城市时，市上出了个 7 号文件，其中规定施工单位不能乱摆战场。工棚、工场不得临街设置，更不准侵占人行道。沿街面施工要有安全防护措施……今年有的施工单位不顾市上文件，在人行道上搭工棚、堆器材。这次违章作业严重地影响了街道整齐、美观，也影响了行人安全。基建取出的泥土，拖斗车装得过多，外运时沿街散落，到处有泥沙，破坏了街道整洁。希望管委会召集施工单位开一次会，重申市府 7 号文件，要求他们限期改正。否则按文件规定惩处。态度要明确、坚决。

陈××：对犯规者一是教育，二是逗硬。“不教而杀谓之虐”，我们先宣传教育，如果施工单位仍我行我素不执行，那时按文件逗硬处理，他们也就无话可说。

周××：城市管理我们都有文件、有办法，现在是贵在执行，职能部门是主力军，着重抓，其他部门配合抓。居委会把居民特别是“执勤老人”（退休职工）都发动起来，按7号文件办事，我们市区就会文明、清洁，面貌改观……

与会人员经过充分讨论、协商，一致决定：

1. 由工商局牵头，居委会和其他部门配合，第一周宣传、第二周行动，监督实施，做到坐商归店，摊贩归点，农贸归市，彻底改变市场紊乱状况。

2. 由管委会牵头，城建委等单位配合对全区建筑工地进行一次检查。然后召开一次施工单位会议，对违章建筑、违章工厂限期改正。一个月内改变面貌。过时不改者，坚决照章处理。

散会。

这里的例A、B由于已不同程度地经历了一定人工化编辑整理，所以体现出跟工整性篇章趋同的情形。

第六章　话的建构与量化

然而，上述语句或篇章类特定话语产品，又是如何经一定事物存在、心理、生理的激发，而由想象或想要表达的种种，化为一定字化表象组织替代存在性的量能释放的呢？

答案是通过对一定语境、一定言词（包括言词变式）及一定超言词手段的协调与一体化，并适当单位性量化，才导致一定语句或篇章的形成。

其中，形式方面的具体体现，是一定的句式、篇式及有关物化手段存在。内容方面的具体体现，是所经名义、一定事物的特定场景化存在及交流对象关系方面的协调统一。功能方面的具体体现，是对所指特定实意内容的物化示指表达。

语句或篇章类的特定话语产品组织的建构，至少须解决以下这些社会表达与交往中的实际问题：

（1）实意所指——体现为一定的事物及其场景存在（事物场景化存在）；（2）交流对象决定与配合——体现为交流双方的一定关系协调、处理与作用（关系）；（3）言词、辅助与修辞——体现名义、逻辑、超言词手段对实意的服务性（常理或变通）；（4）单位性物量化——体现为一定的语句或篇章（量化）。

同一个意思，你可用一句话来直白表达，也可用一定的故事性篇章来委婉或极致表达，只不过二者所依据的表达需要和所要求的表达效果，则是完全不同的。

例如，雪冻之时，南京的七岁小朋友颜靖宸，对雪的感受是这样的：

“雪，我不再喜欢你了。[①]

因为见到你，我就见不到爸爸。

听说雪湿了鞋会很冷，

听说铁锹会磨破手掌。

一天，两天，

忘了让爸爸多穿件衣服，

忘了问爸爸哪天才能回来。

爸爸不回来，

说好的球赛怎么办？

天天晚上的水浒故事怎么办？

雪，你走吧，

换我爸爸回来！”

而如果用呼唤性句化直白表达，则或可这样吧：

“爸爸！”

或者“爸爸回来！”

第一节　句　化

话语语句的物化产出图示：

事物存在信息（潜意义）
- 外在化信息
  - 语言化信息
  - 非语言化信息
- 心理既有信息
  - 言词映象化信息
  - 非言词映象信息

→（刺激 / 反射）→ 生理反应（耳眼接获）→（输入 / 上传）→ 心理反映（处置、酝酿）

① http：//www.sohu.com/a/219433995 _ 99984058

输出下传 → 生理反应／行为实施
- 言语（口头话语）
- （单位化量能释放）
- 书写（书面话语）

—物质手段→
- 常量
  - 特定常规言词（词语）
  - 特定变式言词（修辞化）
- 变量
  - 人工变量：特定语气、语调、（辅助）重音、时空间隔
  - 意义自变量：特定语境（导引）

→句化表达 —方式（怎么说）→
- 陈述（明摆着说）
- 疑问（问询着说）
- 祈使（令请着说）
- 感叹（感慨着说）

—语句（结果）→
- 陈述句
- 疑问句
- 祈使句
- 感叹句

话语实意表达的起点，在一定的语句。

社会规范而统一性地确立了四种基本的句化表达方式：陈述、疑问、祈使、感叹。相关名义、实意及表达手段、方法等的一体化运用，又导致一定陈述句、疑问句、祈使句、感叹句一类单位性物量化基本语句的形成。

例如，A.“水。”（陈述）（陈述句）　B.“水？”（疑问）（疑问句）　C.“水！”（祈使）（祈使句）　D.“水！”（感叹）（感叹句）

因而，一定的句化表达方式是一定语句意义变现的路径、方向。

一、句化表达方式与结果

（一）陈述表达方式与陈述句

陈述就是对那些明摆着的事情（特定人或事物存在），归根结底而“一言以蔽之”的遵循和显摆着说出，这样一种句化话语实意组织方法与形式。以这种表达方式进行一定的句化实意表达，可导致一定陈述句的形成。

例如，A. 好。　B. 他们昨天到的。　C. 青山青，长城长，长城外面我故乡。

如果遵循和显摆说出，则可导致一定的空话、假话、谎话类陈述句的形成。

例如，“我是地道的北京人！”这话如果由马克思亲口说的，就成假话了。

（二）疑问表达方式与疑问句

疑问是对那些不明白的事情（特定人或事物存在），归根结底而“一言以蔽之”的问寻着说出，这样一种句化话语实意组织方法与形式。以这种表达方式进行一定的句化实意表达，可导致一定疑问句的形成。

例如，A. 要翻译吗？　B. 都醉成啥样了，还喝啊？　C. 我？

疑问表达方式可分为一般疑问式、特殊疑问式、选择疑问式和反意疑问式四种。

1. 一般疑问式

对不明白的一定事物存在进行一般性问寻的句化实意表达方式，是一般疑问式。一般疑问式句化实意表达，带来一定的一般疑问句的形成。

例如，A. 我明天给你，好吗？

B. 也许是你拿错了呢？

C. 他的带来了，你呢？

例 A 表征询意见，例 B 表揣测，例 C 表询问。

2. 特殊疑问式

以“谁、什么、怎么、哪里”等特指疑问词的结合性运用，来表达对不明白的某特指事物存在的问寻，这样的句化实意表达方式，是疑问表达方式中的特殊疑问式。特殊疑问式的运用，带来一定特殊疑问句的形成。

例如，A. 你哪里啊？

B. 你谁呀？谁叫你进来的？

C.（哎呀，）怎么不早说呢？

D.（他这么固执，）到底是为什么啊？

3. 选择疑问式

选择疑问式是对不明白的两者或两者以上的可选性事物存在情形，进行适当询问的句化实意表达方式，选择疑问式的运用，带来一定选择疑问句的形成。

例如，A. 涨啊跌？

B. 就你一个还是大家都去呢？

C. 是留做纪念，还是销毁啊？

这些属并举疑问，常用“是、还是”之类词语把两种质疑情形并举性连接在一起。

又如，A. 重在相互理解，好不？

B. 喜不喜欢这种款式的啊？

C. 会不会是我说错什么话了啊？

这些属正反疑问。正反疑问也是疑问并举，但质疑性意义上有明显的一正一反。并举疑问和正反疑问的区分只是相对而言。

4. 反意疑问式

反意疑问式即通常所言的反问。它是依“一寻问即否定”的方式，来表达无可异议的一定实意的句化表达方式。从而属无疑而问。

例如，A. 莫非这也算我的错啊？

B. 所谓天命不可违，难道你连这个道理都不懂吗？

C. 你怎么能这么糊涂呢？

反意疑问有“肯定＋反问（否定）＝否定”，如例 A、例 C，及“否定＋反问（否定）＝肯定”两种寻问方法，如例 B。

反问的实质是基于相应修辞的一定逆寻问表达。逆寻问表达除反问外，还有设问。设问也属无疑而问，但设问依据“谁问谁答”的原理进行相应的表达。例如，“借问酒家何处有？牧童遥指杏花村。”

（三）祈使表达方式与祈使句

祈使是针对自己需要对方做什么或不做什么一类事情（特定人或事物存在），归根结底而“一言以蔽之”的要求着说出，这样一种句化话语实意组织方法与形式。以这种表达方式来进行一定的句话实意表达，可导致一定祈使句的形成。

这可分为请求、劝阻类和命令、禁止类两种情形。

1. 请求、劝告类

包括表请求、敦促、叮嘱、建议、劝阻等句化实意表达。

例如，A. 大家还是都请进屋里说吧。B. 感冒这么久了都还没好，还是早点去大医院看看吧！C. 到上海后，一定记得打电话给我报平安。D. 甭管他！他爱怎么着怎么着去。

2. 命令、禁止类

命令或禁止性地强制对方做或不做某事。

例如，A. 天亮前必须拿下阵地！B. 向右转！齐步走！C. 严禁烟火！

其中，例A、B属表示命令一类的祈使句，它强制对方服从或执行命令发出方所要求做什么的意愿，并必须依此行动。例C属表示禁止一类的祈使句，它明确禁止对方做什么，强制对方不能去做已经被禁止做的事情。

(四) 感叹表达方式与感叹句

感叹是对那些令人感慨的事情（特定人或事物存在），归根结底而“一言以蔽之”的感慨着说出，这样一种句化话语实意组织方法与形式。例如，赞叹、讶异、恐惧、厌恶乃至喜怒哀乐等强烈感情的句化实意表达，就是如此。因而，该表达方式进行一定的句话实意表达，可带来一定感叹句的形成。

感叹式可分为单纯感叹式和混成感叹式两类。

1. 单纯感叹式

以一定单词、单式词组，来跟特定语境结合，以抒发对一定事物存在的赞叹、讶异、恐惧、厌恶乃至喜怒哀乐等强烈感情的句化实意表达方式，属单纯感叹式。

例如，A. 好！B. 真有你的！C. 多么壮丽的山河啊！D. 这下麻烦大了！

2. 混成感叹式

以一定的单纯感叹式的适度扩展表达，来抒发对一定事物存在的赞叹、讶异、恐惧、厌恶乃至喜怒哀乐等强烈感情的句化实意表达方式，属混成感叹式。

例如，A. 哎！总算挨过来了！B. 哎呀我的妈呀！长虫下来了！C. 咦！三伢子，你也长出息了哦！D. 多行不义必自毙，看你猖狂到几时！

感叹也可有一定程度上的反常感慨表达，它依据感慨与事情的不当搭配，来进行一定的反常感叹表达，以达到某特别表达效果。例如，网络流行语“吓死宝宝了！”之类。

话语语句的四类基本表达方式，确立话语句化实意表达从心里酝酿处理到言语书写化输出的四条意义主干道。路线明确后，句化话语实意组织的诸参与表达因素，才各司其职地展开对一定话语实意的构建。

因而，句化实意表达方式实为对不同事情（特定人或事物存在），基于自己的某种主观需要，归根结底而“一言以蔽之”的说出，这样一种起点性话语实意表达方式。

无一定表达方式导引，再多言词或事情，或只能在心理“闷炖”而不知从何说起。

二、句化建构因素

（一）特定言词

特定言词是一定词组织在特定话语类实意产品组织中的具体运用，这包括常规运用和变式运用两类。

常规运用指一定言词的字面性名义逻辑化直接运用，而变式运用则指一定言词的字面性名义逻辑经适当修辞化变通后的运用情形。

一定单词、词组、词域都可用于一定语句或篇章的话语实意表达，但单词、词组较多地用于语句类特定话语产品组织的特定言词建构，而词域类的一定名义范畴区域、名义联区范畴类广域结构组织，则较多地用于语篇类（含语段）特定话语产品组织方面的特定言词建构。

特定言词的功能，是给话语心里酝酿及其言语书写类生理输出，提供必要的名义逻辑组织及相应表达名义。

特定言词及其字化表象组织替代性存在是特定话语实意的社会公共化恒

定存在，它在特定话语实意的表达中属一种常量存在。

因言词的名义逻辑存在在前面章节已着重讲述，所以，这里不再详述。至于话中言词的适当修辞化变通，这将在后面的章节中讲述。

（二）特定超言词手段

一定的时空间隔、语气、语调、重音等，是一定话语实意的超言词辅助表达手段与即时人工变量。它们在一定语句中，跟特定言词性字化表象组织替代性存在是一种伴生存在。

时空间隔是顺应一定语句、语篇的单位性量化需要，而采取的对有关言语、书写行为的时空度量化间隔长短、大小。传统语言理论以停顿来解释，忽略空间度量化间隔存在，尤其对书面语的空间度量化间隔视而不见。

时空间隔是话语量化最直接而显性的物化标志。

语气、语调、重音由有关特定言词的音强、音高类度量属性弹性变化而来，并贯彻一定语句或篇章表达的始终。它们不单单用于做一定句化实意表达方式的辅助表达手段与人工变量，但却是一定句化实意表达方式必不可少的。

特定超言词表达手段的使用所依据的原理为：

言词声音化组织形态上本来的强弱、高低、轻重类度量属性，体现言词本身的名义事理逻辑化存在与表达功能，“不同凡响”即另有用意或所指。

作用主要有：充当一定句化表达方式的凸显标志；表达一定的言外之意。

超言词辅助表达手段一类的人工变量，在特定话语实意表达过程，正是通过最简单而直接的量能变化，即时提示词化名义逻辑类泛化事物存在的不确指，转变为特定语境约束下的特定实意确指，从而完成对一定实意的即时表达。

1. 特定语气

语气即一定的话语气息、气势。它对应话语言词声音化组织形态上的或个性化或规范化强弱，并有意或无意地以强于或弱于言词基准声音地表意，或表达一定功能。言词本身固有的声音化度量属性强弱，不在一定语气范畴。

口气、态度、情感等，是特定语气示意的影响因素。

语气表意的原理是：话语言词本来的声音化度量属性基准存在（包括由音素到音字，由音字到语句等），表达话语言词本来的意义，改变言词本来的声音化度量属性基准存在状况，即打破了话语原有的音义结合关系平衡，从而非平衡性地表达一定特效或言外之意。

汉语语气不仅丰富多彩，且有着跟一定语调、重音、时空间隔等的伴生性。为明确话语语句中一定语气的意义或作用表达种类，汉语往往还适当规范化地添加一些明显的语气词来标记。丰富的语气词化语气表达，是汉语语气表达的一大特色。

语气个性化方面的超言词基准性声音化强弱，指话语表达和交往过程中即时呈现的那种具有很强主观性、随意性和独特差异性生理倾向的声音性强弱。它们顺应人们即时言语过程的自然、自由、自在而随意性口气、态度、情感等的超言词化表达。

而语气规范化声音性强弱，往往建立了一定口气、态度、情感等的社会规范而统一示意种类。例如，汉语语气的规范化表达，统一为陈述类、疑问类、祈使类和感叹类四种，以跟相应句化表达方式结合性表达。

汉语陈述类语气的超言词基准性声音化强弱，往往用于直陈和强化一定的直白性主客观性事实、意义或一定言外之意。而疑问类、祈使类、感叹类语气上的超言词基准声音化强弱，则用于强化人们在主动协调与外界对象或事物存在时的明显非对等性口气、态度、情感等，乃至一定言外之意。表达者一方强于对方时，口气、态度、情感等也处于相较于对方的优势地位。表达者一方处于相对弱势时，口气、态度、情感等也向对方倾斜。

伴生性超言词基准声音化口气大小、态度软硬、情感特色等，令一定语气直接露出了一定实意“尾巴”。

（1）陈述类

陈述类语气往往体现相对对等的口气、平等而客观的态度、自然而郑重其事的情感，并以此适当突出地表达直白性话语中的那些需要突出表达的内容或言外之意。

陈述类语气辅助表达需要突出表达的一定具体意义内容或言外之意时，往往对需要突出表达的内容及相应言词读音加强加重，而非突出表达性言词读音则相应减弱减轻，并适当结合着使用标示语气意义类型的特定语气助词等方法，来达到一定语气意义表达的目的。

口头话语的陈述类语气所依附的陈述句，末尾常可适当携带的表一定陈述语气的语气助词有“的、了、啊、嘛、呢、吧、罢了”等，以明确而规范地显示其相应的具体存在。

这些语气助词只是规范化陈述语气的引导词或字化标志，具体的陈述语气存在自然要生动和丰富多了。

例如，

A. 大约孔乙己的确死了。

鲁迅《孔乙己》

B. 对于一个在北平住惯的人，像我，冬天要是不刮风，便觉得是奇迹；济南的冬天是没有风声的。对于一个刚由伦敦回来的人，像我，冬天要能看得见日光，便觉得是怪事；济南的冬天是响晴的。自然，在热带的地方，日光是永远那么毒，响亮的天气，反有点叫人害怕。可是，在北中国的冬天，而能有温晴的天气，济南真得算个宝地。

老舍《济南的冬天》

常见的陈述类语气如直陈性语气（多见于客观而现实性叙述、论述、阐述、描摹、说明类意义表达方面的辅助表达）、揣测性语气（多见于揣测、猜想、估摸、可能类未知意义表达方面的辅助表达）、委婉性语气（常见于委婉、缓和、让步、随和类意义表达方面的辅助表达）、感悟性语气（多见于顿悟、未料、侥幸类超预期意义表达方面的辅助表达）、强调性语气（多见于提示、暗示、强调类意义表达方面的辅助表达）、夸耀性语气（多见于夸张、炫耀、做作、渲染、铺张、赞美类意义表达方面的辅助表达）、威压性语气（多见于威压、胁迫、迫使、促使类意义表达方面的辅助表达）等。

①直陈性语气的直感辅助表达

相对客观、现实而直白性地叙述一定的人、事、物及其相关情况，论述、阐述一定的事理，说明一定事物或对象的性质、特征、状况，或描摹一定事物或对象的外貌、神态、心理、语言、行为动作等时，说话的声音化口气、态度、情感等，往往跟所要表达的一定事物、对象或相关情状等的言词基准声音相对贴近，借以体现其存在的真实而客观，它们在超言词基准声音的声音化强弱、轻重、缓急上的辅助表达，即一定的直陈性语气的直感辅助表达。

例如，

A. 我的母亲很高兴，但也藏着许多凄凉的神情，教我坐下，歇息，喝茶，且不谈搬家的事。（对一定叙述类意义内容的直陈性辅助表达）

B. 读书使人的头脑充实，讨论使人明辨是非，做笔记则能使知识精确。（对一定论述或阐述类意义内容的直陈性语气辅助表达）

C. 大蒜，多年生草本植物，百合科葱属。（对一定说明类意义内容的直陈性语气辅助表达）

D. 他用两手攀着上面，两脚再向上缩；他肥胖的身子向左微倾，显出努力的样子。（对一定的外貌描写类意义内容的直陈性语气辅助表达）

E. “听话，又不乱走的话，就给你买遥控飞机回来！”他认真地说，“不然的话，爸爸就不给你买！”（对一定的语言描写类意义内容的直陈性语气辅助表达）

②假推性语气的直感辅助表达

对未知的人、事、物及相关情况进行叙述、论述、阐述时，人们往往依未定感觉推断或主观臆测来适当地得出一定结论。为配合这类感觉判断或主观臆测性意义表达，人们说话时常会结合性地使用较直陈性语气略强或稍弱的一定语气，来辅助表达相关意义，这样的语气性辅助表达就是假推性语气的直感辅助表达。

例如，

A. 我想这或许就是人们通常所说的直觉或洞察力吧！（想象性意义结合语气直感辅助表达）

B. 她当时可能吓坏了吧！（揣测性意义结合语气直感辅助表达）

C. 说不定这雨下个十天半月都未必会停。(猜测性意义结合语气直感辅助表达)

D. 我琢磨着他今天来肯定是无事不登三宝殿吧!(估摸性意义结合语气直感辅助表达)

较强的主观性，是一定的揣测性语气辅助表达的基础。

③委婉性语气的直感辅助表达

叙述一定的人、事、物及其相关情况时，主动地以委婉、缓和、让步、随和等方式来协调与一定的人、事、物及相关情况的关系，说话人的超言词基准声音方面的口气、态度、情感等往往降低姿态，朝所要交流表达的一定事物、对象或相关情状等方面倾斜，这样的直感性语气辅助表达是委婉性语气的直感辅助表达。

例如，

A. 张总今天身有不适，不能给大家答复，大家请回吧!(委婉推辞性意义结合语气直感辅助表达)

B. 项目被取消，这也是没办法的事情，希望大家能够理解。(缓和性意义结合语气直感辅助表达)

C. 如果没有你，就没有我现在的一切。(假设性让步意义结合语气直感辅助表达)

D. 要他发发慈悲啊，除非太阳打西边出来哦!(条件性让步意义结合语气直感辅助表达)

E. 总算验收过关了，但大家操作时仍然要一丝不苟的。(转折性让步意义结合语气直感辅助表达)

F. 今天的事就到此为止吧。(随和性意义结合语气直感辅助表达)

G. 你要增加股份也行，那我们大家就都退出来，全让给你得了。(反语性随和意义结合语气直感辅助表达一定的不满)

委婉性语气辅助表达的一定意义，往往还一定程度地包含某种暗示、强调或言外之意在内。

④感悟性语气的直感辅助表达

对一些出乎意料或超乎原来想象的一定人、事、物及相关情况，进行适当的叙述或表达时，往往会结合性地使用一定的感悟性语气来直感辅助表达。因感悟性语气直感辅助表达的超预期意义所包含的一定强调意味，所以，感悟性语气往往较直陈性语气要强。但较感叹性语气而言又相对要弱些。

例如，

A. 到头来还是珍姐对我们最好。（顿悟性意义结合语气直感辅助表达）

B. 我真笨，我应该想到结果会是这样的。（未料性意义结合语气直感辅助表达）

C. 幸亏那会勒紧裤带买房买得早，不然现在根本买不起。（庆幸性意义结合语气直感辅助表达）

D. 这次问题的解决多亏公司全体员工的顽强拼搏精神。（感慨性意义结合语气直感辅助表达）

⑤强调性语气的直感辅助表达

以提示、暗示、强调等方式来叙述或表达一定的人、事、物及相关情况时，往往要适当结合一定的增强性语气来直感辅助表达相应意义，从而以引起人们的注意或重视，这样的语气直感辅助表达是强调性语气的直感辅助表达。

例如，

A. 我们这儿啊，损坏东西那可是要赔偿的。（提示性意义结合语气直感辅助表达，以提醒对方当心）

B. 这条项链可真好看。（暗示性意义结合语气直感辅助表达，以体现自己的一定价值观念或购买意愿）

C. 可以肯定的是，这次绝对不会有意外。（强调性意义结合语气直感辅助表达，以体现一定的结果可控）

D. 他们这种下三烂的手段也只有他们才做得出来！（愤怒性意义结合语气直感辅助表达）

跟一定的委婉性语气相比，强调性语气显然要更强、更重些。

⑥夸耀性语气的直感辅助表达

以夸张、炫耀、做作、渲染、铺张、赞美等方式适当叙述或表达一定的人、事、物及相关情况时，其所结合的一定增强性语气直感辅助表达，是夸耀性语气的直感辅助表达。

例如，

A. 飞流直下三千尺，疑是银河落九天。（夸张性意义结合语气直感辅助表达）

B. “昨天买的，花了我5000多。”（炫耀性意义结合语气直感辅助表达）

C. “毛主席说，‘虚心使人进步，骄傲使人落后’，我们一定不能骄傲。”他的话一说完，大家都笑了。（做作性意义结合语气直感辅助表达）

D. 一见面就是寒暄，寒暄之后说我胖了，说我胖了之后大骂其新党。（渲染性意义结合顶针手法和语气直感辅助表达）　（鲁迅《祝福》）

E. 城里乡下，家家户户，老老小小，他们也赶趟儿似的，一个个都出来了。（铺张性意义结合语气直感辅助表达）　（朱自清《春》）

F. 这孩子吃得苦，人机灵，将来会有出息的。（赞美性意义结合语气直感辅助表达）

夸耀性增强的一定语气，较强调性增强的一定语气相对要更活泼一些。

⑦威压性语气的直感辅助表达

陈述者凭借己方交流时所居的绝对优势地位，以威压、胁迫、迫使、促使等方式，来叙述或表达一定的人、事、物及相关情况，其所结合的一定倾轧性强势语气的直感辅助表达，即一定的威压性语气的直感辅助表达。

例如，

A. 抗拒是没有意义的。（威压性语气直感辅助表达，弱于“坦白从宽，抗拒从严！”类祈使语气的直感辅助表达）

B. 你今天不如实说出情况是出不了这门的。（胁迫性语气直感辅助表达，弱于“你今天必须如实交代情况才能出得了这门！”类祈使语气的直感辅助表达）

C. 形势明摆着，大家知道现在公司正处于生死存亡关头。（迫使性语气

直感辅助表达，弱于“形势明摆着，大家必须认识到公司现在正处于生死存亡关头”类祈使语气的直感辅助表达）

D. 李总是我们的长期合作伙伴，会做出正确选择的。（促请性语气直感辅助表达，弱于“李总是我们的长期合作伙伴，今天必须做出明确选择。”类似祈使语气的直感辅助表达）

威压性语气虽是陈述类语气中最重最强的，但跟祈使类语气相比，则又要相对轻些、弱些。

（2）疑问类

疑问类语气较陈述类语气明显要不安定些。

它在超言词基准声音化强弱上辅助表达的，是一定事物存在的未定，乃至一定的言外之意。

汉语疑问类语气所依附的一定疑问句末尾，往往可适当携带诸如“吗、吧、啦、啊、呢”等语气助词，来明确而规范性显示其语气存在种类，或辅助表达一定言外之意。

疑问者处相较于所需明确信息或情况的相对劣势时，口气变小，态度放软，情感相对焦虑。因而，在以相对较低姿态或有意降低姿态表达时，说话人的口气、态度、情感等都相对委婉而恳切。一般性征询、一些是非性疑问、选择性疑问、特指性疑问当中，都可有诸如此类的相应情形存在。

疑问者处于相对优势、强势时，说话人的口气相对要大、态度相对强硬、情感相对激烈。语气辅助表达的，往往是说话者的一定不耐烦、不满、强烈要求等，这些情形在各类疑问句中也都有一定体现。

疑问者以对等姿态跟对象交流时，则辅助表达的多为一定征询、质疑意义中的适当委婉让步或有效协调等，语气相应平和。

例如，

A. “莫非他老人家的哥哥来了？符拉季米尔·伊凡内奇来了？”奥楚蔑洛夫问，他整个脸上洋溢着动情的笑容。“可了不得，主啊！我还不知道呢！他要来住一阵吧？”

B. “这儿出了什么事？”奥楚蔑洛夫挤到人群中去，问道。

“你在这儿干什么？你干吗竖起手指头？……是谁在嚷？”

C. 明天还去郊游吗？

例 A 中的疑问语气，配合言词体现奥楚篾洛夫在对方面前的阿谀、逢迎、谄媚、卑贱姿态；例 B 中的疑问语气，配合言词体现奥楚篾洛夫在百姓面前的耀武扬威、欺压、装腔作势姿态；而例 C 中的疑问语气，配合言词辅助表达的是一般性的疑惑征询。

因此，依据一定疑问句所配置的语气量能强弱，疑问语气的细化直感辅助表达往往可适当分为委婉问、平等问、反问、质问等种类。

例如，

A. 我要这样是吗？

B. 我一定要这样吗？

C. 你说我会不会这样呢？

D. 我可以说“不”吗？

E. 我不这样成吗？

F. 我要是不呢？

G. 我为什么一定要这样？

H. 我怎么会这样了？

I. 我怎么会这样呢？

常规情况下，例 A 到例 I，语气量能对应性递增，例 B 到例 E 的语气总体上要相对委婉、相对较轻和相对缓和些，而例 F 到例 I 的语气总体上则相对强些、重些和急促些。但是，一旦它们的特定语气量能配置相应地改变，疑问方式及意义便也可能不同程度地发生改变，例如，例 A 到例 F 的语气量能要是增大到一定的强势程度，同样的委婉性或平等性疑问，就很可能相应地演变为一定的反问或质问，而例 F 到例 I 的语气量能要是相应地减弱、减轻或减缓的话，则又可能朝委婉问和平等问的层面转化。相对委婉、和缓和轻些的疑问语气在表达一定征询意义的同时，往往还含有一定的试探、协商等意味，从而在问的口气、态度上也相对软和一些，而重口味的、尖锐性或粗暴性的语气所表达的一定反问、质问等意义，则往往可适当包含一定的烦躁、激动、不满、愤怒、恫吓、威压等意味。

（3）祈使类

祈使语气较陈述语气明显处压倒性强势或弱势。

表命令、禁止时，口气更大，态度更坚决而强硬，情感更激烈。其句末无相应语气词。

A. 禁止吸烟！

B. 各就位！预备！跑！

C. 一团进入A号阵地，坚决歼灭来犯之敌！

而表请求、劝阻等时，则口气放的更小，态度变得更委婉，情感更贴切。其句末可带“吧、嘛、哟、哦、咯”等语气词，来标示。

D. 妈妈快来看电视吧！

E. 买菜的时候记得顺便帮我带碗牛肉粉回来哦！

F. 上班的时候不要随便打电话给我咯！

G. 饭后喝水最好在半小时以后！

同样的言词，如果语气量能配置适当改变，则一体化表达的一定意义，也会有不同程度的变化。如例F、例G之类。

（4）感叹类

感叹类语气较陈述语气的不同，是气息、气势方面的迸发、饱满态势。

其口气、态度、情感的天平，明显非对称性地朝交流对象方倾斜。

感叹类语气所依托的感叹句末尾，大多可适当携带诸如“啊、呀、哦、呢”类语气助词，来明确而规范地显示该语气方面的一些些微差别。

A. 多好的青年啊！（赞叹）

B. 晴着真好哦！（欣喜、快乐）

C. 这样的事亏他做得出来呢！（愤怒）

D. 周总理，我们的好总理！（哀悼）

E. 咦！人都走光了呀！（讶异）

G. 那房子真让人毛骨悚然的！（恐惧）

当语气量能变化，其意义在一定的度上或质上自然也会相应地变化，且较多地体现为含有一定的应付、不耐烦、嘲笑或反语类意义。

H. 甲：多好的一个人啊！（感慨）

乙：嗯，简直好极了！（嘲讽或反语）

I. 领导：这个城市越来越美了！

陪同：都是副市长你领导有方！（应付）

J. “君恩深似海矣！（臣节重如山乎？）”（嘲讽）

K. 张：山在！树在！河在！城在！

我是你的呼吸，你的尘埃！

李：好啦！好啦！伟大的诗人！（不耐烦和打趣）

由此，社会统一而规范的四种语气种类，实为建立在一定陈述语气起点上的弹性表意手段，它们令话语实意在其生理传播过程，建立了呼吸气流力道挥洒表意的自在伸缩空间。

2. 特定语调

特定语调是话语表意性的特定超言词基准声音化高低曲直变化情形的总称。这可以是个性化的，也可以是社会统一规范化的。包括有意或无意地表达的一定特效或实意。

语调超言词基准声音化高低辅助曲直表达所依据的原理是：话语特定言词基准声音上的高低曲直（声调），是话语言词名义声音化高低曲直的基础音高，表达话语言词所及的本来意义，改变言词既有声音化高低曲直，即打破该言词既有的音意人工结合关系平衡，从而非平衡性地、辅助化地上达一定超言词表达效果——不同凡响即为一定特效或另有含义。

汉语语调高低曲直变化一般分为平调、升调、降调和屈调四种。

（1）平调

平调是平行于特定话语言词基准声音（声调）的各表意性超言词声音化高低曲直变化情形的总称。这可包括零语调、高平调、低平调三类。

其中的零语调，指直接依一定话语言词本身的基准声音（声调）高低，而导致无超言词基准声音（声调）高低变化情形的发生，故称零语调。零语调是所有语调确立的基石。

高平调是同比例或近似比例化整体抬高一定话语言词基准声音（声调）高低，而导致的各表意性超言词基准声音化高低变化情形的总称。

低平调是同比例或近似比例化整体压低一定话语言词基准声音（声调）高低，而导致的各表意性超言词基准声音化高低变化情形的总称。

平调的无超言词基准声音化高低变化或对言词基准声音化高低同步抬升或压低，多用于自然、客观、公允的直白性意义的平铺直叙化表达，其表达氛围上往往呈现出一定的沉稳、凝重、生硬、干巴、淡然甚至冷漠风格。

因而，平调使用最多的是一定的陈述句。

例如，

A. 老李赶到的时候，夜都已经深了。

B. 表叔昨天来过，说二妮结婚的时候，想借咱的车用用。

C. 直走两里左右，岔路口右拐就是。

D. 凌晨 4 点多，镇上的一家店子被抢了。

（2）升调

升调即话语语调由低到高的一定变化情形。包括压低前面话音高低，以抬升后面或末尾的话音高低，或前面话音依其言词声音的本来高低，而后面或末尾的一定言词声音，则有意地适当提高，从而突出一定的表达特效或言外之意。

升调可适当辅助表达诸如思考、疑惑、诧异、征询、意外、否定、惊恐、紧张、激动、委婉决断、命令等意义。

话语语句表达过程中，使用升调最多的是疑问句，此外，祈使句和感叹句中有时也采用一定的升调来对意义进行辅助表达。

例如，

A. 这个，这个，我怎么这么笨呢？

B. 这事要不要跟爸妈商量一下？

C. 早知今日，何必当初！

D. 甲：唱得不错。

乙：哈哈，确实唱得不错哦。（升调表否定）

E. 你别过来！（升调表惊恐）

（3）降调

降调指话语语调由高到低的一定变化情形。包括前面的话音高开所导致的后面或末尾话音自然降低，或前面话音为言词本来的声音高低，而后面或末尾的话音适当降低。

降调往往辅助表达话语言词中需要突出表达的诸如直白、陈述、强调、祈使、感叹等表达特效，甚至一定的言外之意。

话语表达过程中，降调使用较多的是话音高开所致的语调适当降低，如陈述句、祈使句和疑问句中就普遍应用这种情形。

例如，

A. 春天，是花都是要开放的。

B. 大哥，你这日子过得才真叫日子。

C. 别再闹了。

D. 这张大爷也真是的！

（4）屈调

屈调指话语语调历经由低而高、再由高而低，或由高到低、再由低而高的超言词基准声音化高低曲直变化情形的总称。

一定的陈述句或祈使句中，屈调的适度高低曲直变化应用，往往可一定程度地达到辅助表达某特效或言外之意目的，尤其是一定的委婉、不满、讽刺、嘲弄等方面表达特效或言外之意。

例如，

A. 王总的面子是不能不给的哦，我们还是要慎重考虑一下。

B. 你要觉得这还不够诚意，那你就找别人好啦。

C. 这可真是好主意啊！不久大家就都要因此破产了。

具体的话语表达和交流过程，语调的高低曲直往往结合着运用，尤其是那些带一定强调性的口头话语。

D. “磨剪子，镗菜刀！”（mó jiǎn zì，táng cǎi dao，“子”读作了第四声，而“菜”读成了第三声）

E. 故乡的山，是最美的；故乡的水，是最甜的；故乡的人，是最亲的。（屈调中间的升调结合一定的停顿，常来用于表示引人注意或意义未完）

F. 老李头还是有点不甘心，可集市都已经散场了。

G. 岁月是一条河，缓缓地流入深冬的夜里。

语调可有规范性高低曲直变化情形，也可是个性化高低曲直变化。

语气跟语调的结合使用，可导致话语的声音化气息、气势抑扬顿挫或高低曲化强弱变化地表达一定特效或言外之意。

3. 特定重音

日常话语过程，一定语句的句化实意表达，必定是整句性一体化表达的。而一体化表达的话语语句中，无论其特定实意，还是所用的相应名义逻辑，都是结构化及结构成分、要素互相作用关系化了。不同的实意结构成分，及所用的不同名义逻辑结构成分，它们在一定语句的一体化结构中，所起的作用关系，也是各有千秋的。名义逻辑上，各结构成分、要素及作用关系，无重点之分。但实意表达方面，人们往往是针对性的、准确定位表达。为让交流对象清楚认识到表达者实意经纬的重点、意图所在，人们往往采取对实意重点与表达意图相应的结构成分、要素的言词基准声音加重、加强的方式方法，来达到某特定表达功效，或表达一定言外之意，这样的超言词基准声音化辅助表意手段，即话语句化表达过程的特定重音。

语重心长（深意）是特定重音句化表达的原理所在。

A. 这都是拜他所赐。

B. 这都是拜他所赐。

C. 这都是拜他所赐。

D. 这都是拜他所赐。

E. 这都是拜他所赐。

重音所在位置，不仅突出强调一定结构化实意成分内容，而且还有着加强有关语气的表达功效。重音跟语调结合，会因相应结构成分的言词声音化力道、力度的加重、加强，而令相应结构成分的语调有一定程度抬升，从而起到结合性表达一定特效、表达意图或言外之意的目的。

4. 特定时空间隔

话语的言词名义逻辑本身作为一种事理存在，不仅内外纵横交错，而且立体化整体存在，无明显的起始、边际、界限存在。因为事物都是普遍联系和发展变化的。

但是，依靠一定言词的字化表象组织替代性存在，事物及事理就有了随字化表象组织替代性存在的一定起始、边际、界限化了的组织存在。这由一定心理反映酝酿处理。即便如此，单纯言词性字化表象组织替代性存在，仍是未单位性量化存在的。

实际的社会语言表达和交际过程，特定话语产品组织的表达和交往，必须是适当单位性量化的实物表达交往。只有适当单位性量化，表达交流对象彼此间生理反应终端，才能有效物化发送和接收。句化作为话语相对独立性实意表达交往量化的起始，其量化的最显性物质标志，是一定的时空间隔存在。

因而，特定时空间隔即话语表达交往过程句化名义、实意的伴字、词、话化时间（持度）、空间（维度）性区隔。时空间隔的作用，既有或规范化或个性化地充当一定句化量能量化、单位性区隔的物化标志，同时又适当表达一定实意的内外边际、界限，乃至表达一定间歇、结束等意。

依仗手段如语速快慢、节奏间歇、句中停顿、句末休止等。

语速快慢用于字（音节）类最小量能单位间时空区隔。快速言语或印写，一定程度带来表达和交流的紧迫与急切感，慢速言语和印写，则带来表达和交流的拖延或从容感等。

节奏间歇用于话语言词的名义逻辑作用关系间时空区隔，并示指相应实意结构成分间的适度边际、界限。单通道线性结构化产出的字类语速快慢，可一定程度地带来节奏间歇的压缩或扩展，进而表达一定特效或言外之意。

停顿用于话语实意的句中时空区隔。句化实意的适度句中停顿，可体现一定区隔成分的可相对独立、突出，乃至作用关系的时空间隔标志化分解、明定。

句末休止用于话语实意的句末时空区隔。有效的句末时空标志化休止，往往能体现一定意义内容及相应量能的结束，体现整个实意表达的相对边际、界限截止，体现对此外一切内外联系、作用的即时阻隔、不理等。

句化时空间隔的适度扩展，可有诸如句间、段间甚至篇章间时空间隔的产生。

另外，书面语言的标点符号类超言词性辅助表达手段，则主要以一定符号影像体现：

书面话语中，跟口头话语的语气语调时空间隔类超言词手段相应的点号类辅助表达手段，有标示一定句中结构成分意义提示、区隔作用及相应停顿的逗号（，）、顿号（、）、分号（；）、冒号（：），有标示整句语气、语调、时空间隔、相应意义功能方式提示、区隔作用与相应量能截止的句号（。）、疑问号（？）、感叹号（！），及标示一定篇章结构成分种类与相应时空间隔的去符号化的空格（标题居中、段首、段末）、空行（标题与正文间或语段间）等。

同时，书面话语还有口头话语所没有的、标示一定结构成分性质或作用的非时空间隔标号类辅助表达手段：

引号（“”）、括号［（）］、破折号（——）、省略号（……）、着重号（.）、连接号（—）、间隔号（·）、书名号（《》）、古籍专名号（____）、分隔号（/）。当中，双引号（“”）还有其变体形式单引号（‘’），双书名号（《》）还有其变体形式单书名号（〈〉），括号除圆括号［（）］，还有方括号（［］）、六角括号（〔〕）和方头括号（【】）方面的符号表意区分。这些已不属特定时空间隔标志符号范畴。

有关各标点符号的具体标示方法，可参看《标点符号用法》（GB/T 15834—2011）。

附：《标点符号用法》（GB/T 15834—2011）（摘要）

1. 范围

本标准规定了现代汉语标点符号的用法。

本标准适用于汉语的书面语（包括汉语和外语混合排版时的汉语部分）。

2. 术语和定义

下列术语和定义适用于本文件。

2.1 标点符号 PUNCTUATION

辅助文字记录语言的符号，是书面语的有机组成部分，用来表示语句的停顿、语气以及标示某些成分（主要是词语）的特定性质和作用。

注：数学符号、货币符号、校勘符号、辞书符号、注音符号等特殊领域的专门符号不属于标点符号。

2.2 句子 SENTENCE

前后都有较大停顿、带有一定的语气和语调、表达相对完整意义的语言单位。

2.3 复句 COMPLEX SENTENCE

由两个或多个在意义上有密切关系的分句组成的语言单位，包括简单复句（内部只有一层语义关系）和多重复句（内部包含多层语义关系）。

2.4 分句 CLAUSE

复句内两个或多个前后有停顿、表达相对完整意义、不带有句末语气和语调、有的前面可添加关联词语的语言单位。

2.5 语段 EXPRESSION

指语言片段，是对各种语言单位（如词、短语、句子、复句等）不做特别区分时的统称。

3. 标点符号的种类

3.1 点号

点号的作用是点断，主要表示停顿和语气。分为句末点号和句内点号。

3.1.1 句末点号

用于句末的点号，表示句末停顿和句子的语气。包括句号、问号、叹号。

3.1.2 句内点号

用于句内的点号，表示句内各种不同性质的停顿。包括逗号、顿号、分号、冒号。

3.2 标号

标号的作用是标明，主要标示某些成分（主要是词语）的特定性质和作用。包括引号、括号、破折号、省略号、着重号、连接号、间隔号、书名号、专名号、分隔号。

4. 标点符号的定义、形式和用法

4.1 句号

4.1.1 定义

句末点号的一种，主要表示句子的陈述语气。

4.1.2 形式

句号的形式是“。”。

4.1.3 基本用法

4.1.3.1 用于句子末尾，表示陈述语气。使用句号主要根据语段前后有较大停顿、带有陈述语气和语调，并不取决于句子的长短。

示例 1：北京是中华人民共和国的首都。

示例 2：（甲：咱们走着去吧？）乙：好。

4.1.3.2 有时也可表示较缓和的祈使语气和感叹语气。

示例 1：请您稍等一下。

示例 2：我不由得感到，这些普通劳动者也同样是很值得尊敬的。

4.2 问号

4.2.1 定义

句末点号的一种，主要表示句子的疑问语气。

4.2.2 形式

问号的形式是“？”。

4.2.3 基本用法

4.2.3.1 用于句子末尾，表示疑问语气（包括反问、设问等疑问类型）。使用问号主要根据语段前后有较大停顿、带有疑问语气和语调，并不取决于句子的长短。

示例 1：你怎么还不回家去呢？

示例 2：难道这些普通的战士不值得歌颂吗？

示例 3：（一个外国人，不远万里来到中国，帮助中国的抗日战争。）这是什么精神？这是国际主义的精神。

4.2.3.2 选择问句中，通常只在最后一个选项的末尾用问号，各个选项之间一般用逗号隔开。当选项较短且选项之间几乎没有停顿时，选项之间可不用逗号。当选项较多或较长，或有意突出每个选项的独立性时，也可每个选项之后都用问号。

示例 1：诗中记述的这场战争究竟是真实的历史描述，还是诗人的虚构？

示例 2：这是巧合还是有意安排？

示例 3：要一个什么样的结尾：现实主义的？传统的？大团圆的？荒诞的？民族形式的？有象征意义的？

示例 4：（他看着我的作品称赞了我。）但到底是称赞我什么：是有几处画得好？还是什么都敢画？抑或只是一种对于失败者的无可奈何的安慰？我不得而知。

示例 5：这一切都是由客观的条件造成的？还是由行为的惯性造成的？

4.2.3.3 在多个问句连用或表达疑问语气加重时，可叠用问号。通常应先单用，再叠用，最多叠用三个问号。在没有异常强烈的情感表达需要时不宜叠用问号。

示例：这就是你的做法吗？你这个总经理是怎么当的??你怎么竟敢这样欺骗消费者???

4.2.3.4 问号也有标号的用法，即用于句内，表示存疑或不详。

示例 1：马致远（1250？—1321），大都人，元代戏曲家、散曲家。

示例 2：钟嵘（？—518），颍川长社人，南朝梁代文学批评家。

示例 3：出现这样的文字错误，说明作者（编者？校者？）很不认真。

4.3 叹号

4.3.1 定义

句末点号的一种，主要表示句子的感叹语气。

4.3.2 形式

叹号的形式是“！”。

4.3.3 基本用法

4.3.3.1 用于句子末尾，主要表示感叹语气，有时也可表示强烈的祈使语气、反问语气等。使用叹号主要根据语段前后有较大停顿、带有感叹语气和语调或带有强烈的祈使、反问语气和语调，并不取决于句子的长短。

示例 1：才一年不见，这孩子都长这么高啦！

示例 2：你给我住嘴！

示例 3：谁知道他今天是怎么搞的！

4.3.3.2 用于拟声词后，表示声音短促或突然。

示例 1：咔嚓！一道闪电划破了夜空。

示例 2：咚！咚咚！突然传来一阵急促的敲门声。

4.3.3.3 表示声音巨大或声音不断加大时，可叠用叹号；表达强烈语气时，也可叠用叹号，最多叠用三个叹号。在没有异常强烈的情感表达需要时不宜叠用叹号。

示例 1：轰!! 在这天崩地塌的声音中，女娲猛然醒来。

示例 2：我要揭露！我要控诉!! 我要以死抗争!!!

4.3.3.4 当句子包含疑问、感叹两种语气且都比较强烈时（如带有强烈感情的反问句和带有惊愕语气的疑问句），可在问号后再加叹号（问号、叹号各一）。

示例 1：这么点困难就能把我们吓倒吗?!

示例 2：他连这些最起码的常识都不懂，还敢说自己是高科技人才?!

4.4 逗号

4.4.1 定义

句内点号的一种，表示句子或语段内部的一般性停顿。

4.4.2 形式

逗号的形式是“,”。

4.4.3 基本用法

4.4.3.1 复句内各分句之间的停顿，除了有时用分号（见 4.6.3.1），一般都用逗号。

示例 1：不是人们的意识决定人们的存在，而是人们的社会存在决定人们的意识。

示例 2：学历史使人更明智，学文学使人更聪慧，学数学使人更精细，学考古使人更深沉。

示例 3：要是不相信我们的理论能反映现实，要是不相信我们的世界有内在和谐，那就不可能有科学。

4.4.3.2 用于下列各种语法位置：

A）较长的主语之后。

示例 1：苏州园林建筑各种门窗的精美设计和雕镂功夫，都令人叹为观止。

B）句首的状语之后。

示例 2：在苍茫的大海上，狂风卷集着乌云。

C）较长的宾语之前。

示例 3：有的考古工作者认为，南方古猿生存于上新世至更新世的初期和中期。

D）带句内语气词的主语（或其他成分）之后，或带句内语气词的并列成分之间。

示例 4：他呢，倒是很乐意地、全神贯注地干起来了。

示例 5：（那是个没有月亮的夜晚。）可是整个村子——白房顶啦，白树木啦，雪堆啦，全看得见。

E）较长的主语中间、谓语中间或宾语中间。

示例 6：母亲沉痛的诉说，以及亲眼见到的事实，都启发了我幼年时期追求真理的思想。

示例 7：那姑娘头戴一顶草帽，身穿一条绿色的裙子，腰间还系着一根橙色的腰带。

示例 8：必须懂得，对于文化传统，既不能不分青红皂白统统抛弃，也不能不管精华糟粕全盘继承。

F）前置的谓语之后或后置的状语、定语之前。

示例 9：真美啊，这条蜿蜒的林间小路。

示例 10：她吃力地站了起来，慢慢地。

示例 11：我只是一个人，孤孤单单的。

4.4.3.3 用于下列各种停顿处：

A）复指成分或插说成分前后。

示例 1：老张，就是原来的办公室主任，上星期已经调走了。

示例 2：车，不用说，当然是头等。

B）语气缓和的感叹语、称谓语或呼唤语之后。

示例 3：哎哟，这儿，快给我揉揉。

示例 4：大娘，您到哪儿去啊？

示例 5：喂，你是哪个单位的？

C）某些序次语（“第”字头、“其”字头及“首先”类序次语）之后。

示例 6：为什么许多人都有长不大的感觉呢？原因有三：第一，父母总认为自己比孩子成熟；第二，父母总要以自己的标准来衡量孩子；第三，父母出于爱心而总不想让孩子在成长的过程中走弯路。

示例 7：《玄秘塔碑》所以成为书法的范本，不外乎以下几方面的因素：其一，具有楷书点画、构体的典范性；其二，承上启下，成为唐楷的极致；其三，字如其人，爱人及字，柳公权高尚的书品、人品为后人所崇仰。

示例 8：下面从三个方面讲讲语言的污染问题：首先，是特殊语言环境中的语言污染问题；其次，是滥用缩略语引起的语言污染问题；再次，是空话和废话引起的语言污染问题。

4.5 顿号

4.5.1 定义

句内点号的一种，表示语段中并列词语之间或某些序次语之后的停顿。

4.5.2 形式

顿号的形式是“、”。

4.5.3 基本用法

4.5.3.1 用于并列词语之间。

示例 1：这里有自由、民主、平等、开放的风气和氛围。

示例 2：造型科学、技艺精湛、气韵生动，是盛唐石雕的特色。

4.5.3.2 用于需要停顿的重复词语之间。

示例：他几次三番、几次三番地辩解着。

4.5.3.3 用于某些序次语（不带括号的汉字数字或“天干地支”类序次语）之后。

示例 1：我准备讲两个问题：一、逻辑学是什么？二、怎样学好逻辑学？

示例 2：风格的具体内容主要有以下四点：甲、题材；乙、用字；丙、表达；丁、色彩。

4.5.3.4 相邻或相近两数字连用表示概数通常不用顿号。若相邻两数字连用为缩略形式，宜用顿号。

示例 1：飞机在 6 000 米高空水平飞行时，只能看到两侧八九公里和前方一二十公里范围内的地面。

示例 2：这种凶猛的动物常常三五成群地外出觅食和活动。

示例 3：农业是国民经济的基础，也是二、三产业的基础。

4.5.3.5 标有引号的并列成分之间、标有书名号的并列成分之间通常不用顿号。若有其他成分插在并列的引号之间或并列的书名号之间（如引语或书名号之后还有括注），宜用顿号。

示例 1：“日”“月”构成“明”字。

示例 2：店里挂着“顾客就是上帝”“质量就是生命”等横幅。

示例 3：《红楼梦》《三国演义》《西游记》《水浒传》，是我国长篇小说的四大名著。

示例 4：李白的“白发三千丈”（《秋浦歌》）、“朝如青丝暮成雪”（《将进酒》）都是脍炙人口的诗句。

示例 5：办公室里订有《人民日报》（海外版）、《光明日报》和《时代周刊》等报刊。

4.6 分号

4.6.1 定义

句内点号的一种，表示复句内部并列关系分句之间的停顿，以及非并列关系的多重复句中第一层分句之间的停顿。

4.6.2 形式

分号的形式是“;”。

4.6.3 基本用法

4.6.3.1 表示复句内部并列关系的分句（尤其当分句内部还有逗号时）之间的停顿。

示例1：语言文字的学习，就理解方面说，是得到一种知识；就运用方面说，是养成一种习惯。

示例2：内容有分量，尽管文章短小，也是有分量的；内容没有分量，即使写得再长也没有用。

4.6.3.2 表示非并列关系的多重复句中第一层分句（主要是选择、转折等关系）之间的停顿。

示例1：人还没看见，已经先听见歌声了；或者人已经转过山头望不见了，歌声还余音袅袅。

示例2：尽管人民革命的力量在开始时总是弱小的，所以总是受压的；但是由于革命的力量代表历史发展的方向，因此本质上又是不可战胜的。

示例3：不管一个人如何伟大，也总是生活在一定的环境和条件下；因此，个人的见解总难免带有某种局限性。

示例4：昨天夜里下了一场雨，以为可以凉快些；谁知没有凉快下来，反而更热了。

4.6.3.3 用于分项列举的各项之间。

示例：特聘教授的岗位职责为：一、讲授本学科的主干基础课程；二、主持本学科的重大科研项目；三、领导本学科的学术队伍建设；四、带领本学科赶超或保持世界先进水平。

4.7 冒号

4.7.1 定义

句内点号的一种，表示语段中提示下文或总结上文的停顿。

4.7.2 形式

冒号的形式是“：”。

4.7.3 基本用法

4.7.3.1 用于总说性或提示性词语（如“说”“例如”“证明”等）之后，表示提示下文。

示例 1：北京紫禁城有四座城门：午门、神武门、东华门和西华门。

示例 2：她高兴地说：“咱们去好好庆祝一下吧！”

示例 3：小王笑着点了点头：“我就是这么想的。”

示例 4：这一事实证明：人能创造环境，环境同样也能创造人。

4.7.3.2 表示总结上文。

示例：张华上了大学，李萍进了技校，我当了工人：我们都有美好的前途。

4.7.3.3 用在需要说明的词语之后，表示注释和说明。

示例 1：（本市将举办首届大型书市。）主办单位：市文化局；承办单位：市图书进出口公司；时间：8 月 15 日— 20 日；地点：市体育馆观众休息厅。

示例 2：（做阅读理解题有两个办法。）办法之一：先读题干，再读原文，带着问题有针对性地读课文。办法之二：直接读原文，读完再做题，减少先入为主的干扰。

4.7.3.4 用于书信、讲话稿中称谓语或称呼语之后。

示例 1：广平先生：……

示例 2：同志们、朋友们：……

4.7.3.5 一个句子内部一般不应套用冒号。在列举式或条文式表述中，如不得不套用冒号时，宜另起段落来显示各个层次。

示例：第十条 遗产按照下列顺序继承：

第一顺序：配偶、子女、父母。

第二顺序：兄弟姐妹、祖父母、外祖父母。

4.8 引号

4.8.1 定义

标号的一种，标示语段中直接引用的内容或需要特别指出的成分。

4.8.2 形式

引号的形式有双引号““””和单引号“‘’”两种。左侧的为前引号，右侧的为后引号。

4.8.3 基本用法

4.8.3.1 标示语段中直接引用的内容。

示例：李白诗中就有“白发三千丈”这样极尽夸张的语句。

4.8.3.2 标示需要着重论述或强调的内容。

示例：这里所谓的“文”，并不是指文字，而是指文采。

4.8.3.3 标示语段中具有特殊含义而需要特别指出的成分，如别称、简称、反语等。

示例 1：电视被称作“第九艺术”。

示例 2：人类学上常把古人化石统称为尼安德特人，简称“尼人”。

示例 3：有几个“慈祥”的老板把捡来的菜叶用盐浸浸就算作工友的菜肴。

4.8.3.4 当引号中还需要使用引号时，外面一层用双引号，里面一层用单引号。

示例：他问：“老师，‘七月流火’是什么意思?”

4.8.3.5 独立成段的引文如果只有一段，段首和段尾都用引号；不止一段时，每段开头仅用前引号，只在最后一段末尾用后引号。

示例：我曾在报纸上看到有人这样谈幸福：

“幸福是知道自己喜欢什么和不喜欢什么。……

“幸福是知道自己擅长什么和不擅长什么。……

“幸福是在正确的时间做了正确的选择。……”

4.8.3.6 在书写带月、日的事件、节日或其他特定意义的短语（含简称）时，通常只标引其中的月和日；需要突出和强调该事件或节日本身时，也可连同事件或节日一起标引。

示例 1：“5·12”汶川大地震

示例 2：“五四”以来的话剧，是我国戏剧中的新形式。

示例 3：纪念“五四运动”90 周年

4.9 括号

4.9.1 定义

标号的一种，标示语段中的注释内容、补充说明或其他特定意义的语句。

4.9.2 形式

括号的主要形式是圆括号“（ ）”，其他形式还有方括号“[ ]”、六角括号“〔 〕”和方头括号“【 】”等。

4.9.3 基本用法

4.9.3.1 标示下列各种情况，均用圆括号：

A）标示注释内容或补充说明。

示例 1：我校拥有特级教师（含已退休的）17 人。

示例 2：我们不但善于破坏一个旧世界，我们还将善于建设一个新世界！（热烈鼓掌）

B）标示订正或补加的文字。

示例 3：信纸上用稚嫩的字体写着：“阿夷（姨），你好！”。

示例 4：该建筑公司负责的建设工程全部达到优良工程（的标准）。

C）标示序次语。

示例 5：语言有三个要素：（1）声音；（2）结构；（3）意义。

示例 6：思想有三个条件：（一）事理；（二）心理；（三）伦理。

D）标示引语的出处。

示例 7：他说得好：“未画之前，不立一格；既画之后，不留一格。”（《板桥集·题画》）

E）标示汉语拼音注音。

示例 8：“的（DE）”这个字在现代汉语中最常用。

4.9.3.2 标示作者国籍或所属朝代时，可用方括号或六角括号。

示例 1：[英] 赫胥黎《进化论与伦理学》

示例 2：〔唐〕杜甫著

4.9.3.3 报刊标示电讯、报道的开头，可用方头括号。

示例：【新华社南京消息】

4.9.3.4 标示公文发文字号中的发文年份时，可用六角括号。

示例：国发〔2011〕3 号文件

4.9.3.5 标示被注释的词语时，可用六角括号或方头括号。

示例 1：〔奇观〕奇伟的景象。

示例 2：【爱因斯坦】物理学家。生于德国，1933 年因受纳粹政权迫害，移居美国。

4.9.3.6 除科技书刊中的数学、逻辑公式外，所有括号（特别是同一形式的括号）应尽量避免套用。必须套用括号时，宜采用不同的括号形式配合使用。

示例：〔茸（róng）毛〕很细很细的毛。

4.10 破折号

4.10.1 定义

标号的一种，标示语段中某些成分的注释、补充说明或语音、意义的变化。

4.10.2 形式

破折号的形式是“——”。

4.10.3 基本用法

4.10.3.1 标示注释内容或补充说明（也可用括号，见 4.9.3.1；二者的区别另见 B.1.7）。

示例 1：一个矮小而结实的日本中年人——内山老板走了过来。

示例 2：我一直坚持读书，想借此唤起弟妹对生活的希望——无论环境多么困难。

4.10.3.2 标示插入语（也可用逗号，见 4.4.3.3）。

示例：这简直就是——说得不客气点——无耻的勾当！

4.10.3.3 标示总结上文或提示下文（也可用冒号，见 4.7.3.1、4.7.3.2）。

示例 1：坚强，纯洁，严于律己，客观公正——这一切都难得地集中在一个人身上。

示例 2：画家开始娓娓道来——

数年前的一个寒冬……

4.10.3.4 标示话题的转换。

示例：“好香的干菜，——听到风声了吗?”赵七爷低声说道。

4.10.3.5 标示声音的延长。

示例：“嘎——”传过来一声水禽被惊动的鸣叫。

4.10.3.6 标示话语的中断或间隔。

示例 1：“班长他牺——”小马话没说完就大哭起来。

示例 2：“亲爱的妈妈，你不知道我多爱您。——还有你，我的孩子!”

4.10.3.7 标示引出对话。

示例：——你长大后想成为科学家吗?

——当然想了!

4.10.3.8 标示事项列举分承。

示例：根据研究对象的不同，环境物理学分为以下五个分支学科：

——环境声学；

——环境光学；

——环境热学；

——环境电磁学；

——环境空气动力学。

4.10.3.9 用于副标题之前。

示例：飞向太平洋

——我国新型号运载火箭发射目击记

4.10.3.10 用于引文、注文后，标示作者、出处或注释者。

示例 1：先天下之忧而忧，后天下之乐而乐。

——范仲淹

示例 2：乐浪海中有倭人，分为百余国。

——《汉书》

示例 3：很多人写好信后把信笺折成方胜形，我看大可不必。（方胜，指古代妇女戴的方形首饰，用彩绸等制作，由两个斜方部分叠合而成。——编者注）

4.11 省略号

4.11.1 定义

标号的一种，标示语段中某些内容的省略及意义的断续等。

4.11.2 形式

省略号的形式是"……"。

4.11.3 基本用法

4.11.3.1 标示引文的省略。

示例：我们齐声朗诵起来："……俱往矣，数风流人物，还看今朝。"

4.11.3.2 标示列举或重复词语的省略。

示例 1：对政治的敏感，对生活的敏感，对性格的敏感，……这都是作家必须要有的素质。

示例 2：他气得连声说："好，好……算我没说。"

4.11.3.3 标示语意未尽。

示例 1：在人迹罕至的深山密林里，假如突然看见一缕炊烟，……

示例 2：你这样干，未免太……！

4.11.3.4 标示说话时断断续续。

示例：她磕磕巴巴地说："可是……太太……我不知道……你一定是认错了。"

4.11.3.5 标示对话中的沉默不语。

示例："还没结婚吧？"

"……"他飞红了脸，更加忸怩起来。

4.11.3.6 标示特定的成分虚缺。

示例：只要……就……

4.11.3.7 在标示诗行、段落的省略时，可连用两个省略号（即相当于十二连点）。

示例 1：从隔壁房间传来缓缓而抑扬顿挫的吟咏声——

床前明月光，疑是地上霜。

……

示例 2：该刊根据工作质量、上稿数量、参与程度等方面的表现，评选出了高校十佳记者站。还根据发稿数量、提供新闻线索情况以及对刊物的关注度等，评选出了十佳通讯员。

……

4.12 着重号

4.12.1 定义

标号的一种，标示语段中某些重要的或需要指明的文字。

4.12.2 形式

着重号的形式是“.”标注在相应文字的下方。

4.12.3 基本用法

4.12.3.1 标示语段中重要的文字。

示例 1：诗人需要表现，而不是证明。

示例 2：下面对本文的理解，不正确的一项是：……

4.12.3.2 标示语段中需要指明的文字。

示例：下边加点的字，除了在词中的读法外，还有哪些读法？

着急 子弹 强调

4.13 连接号

4.13.1 定义

标号的一种，标示某些相关联成分之间的连接。

4.13.2 形式

连接号的形式有短横线“-”、一字线“—”和浪纹线“～”三种。

4.13.3 基本用法

4.13.3.1 标示下列各种情况，均用短横线：

A）化合物的名称或表格、插图的编号。

示例 1：3-戊酮为无色液体，对眼及皮肤有强烈的腐蚀性。

示例 2：参见下页表 2-8、表 2-9。

B）连接号码，包括门牌号码、电话号码，以及用阿拉伯数字表示年月日等。

示例 3：安宁里东路 26 号院 3-2-11 室

示例 4：联系电话：010-88842603

示例 5：2011-02-15

C）在复合名词中起连接作用。

示例 6：吐鲁番-哈密盆地

D）某些产品的名称和型号。

示例 7：WZ-10 直升机具有复杂天气和夜间作战的能力。

E）汉语拼音、外来语内部的分合。

示例 8：shuōshuō-xiào xiào（说说笑笑）

示例 9：盎格鲁-撒克逊人

示例 10：让-雅克·卢梭（“让-雅克”为双名）

示例 11：皮埃尔·孟戴斯-弗朗斯（“孟戴斯-弗朗斯”为复姓）

4.13.3.2 标示下列各种情况，一般用一字线，有时也可用浪纹线：

A）标示相关项目（如时间、地域等）的起止。

示例 1：沈括（1031—1095），宋朝人。

示例 2：2011 年 2 月 3 日—10 日

示例 3：北京—上海特别旅客快车

B）标示数值范围（由阿拉伯数字或汉字数字构成）的起止。

示例 4：25～30 G

示例 5：第五～八课

4.14 间隔号

4.14.1 定义

标号的一种，标示某些相关联成分之间的分界。

4.14.2 形式

间隔号的形式是“·”。

4.14.3 基本用法

4.14.3.1 标示外国人名或少数民族人名内部的分界。

示例 1：克里斯蒂娜·罗塞蒂

示例 2：阿依古丽·买买提

4.14.3.2 标示书名与篇（章、卷）名之间的分界。

示例：《淮南子·本经训》

4.14.3.3 标示词牌、曲牌、诗体名等和题名之间的分界。

示例 1：《沁园春·雪》

示例 2：《天净沙·秋思》

示例 3：《七律·冬云》

4.14.3.4 用在构成标题或栏目名称的并列词语之间。

示例 4：《天·地·人》

4.14.3.5 以月、日为标志的事件或节日，用汉字数字表示时，只在一、十一和十二月后用间隔号；当直接用阿拉伯数字表示时，月、日之间均用间隔号（半角字符）。

示例 1：“九一八”事变　“五四”运动

示例 2：“一·二八”事变　“一二·九”运动

示例 3：“3·15”消费者权益日　“9·11”恐怖袭击事件

4.15 书名号

4.15.1 定义

标号的一种，标示语段中出现的各种作品的名称。

4.15.2 形式

书名号的形式有双书名号“《 》”和单书名号“〈 〉”两种。

4.15.3 基本用法

4.15.3.1 标示书名、卷名、篇名、刊物名、报纸名、文件名等。

示例 1：《红楼梦》（书名）

示例 2：《史记·项羽本纪》（卷名）

示例 3：《论雷峰塔的倒掉》（篇名）

示例 4：《每周关注》（刊物名）

示例 5：《人民日报》（报纸名）

示例 6：《全国农村工作会议纪要》（文件名）

4.15.3.2 标示电影、电视、音乐、诗歌、雕塑等各类用文字、声音、图像等表现的作品的名称。

示例 1：《渔光曲》（电影名）

示例 2：《追梦录》（电视剧名）

示例 3：《勿忘我》（歌曲名）

示例 4：《沁园春·雪》（诗词名）

示例 5：《东方欲晓》（雕塑名）

示例 6：《光与影》（电视节目名）

示例 7：《社会广角镜》（栏目名）

示例 8：《庄子研究文献数据库》（光盘名）

示例 9：《植物生理学系列挂图》（图片名）

4.15.3.3 标示全中文或中文在名称中占主导地位的软件名。

示例：科研人员正在研制《电脑卫士》杀毒软件。

4.15.3.4 标示作品名的简称。

示例：我读了《念青唐古拉山脉纪行》一文（以下简称《念》），收获很大。

4.15.3.5 当书名号中还需要书名号时，里面一层用单书名号，外面一层用双书名号。

示例：《教育部关于提请审议〈高等教育自学考试试行办法〉的报告》

4.16 专名号

4.16.1 定义

标号的一种，标示古籍和某些文史类著作中出现的特定类专有名词。

4.16.2 形式

专名号的形式是一条直线，标注在相应文字的下方。

4.16.3 基本用法

4.16.3.1 标示古籍、古籍引文或某些文史类著作中出现的专有名词，主要包括人名、地名、国名、民族名、朝代名、年号、宗教名、官署名、组织名等。

示例 1：孙坚人马被刘表率军围得水泄不通。(人名)

示例 2：于是聚集冀、青、幽、并四州兵马七十多万准备决一死战。(地名)

示例 3：当时乌孙及西域各国都向汉派遣了使节。(国名、朝代名)

示例 4：如咸宁二年到太康十年，匈奴、鲜卑、乌桓等族人徙居塞内。(年号、民族名)

4.16.3.2 现代汉语文本中的上述专有名词，以及古籍和现代文本中的单位名、官职名、事件名、会议名、书名等不应使用专名号。必须使用标号标示时，宜使用其他相应标号（如引号、书名号等)。

4.17 分隔号

4.17.1 定义

标号的一种，标示诗行、节拍及某些相关文字的分隔。

4.17.2 形式

分隔号的形式是“/”。

4.17.3 基本用法

4.17.3.1 诗歌接排时分隔诗行（也可使用逗号和分号，见 4.4.3.1/4.6.3.1)。

示例：春眠不觉晓/处处闻啼鸟/夜来风雨声/花落知多少。

4.17.3.2 标示诗文中的音节节拍。

示例：横眉/冷对/千夫指，俯首/甘为/孺子牛。

4.17.3.3 分隔供选择或可转换的两项，表示“或”。

示例：动词短语中除了作为主体成分的述语动词之外，还包括述语动词所带的宾语和/或补语。

4.17.3.4 分隔组成一对的两项，表示“和”。

示例 1：13/14 次特别快车

示例 2：羽毛球女双决赛中国组合杜婧/于洋两局完胜韩国名将李孝贞/李

敬元。

4.17.3.5 分隔层级或类别。

示例：我国的行政区划分为：省（直辖市、自治区）/省辖市（地级市）/县（县级市、区、自治州）/乡（镇）/村（居委会）。

5 标点符号的位置和书写形式

5.1 横排文稿标点符号的位置和书写形式

5.1.1 句号、逗号、顿号、分号、冒号均置于相应文字之后，占一个字位置，居左下，不出现在一行之首。

5.1.2 问号、叹号均置于相应文字之后，占一个字位置，居左，不出现在一行之首。两个问号（或叹号）叠用时，占一个字位置；三个问号（或叹号）叠用时，占两个字位置；问号和叹号连用时，占一个字位置。

5.1.3 引号、括号、书名号中的两部分标在相应项目的两端，各占一个字位置。其中前一半不出现在一行之末，后一半不出现在一行之首。

5.1.4 破折号标在相应项目之间，占两个字位置，上下居中，不能中间断开分处上行之末和下行之首。

5.1.5 省略号占两个字位置，两个省略号连用时占四个字位置并须单独占一行。省略号不能中间断开分处上行之末和下行之首。

5.1.6 连接号中的短横线比汉字“一”略短，占半个字位置；一字线比汉字“一”略长，占一个字位置；浪纹线占一个字位置。连接号上下居中，不出现在一行之首。

5.1.7 间隔号标在需要隔开的项目之间，占半个字位置，上下居中，不出现在一行之首。

5.1.8 着重号和专名号标在相应文字的下边。

5.1.9 分隔号占半个字位置，不出现在一行之首或一行之末。

5.1.10 标点符号排在一行末尾时，若为全角字符则应占半角字符的宽度(即半个字位置)，以使视觉效果更美观。

5.1.11 在实际编辑出版工作中，为排版美观、方便阅读等需要，或为避免某一小节最后一个汉字转行或出现在另外一页开头等情况（浪费版面及视觉效果差），可适当压缩标点符号所占用的空间。

5.2 竖排文稿标点符号的位置和书写形式

5.2.1 句号、问号、叹号、逗号、顿号、分号和冒号均置于相应文字之下偏右。

5.2.2 破折号、省略号、连接号、间隔号和分隔号置于相应文字之下居中，上下方向排列。

5.2.3 引号改用双引号“﹃”“﹄”和单引号“﹁”“﹂”，括号改用“︵”“︶”，标在相应项目的上下。

5.2.4 竖排文稿中使用浪线式书名号“﹏”，标在相应文字的左侧。

5.2.5 着重号标在相应文字的右侧，专名号标在相应文字的左侧。

5.2.6 横排文稿中关于某些标点不能居行首或行末的要求，同样适用于竖排文稿。

摘自《中华人民共和国国家标准标点符号用法 GB/T 15834 — 2011》①

总的来说，语气、语调、重音、时空间隔类超言词手段的作用，在强调或表达一定的言外之意。它们伴言词存在，非独立。是与一定言词关联着的一定音质、音强、音高、音长类属性变式。而严格地说，它们实际是一种形式变通行为类的非常性修辞。

不同于一般修辞的是，一般修辞在对一定言词进行方法性变通，结果是一定的言词变式。而超言词手段的变通性使用类非常性修辞，则在对一定言词形式的一定关联属性，进行适当变通，结果是形成一定言词形式的关联属性变式。

（三）特定语境

特定语境指一定话语表达、接收或交往过程中，内容、对象类事物存在的特定场合、氛围、情景、态势化存在等的统括。这可包括可能存在的前言后语（包括书面化上下文）、一定的表达交流对象、关系、内容及相关生理心

① http：//people.ubuntu.com/～happyaron/l10n/GB（T）15834－2011.html

理环境、自然环境、社会文化环境等的特定具体存在。

其中，特定场合主要指特定的时间和特定的空间这两个方面的特定具体存在。

时间是过程的衡量。特定时间可包括特定的时间点、时间段、时间界限或持度等的特定具体存在。

而空间是位属的衡量。特定空间包括那些特定的基点、方位、维度及边际等的存在。

两者跟一定事物存在间关系体现为一种结构化存在。共时空背景条件下揭示一定事物存在的发展变化时，往往还体现出一定程度上的去时空化表达。

特定氛围指特定内容、对象及所处心境、话境、自然环境、社会文化背景等，在表达交流前的一定条件化存在。

特定情境指一定场合、氛围条件下，特定具体内容、对象及所处心境、话境、自然环境、社会文化背景等，临界协调、统一和发展状态的总体呈现。例如，它们在特定质、数、量、度等方面存在情形。

特定态势则指一定场合、氛围、情景条件下，特定具体内容、对象及所处心境、话境、场合、自然环境、社会文化背景等，临界协调、统一和发展而呈现的总体趋向特征。

语境的本质是一定程度的意义存在——特定话语实意的意义自变量存在部分。当中需精准示指的，必有着与相应言词名义及超言词手段的字化表象组织替代性存在化地结合性明示。非言词结合化部分则相对隐性化地伴随存在、关联存在或拓展存在。

本章开头说到的实意所指、交流对象确定与配合等，都可统括其中。

再如，

A. 鸡不吃了！

B. 8点钟了！

C. 两个福田，三个宝安。

D. 那天空只有白云，那水上只有海鸥。

这些，都是需特定语境来补充完整句子的实意的。

第二节　篇　化

一、表达方式

篇化表达方式 —(怎么说)→
- 叙述（交代着说）
- 描写（描摹着说）
- 抒情（倾诉着说）
- 议论（论辩着说）
- 说明（诠释着说）

跟句化实意表达不同的是，篇化实意表达往往在一定句化实意表达基础上，再纵横拓展开来，并适当编辑整理、连贯而完结性地说出。这样对应的话题展开性组织方法与形式，即一定的篇化实意表达方式。以这种表达方式进行一定的话语实意表达，可导致一定种类的应用文或艺术文乃至一定口头话语篇章的形成。

叙述、描写、抒情、议论、说明是一定篇章表达常见的五种基本表达方式。

（一）叙述

叙述是以语句及其扩展表达为目的，来对一定人、事、物及有关时空的发生、发展、变化，乃至原因、结果等，都有条不紊地交代开来，这样一种基本的话题展开组织方法与形式。从而是对一定话题诸要素的展开及完结性的“交代着说”。

口头话语篇章采用的叙述更确切地体现为一种音字化述说，而书面话语篇章中的叙述，则更确切地体现为一种文字化记述。

以叙述方式交代一定事情或人物经历，普遍从事物存在涉及的时间、地点、人物（或事物）、起因、经过、结果等要素方面适当次序化展开。因而，时间、地点（位属）、人物（或事物）、事件的起因、经过和结果等，往往被视作叙述可涉及的诸要素。

叙述可一定人称化地讲述，也可直陈性话语呈现。一般分为顺叙、倒叙、插叙、补叙和分叙五种基本方法。

顺叙也叫正叙，它是依事情发生、发展本来的时空、事理先后方面顺序，从头到尾地对有关内容进行相应的叙说表达，这样一种话语集结性组织方法与形式。从而是话语篇章表达方面最常用的叙述类表达方式。

顺叙便于把叙述内容表述得有头有尾，条理自然顺畅，合乎人们心理接受的自然顺序，及人们听看的一般习惯。

采用顺叙表达方式进行叙述，要有效区分主次、详略，条理疏密相间，内容明白晓畅，避免平铺直叙而乏味。

陆定一的《老山界》，在时间方面的先后叙述顺序是：下午（当天）→天黑→半夜→黎明（第二天）→下午两点多钟（第二天）及其以后。相关地点方面的先后顺序有：山沟→山脚→上山（山中）→雷公岩→快到山顶（山中）→山顶→下山。相关事件方面的先后顺序，则隐含在所叙述的有关事情发生、发展过程中。

如果先把事情中需要突出显现的诸如结果、高潮、悬念类内容，提前放到开端部分来说，随后再回归到以常规顺序，对事情其他各相关内容的适当叙述，这样的叙述类话语集结性组织方法与形式，是倒叙。倒叙也称“倒插笔”。运用倒叙易造成悬念，从而引人入胜。

朱自清在《背影》一文里，以父亲那“最不能忘记的背影”为悬念，置于文章开头来写，然后再如“揭谜底”般转入对有关父亲往事的回忆性叙述。

如果在正常的叙述过程中，根据表达的需要，暂时中断正在进行的内容表达，然后再有目的地插入一定相关内容的表述，或进行适当的解释说明，之后再回归原来各内容的表述，这样的叙述类话语集结性组织方法与形式，是插叙。

插叙的内容有诸如对往事的回忆联想，对某些情况的诠释说明，对人物、事件、背景的介绍、述评等。正因为插叙于常规叙述中围绕中心而适当插入了诸如此类内容的叙述，从而令相关篇章结构内容更充实，表达曲折、错落有致。

大家熟悉的鲁迅的《故乡》，在写到闰土、杨二嫂时，分别插入了对少年闰土和杨二嫂的过去生活境况的叙述，以同现在形成鲜明的对比。不仅充实了内容，而且深化了主题。

如果在依正常顺序叙述到一定事情过程时，再有目的地对前述内容所涉及的一定内容或情况，进行适当的补充或提示，从而令相关内容回旋式腾挪地充实完备，表达周密，这样的叙述类话语集结性组织方法与形式，是补叙。

人教版九年级上册语文课本中的选文《杨修之死》，在故事结尾，还以三段内容来交代杨修死后，曹操佯杀夏侯惇、兵出斜谷失利、厚葬杨修并班师的事情，即是用补叙来令故事充实，而让中心和主题突出。

因事情的繁复、事物间的普遍联系和发展变化，人们在对一定事情进行叙述时，会注重采取对事物存在及相关内容，进行分头叙述或交错叙述，并视情况而定或分主次或不分主次地进行，从而令错综复杂的内容关系有条不紊地向前发展，这样的话语集结性组织方法与形式是分叙。

分叙也称平叙，也就是人们通常所言的“花开两朵，各表一枝”的叙述方法。分叙的适当运用，令错综复杂的篇章内容表达显得条理、眉目清晰，从容不迫。

分头叙述的，如魏巍的《谁是最可爱的人》里，对所选三个典型事例“松骨峰战斗”“火海救小孩”“和战士交谈”的叙述，就是如此。

至于实际的篇章表达究竟采用何种叙述方法，又往往视内容，语境协调，功能配置，文体表达需要，表达者的叙述习惯、个性甚至风格等情况而定。

（二）描写

描写是以一定语句及其扩展表达，来对人或事物的形象、特征、状貌等，进行适当的话语性描摹、刻画，这样一种基本的话题展开组织方法与形式。从而是对一定表达对象特征、面貌等的展开及完结性的“描摹着说”。

在一定的语境或意境化表达过程，描写力求表达的生动、具体达到形神兼备，以给人一种身临其境的感受。描写显然不是简单的话语性摹写。

对象及其特征、状貌的针对，合适角度的选取，描绘刻画性呈现的笔触，是描写表达方式起码的要求。

依话语集结性描绘刻画的对象而言，描写总的可分为人物描写和景物描写两大类。

其中，人物描写直接以人为描绘、刻画对象，它因可选择从一定人物对象的外貌（肖像）、动作（行为）、语言（对话）、神态、心理等角度，来进行适当的形象描绘或性格刻画，从而有外貌（肖像）描写、行为（动作）描写、语言（对话）描写、神态描写和心理活动描写等种类划分。

外貌描写又称肖像描写。它注重从一定人物的外貌、服饰、姿态等，来进行适当的话语性描绘刻画，以达到揭示一定人物性格及形象的表达目的。

施耐庵笔下的《水浒传》中的李逵形象，是这样话语性描绘刻画的："黑熊般一身粗肉，铁牛似遍体顽皮。交加一字赤黄眉，双眼赤丝乱系。怒发浑如铁刷，狰狞好似狻猊。天蓬恶杀下云梯。"

行为描写也称行动描写或动作描写。它注重从一定人物个性化的、代表性的行为、动作等实意要素方面，来进行适当的话语性描绘刻画，以达到揭示一定人物性格与形象的表达目的。

孙犁在《荷花淀》里，对水生嫂听到水生说明天要到大部队上去了时的行为动作是这般话语性描绘刻画的："女人的手指震动了一下，像是叫苇眉子划破了手。她把一个手指放在嘴里吮了一下。"

语言描写注重通过对一定人物最具个性化的话语、言词的呈现，来揭示一定人物的性格与形象，这样一种基本的人物描绘刻画方法与话语组织形式。一定文章或文学作品中的语言描写，更多地体现为一定的对话性话语表述——两者或两者以上的人物间的话语交接。例如，叶圣陶在《多收了三五斗》中，对农民们大清早跟米行先生间的言语交接的表述，即是如此。

神态描写注重对人物的脸部表情、神态，进行个性化描绘刻画，以揭示一定人物的性格、形象。

在《央金》里，刘克是这样通过央金的表情神态，来话语性揭示央金的思想感情的："凡是认识央金的人，都说她是个又丑又笨的姑娘；这说法倒也有根据，因为她那扁圆的脸上总是带有几分呆滞，仿佛从来不曾有过什么欢乐，也从来不曾有过什么悲伤。不过这也并不是绝对的，你如果仔细注视她的眼睛，那么在它那又黑又深的地方，便会发现有一种压抑和孤独的神色。"

神态描写一定程度上也可统归到外貌描写范畴。

心理活动描写是通过直接或间接地对人物心理内在的思想感情活动，进行适当的话语性描绘刻画，以展示一定的人物性格、形象。

最典型的如莎士比亚在《哈姆雷特》中，写哈姆雷特面临对"生"与"死"的思考时，那一段内心独白，就既富哲理，又活脱刻画出哈姆雷特当时的矛盾心理。

依据人物的一定内心独白、梦境展示、幻觉呈现等，可直接表达出人物心理的内在思想感情活动。而基于心理生理的联动作用，凭着对一定动作、语言甚至景物感觉方面的描绘、刻画，则可间接地表达出人物心理的内在思想感情活动。

而景物描写，则直接以一定自然环境或社会环境类事物存在为描绘、刻画对象，表面写物以展现一定自然景象，实则为写人服务，如交代人物活动场景，抒发人的思想感情，间接反映人物性格、形象等。

景物描写因所选景物对象有自然环境和社会环境之分，而区分为自然景物描写和社会环境描写。

自然景物描写通过对一定自然景观、风貌类事物存在的话语性描绘刻画，而为写人服务。

老舍在《骆驼祥子》里，为交代人物活动场所，体现祥子在该天气下挣钱生活的艰难情形，是这样描写当时人物活动的恶劣天气的：

"云还没铺满天，地上已经很黑，极亮极热的晴午忽然变成了黑夜似的。风带着雨星，像在地上寻找什么似的，东一头西一头地乱撞。北边远处一个红闪，像把黑云掀开一块，露出一大片血似的。风小了，可是利飕有劲，使人颤抖。一阵这样的风过去，一切都不知怎么好似的，连柳树都惊疑不定地等着点什么。又一个闪，正在头上，白亮亮的雨点紧跟着落下来，极硬的，砸起许多尘土，土里微带着雨气。几个大雨点砸在祥子的背上，他哆嗦了两下。雨点停了，黑云铺满了天。又一阵风，比以前的更厉害，柳枝横着飞，尘土往四下里走，雨道往下落；风，土，雨，混在一起，连成一片，横着竖着都灰茫茫冷飕飕，一切的东西都裹在里面，辨不清哪是树，哪是地，哪是云，四面八方全乱，全响，全迷糊。风过去了，只剩下直的雨道，扯天扯底地垂落，看不清一条条的，只是那么一片，一阵，地上射起无数的箭头，房屋上落下万千条瀑布。几分钟，天地已经分不开，空中的水往下倒，地上的水到处流，成了灰暗昏黄的，有时又白亮亮的，一个水世界。”

通篇以自然景物描写为主的文章，如朱自清的《荷塘月色》等。

依话语集结性描绘刻画一定人或事物所选角度的直接或间接与否，则描写可分为正面描写和侧面描写两大类。

正面描写采取对人的外貌、行为、语言、心理或一定事物，进行直接的话语集结性描绘刻画，这样一种基本组织方法与形式。

写人方面，如阿累的《一面》中三次对鲁迅肖像的话语集结性描绘刻画。写物方面，如菡子的《八只小猫》对八只瓷小猫的姿态、神态、瓷品相方面的话语集结性描绘刻画等。

不直接对人或事物进行相应的话语集结性描绘刻画，转而采取通过对相关人或事物的话语集结性描绘刻画，或相关人的观感、评议，来间接性地达到对一定人或事物的描绘刻画目的，这样的话语集结性描绘刻画方法与组织形式，是间接描写，也称虚写。

写人方面，如《陌上桑》中对罗敷外貌的间接描写：“行者见罗敷，下担捋髭须。少年见罗敷，脱帽著帩头。耕者忘其犁，锄者忘其锄；来归相怨怒，但坐观罗敷。”即通过长者、少年、耕者、锄者的不同动作、神态、表情的描绘，来间接体现罗敷的貌美动人。

写物方面，如鲁迅的《社戏》中的景物描写：“两岸的豆麦和河底的水草所发散出来的清香，夹杂在水气中扑面地吹来；月色便朦胧在这水汽里。淡黑的起伏的连山，仿佛是踊跃的铁的兽脊似的，都远远的向船尾跑去了，但我却还以为船慢。”即通过对江南水乡清新优美景物的飞驰，来体现船行之快及我急于看到社戏的愉悦迫切心情。

依话语集结性描绘刻画一定人或事物时所选角度的动态或静态、细节或场面等情形，更细地区分，则描写还可相应地划分出动态描写、静态描写、细节描写和场面描写等。

动态描写是对人或景物对象做一定运动状态下的外貌、动作、情状、形态等方面的适当话语集结性描绘刻画。

郑振铎在《燕子》中，对燕子飞行美的动态这样进行话语性描绘刻画："在微风中，在阳光中，燕子带着它剪刀似的尾巴，斜着身子在天空里掠过，唧的一声，已经由这边的稻田上，飞到了那边的高柳之下。还有几只横掠过波光粼粼的湖面，剪尾或翼尖偶尔沾了一下水面，那小圆晕就一圈一圈地荡漾开去。"就是如此。

静态描写是对一定人或景物对象做相对静止状态下的外貌、情状、形态等方面的话语集结性描绘刻画。

莫言在《透明的红萝卜》里，是这样对黑孩的外貌、神态进行描绘刻画的："黑孩在铁匠炉上拉风箱拉到第五天，赤裸的身体变得像优质煤块一样乌黑发亮；他全身上下，只剩下牙齿和眼白还是白的。这样一来，他的眼睛就更加动人，当他闭紧嘴角看着谁的时候，谁的心就像被热铁烙着一样难受。他的鼻翼两侧的沟沟里落满煤屑，头发长出有半寸长了，半寸长的头发间也全是煤屑。现在，全工地的男人女人们都叫他'黑孩儿'，他谁也不理，连认真看你一眼也不。只有菊子姑娘和小石匠来跟他说话时，他才用眼睛回答他们。"

细节描写是为突出一定人物、环境、背景、场面特色，而有意地选取对象中那些特别、典型而代表性的一定细节（点），来进行适当的描述，以达到刻画一定人物或表现一定主题的目的。

人物特征描写方面可选取的细节角度最多，例如行为、外貌、神态、语言、心理等。行为细节描写方面，如魏巍的《我的老师》中，写老师从不打骂我们的细节："仅仅有一次，她的教鞭好像要落下来，我用石板一迎，教鞭轻轻地敲在石板边上，大伙笑了，她也笑了。"

外貌细节描写方面，曹雪芹在《红楼梦》里描写林黛玉的经典外貌细节如：“两弯似蹙非蹙罥烟眉，一双似喜非喜含露目。态生两靥之愁，娇袭一身之病。泪光点点，娇喘微微。娴静时如娇花照水，行动处似弱柳扶风。”

神态细节描写方面，王愿坚在《七根火柴》中，对无名战士的神态细节方面的描绘：“他的脸色更是怕人，被雨打湿了的头发粘贴在前额上，雨水沿着头发、脸颊滴滴地流着。眼眶深深地塌陷下去，眼睛努力地闭着，只有腭下的喉结在一上一下地抖动，干裂的嘴唇一张一翕地发出低低的声音：‘同志——同志——’”

语言细节描写方面，鲁迅在《孔乙己》中，通过这样描述来体现孔乙己性格特色的语言：“不多不多，多乎哉？不多也。”

心理细节描写方面，都德在《最后一课》中，是这样对小弗朗士的心理细节方面进行典型描写的：“屋顶上鸽子咕咕咕咕地低声叫着，我心里想：‘他们该不会强迫这些鸽子也用德国话唱歌吧！’”

环境、背景等景物方面的细节描写如朱自清的《荷塘月色》写荷塘四周夜景的细节：“树缝里也漏着一两点路灯光，没精打采的，是渴睡人的眼。”契诃夫的《变色龙》写社会萧条背景的细节：“小铺和酒店敞开大门，无精打采地面对着上帝创造的这个世界，像是一张张饥饿的嘴巴。店门附近连一个乞丐都没有。”等等。

场面描写是在特定时间、场合、背景下，主要对一定人物活动、氛围进行的总体话语性描绘刻画。人物活动为主、特别性的氛围、场景等，是场面描写的着力点。

曹雪芹在《红楼梦》中，如此对王熙凤出场场面进行话语性描绘：

一语未了，只听后院中有人笑声，说：“我来迟了，不曾迎接远客！”黛玉纳罕道：“这些人个个皆敛声屏气，恭肃严整如此，这来者系谁，这样放诞无礼？”心下想时，只见一群媳妇丫鬟围拥着一个人从后房门进来。这个人打扮与众姑娘不同，彩绣辉煌，恍若神妃仙子：头上戴着金丝八宝攒珠髻，绾着朝阳五凤挂珠钗，项上带着赤金盘螭璎珞圈；裙边系着豆绿宫绦，双衡比目玫瑰佩，身上穿着镂金百蝶穿花大红洋缎窄裉袄，外罩五彩刻丝石青银鼠褂；下着翡翠撒花洋绉裙。一双丹凤三角眼，两弯柳叶吊梢眉，身量苗条，体格风骚，粉面含春威不露，丹唇未启笑先闻。黛玉连忙起身接见。贾母笑道："你不认得他。他是我们这里有名的一个泼皮破落户儿，南省俗谓作'辣子'，你只叫他'凤辣子'就是了。"黛玉正不知以何称呼，只见众姊妹都忙告诉他道："这是琏嫂子。"黛玉虽不识，也曾听见母亲说过，大舅贾赦之子贾琏，娶的就是二舅母王氏之内侄女，自幼假充男儿教养的，学名王熙凤。黛玉变得像见礼，以"嫂"呼之。

至于依话语性描绘刻画一定对象时所用"笔触"的简约与否，而划分的白描和工笔、白描工笔结合、正面描写与侧面描写相结合、动静结合、点面结合、修辞手法结合等，这将放在后面的表现方法方面来讲。

（三）抒情

抒情是以一定的语句及其扩展表达，来对一定情感进行适当的言语性吐露、抒发，这样一种基本的话题展开性组织方法与形式。从而是对一定情感尤其是复杂性情感的展开及完结性的"倾诉着说"。

抒情力忌装腔作势和抒寡情，因为装腔作势和抒寡情都是跟场合、氛围类语境实意要素不相协调的。同时，抒情还需把握一定情感抒发的度，不能令情感抒发滑向情绪化发泄，从而发生质的改变。

人的情感既有心理个性方面的因素，也有社会整体体验、观念方面的因素，加之其深处人的内心而抽象化存在，它们的整体协调都表明，情感类意义内容的组织和上达往往需要相对高超的语言表达技巧。

抒情总体可分为直接抒情和间接抒情两类。直接抒情是作者直接把自己内心对一定人或事物存在的爱憎悲喜等情感，合乎一定场合、氛围的话语集结性抒发开来，也称直抒胸臆。

例如，魏巍在《谁是最可爱的人》里，这样直接抒发对我们的志愿军战士的热爱：

在朝鲜的每一天，我都被一些东西感动着，我的思想感情的潮水，在放纵奔流着。它使我想把一切东西，都告诉给我祖国的朋友们。但我最急于告诉你们的，是我思想感情的一段重要经历，这就是，我越来越深刻地感觉到谁是我们最可爱的人！

谁是我们最可爱的人呢？我们的部队、我们的战士，我感觉他们是最可爱的人。

也许有的人在心里隐隐约约地说：你说的就是那些“兵”吗？他们看来是很平凡，很简单的哩。既看不出他们有什么高明的知识，又看不出他们有丰盛细致的感情。可是，我要说，这是由于你跟我们的战士接触太少，因此，你没有能够了解到：他们的品质是那样的纯洁和高尚，他们的意志是那样的坚韧和刚强，他们的气质是那样的淳朴和谦逊，他们的胸怀是那样的美丽和宽广！

而间接抒情，则指作者并不直接地抒发自己内心对一定人或事物存在的爱憎悲喜等情感，转而采取将自己的爱憎悲喜等情感，渗透、融合到对一定人或事物存在的叙述、描写、议论类话语集结性表达当中，来进行适当的结合性表达。这大体可分为寓情于景（借景抒情）、触景生情、托物言志、寓情于事、寓情于理等。因间接抒情时所用组织方法的艺术化高要求、高水准，上述间接抒情方法又多归于表现方法范畴。

寓情于景（借景抒情）、触景生情、托物言志是将所要抒发的一定思想、感情、愿望等，巧妙地融合到对一定环境、背景性事物的适当描述或表述等当中，或借助对有关的一定环境、背景性事物的适当描述或表述等，而巧妙地触发出对相应思想、感情、愿望等的表达。

寓情于景如马致远《天净沙·秋思》、李健吾的《雨中登泰山》等，触景生情如纳兰性德的《长相思·山一程》、贺敬之的《回延安》等，托物言志如周敦颐的《爱莲说》、李乐薇的《我的空中楼阁》等。

寓情于事是把所要抒发的一定思想、感情、愿望等，巧妙地融合到对一定事情的叙述或描述当中，令有关思想、感情、愿望等随相应事情的叙述或描述自然而然地流露出来，这样一种情感抒发类的话语集结性组织方法与形式。张籍的《秋思》、莫怀戚的《散步》等文章中的情感表达，即是如此。

寓情于理是把所要抒发的一定思想、感情、愿望等，巧妙地寄寓或融合到对一定道理的论述当中，令有关思想、感情、愿望等虽相应事理的论述自然而然地流露出来，这样一种情感抒发类的话语集结性组织方法与形式。梁启超的《少年中国说》、鲁迅的《友邦惊诧论》等文章中的感情抒发，就有着这方面的特色。

寓情于景、触景生情和托物言志互相间只是一种相对的区分，它们彼此都有着对一定景或物的适当凭借，情由一定景或物而生，一定景或物为一定情感的抒发表达而存在。而寓情于事和寓情于理，则是有着对一定事情或道理的适当凭借，它把一定情感的表达融合到了一定事情或事理的适当结合性存在与表达当中了。

（四）议论

议论是以一定语句及其扩展表达，来对一定人或事情、道理进行适当评议论证，借以表明自己的立场、观点、态度等，这样一种话题展开组织方法与形式。从而是对一定人或事情、道理的展开及完结性的“论辩着说”。

议论通常从一定的论点、论据和论证过程等方面铺展开来，所以，论点、论据和论证往往也被称为议论文的三要素。为达到一定的论证效果，议论力求论点明确、论据充分、论证周密，以便以理服人。

基于对一定基本论证方法的注重，议论分为立论和驳论两类。

其中，立论是直接提出自己对一定人物、事件或问题的立场、观点、态度等，并以一定的事物或事理依据来加以证明，这样一种评议论证方式，也称证明。例如，贾谊的《过秦论》、季羡林的《谈礼貌》等一类文章中的论证，就是如此。

立论过程中，常用的论证方法有举例论证、道理论证（可包含一定的引用论证）、对比论证、比喻论证等。

举例论证是通过举出一些令人信服的代表性事例，来论证自己的立场、观点、态度等的正确，以达到事实胜于雄辩，论述更加具体化的效果。例如，韩愈的《讳辩》、吴晗的《谈骨气》等一类文章，就主要是列举一些令人信服的事例，来论证自己的观点、立场等的。

道理论证以直接阐述一定道理的论证方法，来表明自己的观点、立场、态度等的正确，概括而深刻。其论述过程往往还适当结合性引用社会已有的一些精辟论述、名言、警句、科学原理、公式、定理等，来佐证自己看法的正确。饶毅的《做自己尊重的人》、培根的《论求知》等文中的论证，就明显具有这方面的特色。

对比论证往往从正反对立或差异性的两方面事物存在或同一事物存在对立性或差异性发展变化的两方面，来或纵或横地论证自己的观点、立场、态度等的正确。论证方向在对比中更加突出。例如，彭端淑的《为学》、胡绳的《想和做》等文的论证中，对比论证就相对突出。

比喻论证是用人们熟悉的一定事物来打比方，借以论证自己的观点、立场、态度等的正确，从而达到论证深入浅出，通俗易懂，生动形象的功效。富兰克林在《哨子》一文中，是以哨子来比喻那些令人着迷而使人付出过高代价的东西，并结合概括性事例，多方面论证人们为自己的“哨子”付出过高代价的悲苦。

对比论证和比喻论证的实质，是在一定事实或道理论证中，对对比或比喻修辞方法的适当结合使用。

另外，还有从一定推理角度区分的因果论证、演绎论证、归纳论证，也可一定程度因一定事实或道理论证细分而来的，这里不再具体阐述和相应举例。

而驳论则是先设法驳倒对方的观点、立场等，以证明对方的观点、立场等的错误，进而据以提出自己的观点、立场等，并适当证明，这样一种论证方式，也称反驳。鲁迅在《中国人失掉自信力了吗》一文中的论证，就有着这方面的明显特色。

驳论的反驳过程中，往往采取反驳对方的论点、反驳对方的论据及反驳对方的论证等方法。

（五）说明

说明是以简明扼要的语句及其扩展表达，来把事物或事理的形状、特征、性质、关系、成因、功用等都解释清楚，这是一种基本的话题展开及完结性组织方法与形式，是对一定事物、事情的展开及完结性的“诠释着说”。

运用说明表达方式介绍或解释一定事物事理时，往往力求简明得当、科学严密。

说明表达方式多用于一定说明文的写作当中，常见的说明性话语组织方法有下定义、作诠释、举例子、分类别、作比较、打比方、列数字、画图表等。

下定义是以简明的话，来确切而概括性地界定一定事物、事理及其特征、属性或含义等，这样一种说明方法。例如，“语言是建立在一定字化表象组织基础上的社会示指表达，并就结果而言主要体现为一定意义的字化表象组织替代性存在。”

做诠释则只就一定事物、事理的一些部分性的，尤其是明显特征、属类或含义角度，来对其做一般性的解释明白，这样一种说明方法。例如，“‘久晴大雾阴，久阴大雾晴’：指的是久晴之后出现雾，说明有暖湿空气移来，空气潮湿，是天阴下雨的征兆；久阴之后出现雾，表明天空中云层变薄裂开消散，地面温度降低而使水汽凝结成辐射雾，待到日出后雾将消去，就会出现晴天。”(朱泳燚《看云识天气》)

举例子是适当举出相应的一些代表性事例，来具体而有效地对一定事物、事理及其特征、属性或含义等解释清楚，这样一种说明方法。例如，茅以升的《中国石拱桥》，在介绍我国石拱桥历史悠久、结构坚固的特点时，就举了最具代表性的河北省赵县的赵州桥和北京市丰台区的卢沟桥的例子，分别互补性地结合说明。

分类别侧重针对那些复杂性事物、事理及其相应特征、属性或含义等的解释说明，它采取对说明对象或其特征、属性、含义等适当分类或分成不同方面，然后再依类或多方面完备地解释清楚，这样一种说明性话语组织方法。例如，叶圣陶的《苏州园林》，在解释苏州园林“务必使游览者无论站在哪个点上，眼前总是一幅完美的图画”的设计特点时，采取的即是分门别类地完备解释的说明方法。

作比较采取将一定说明对象跟人们熟悉的某同类或不同事物，或纵或横地适当比较，来突出解释清楚相应说明对象，这样一种说明方法。例如，曲国斌的《超越哈勃》一文对望远镜的介绍，就有海尔地基望远镜、凯克地基望远镜等同类地基望远镜的比较，有海尔、凯克等地基望远镜新秀跟老牌哈勃天基望远镜的不同类别比较，还有将要问世的新型空间望远镜跟老牌哈勃天基望远镜的同类比较。从而令人们对望远镜的种类、特征、强大功能及技术发展，有了清楚的了解。

打比方是把不容易说明白的事物、事理，比方成人们熟悉而明白的一定事物，从跟人们熟悉而明白的事物相似的角度，来对一定说明对象及其特征、属性、含义等，进行适当相似的解释，这样一种说明方法。例如，“石拱桥的桥洞成弧形，就像‘虹’”，就把桥洞比作人们熟悉的虹，令人们从对虹的形状的比较中，相似性地认识到了石拱桥桥洞的弧形特征。打比方说明的实质，是作诠释说明适当结合使用比喻修辞方法，从而是从作诠释说明细分而来的一种说明方法。

列数字（也称列数据）是举出客观而准确的数据，从确切数量角度来对一定说明对象解释明白，这样一种说明方法。例如，“紫禁城的城墙十米多高，有四座城门：南面午门，北面神武门，东西面东华门、西华门。宫城呈长方形，占地72万平方米，有大小宫殿七十多座、房屋九千多间。城墙外是五十多米宽的护城河。”（黄传惕《故宫博物院》）

列图表是采取适当配置或绘制一定图形、图片或表格，来对一定事物解释明白的一种说明方法。这里不再相应举例。

摹状貌是作诠释说明与一定描写表达方式的结合使用，在一定程度上这是从作诠释说明细分出来的一种说明方法。

茅以升在《中国石拱桥》里，为具体说明“每个柱头上都雕刻着不同姿态的狮子”是这样以摹状貌方法来特征化显现的：“这些石刻狮子，有的母子相抱，有的交头接耳，有的像倾听水声，有的像注视行人，千态万状，惟妙惟肖”。

需要指出的是，叙述、描写、抒情、议论、说明类篇章表达方式，实际只是一种相对的类别化区分，彼此都属篇章基本的话题展开而完结性组织方法与形式。例如，叙述是述说，描写是描述，抒情是情感的言语性流露或抒发，议论是论述，说明是阐述。这些实质乃就一定的言说方式与方法角度而言。

如果基于一定表达方式路径，而对有关篇章内容更进一步的进行适当的技艺性或艺术化处理，则这样的技艺性或艺术化处理方法，即到了一定篇章表现手法（方法）层面。

事实上，社会上也确实一定程度地存在着将一定叙述、描写、抒情、议论、说明类表达方式，视作相应叙述手法、描写手法、抒情手法、议论手法、说明手法之类情形。这已经属一种表达方式的偏意说法了——偏表现手法说法。

严格地说，表达方式与表现手法是需要进行适当、有效区分的。表达方式只解决篇章怎么说的问题，属篇章说法。而表现方法，则基于一定说法地解决如何才能说得好的问题。

具体的篇章实意产品组织表达中，各基本表达方式往往还结合着运用，但又基于内容及所用文体的表达需要而各有侧重。

叙述中会有着一定程度的描写、抒情、议论甚至说明类表达方式的结合使用，描写、抒情、议论、说明过程中穿插一定程度的叙述，这些都是正常的表达情形。

基本表达方式适当结合一定的修辞、表现方法乃至内容结构方面的详略、主次、明暗、远近等处理，令一定篇章实意的话题展开表达效果明显。

二、表现方法

表现方法（怎么展现）→
- 思维性展现
  - 联想
  - 想象
- 主题性展现
  - 开门见山、直奔主题；隐而不发，卒章显志；
  - 片言居要，画龙点睛；各尽所宜，一以贯之；
  - 以小见大，见微知著等
- 片段性展现
  - 起兴、铺垫、烘托、伏笔、渲染、依托、
  - 象征、白描、工笔等

表现方法专指篇化表达过程中，对一定话题展开性内容的艺术化处理与展现方法。其实质在对一定篇章构成（如主题、内容等）的特别化处理与呈现，以达到所需的某特别表达效果。从而单指对一定篇章构成的特别化处理方法层面。

顺应人的主观能动作用乃至自然界、人类社会及思维各领域事物存在的丰富多彩、错综复杂、普遍联系及发展变化，人们既社会规范化，又独具个性甚至风格特色地营造某整体态势、氛围、意蕴类艺术效果，以令有关具体事物存在类特定实意内容得到更好的体现。

因表现方法所具的高超艺术化水准与风格特色，其往往还被当作为一种表现手法（艺术手法）来看待。

一定篇化表达方式可某种程度地对一定艺术化表现方法适当包含，这是确定无疑的。但一定表现手法显然无法有效地对一定篇化表达方式全包含。如果未确定怎么说，就想要说得有多妙，那几乎是不可能。

因而，表达方式主要就话题展开组织形式角度而言，而表现方法（手法）则主要就一定内容的方法性处理与表达（展现）角度而言。

叙述、描写、抒情、议论、说明中的细分，本身即从一定方法角度有效界定。因而，当我们说到某具体的细分类篇化表达方式，实际已到了偏意性侧重指那种方法性表达。从而主要在内容的方法性处理和表达方面了。这已到了一定表现手法层面。

例如，叙述表达方式中的顺叙、倒叙、插叙、补叙和分叙，如果只就方法性表达（展现）角度而言，明显有话语技艺性组织处理意味，这已上升到一定叙述艺术层面，体现人们通常所言的叙述手法所在。

描写表达方式中所含的对一定具体人物或环境类对象的具体技艺方法性表达，例如具体的技艺化外貌描写、行为描写、神态描写、语言描写、心理活动描写、白描、工笔、细节描写，乃至正侧结合、动静结合、细节描写与场面描写相结合等，单纯地就方法表达角度而言，也到了一定艺术手法层面。

抒情方面的“倾诉着说”，更是一门“技术活”，而不是情绪化发泄。它们就方法与形式的总括角度，是一种篇化表达方式。而到了单纯技艺性的方法化表达层面，例如，或直接性情感流露与抒发，或寓情于景（借景抒情）、触景生情、托物言志、寓情于事、寓情于理地间接抒发情感，就到了一定的抒情手法。

议论与说明表达方式中所含的技艺性论述，或技艺性阐述，单就一定方法性表达角度而言，也是到了一定艺术手法层面。但因议论、说明类方法表达的偏实用性，所以，它们被当作艺术手法来称谓的情形，就少多了。

到叙述、描写、抒情、议论、说明相结合，其表达技巧、方法的艺术性要求更高，无疑也在一定艺术手法层面。

一定修辞升华到篇化整体运用，例如，对比、比喻、比拟、讽刺、夸张等，实也到一定表现手法。因为已经属复杂性内容组织处理方法层面，但称谓上仍归于一定修辞化名称。

语体色彩方面的或书面语化或口语化，或共同语化或方言化，或艺术化或科普化等，无疑也有着话语技巧与方法方面的讲究，在它们上升到一定复杂性内容的技艺性组织处理层面，也到了一定语言艺术的层面。

人们通常所言的创作方法，则侧重指文学创作者遵循一定创作原则、独具个性化甚至风格特色地对一些表现方法的整体运用了。也即一定创作原则化了的、个性化或风格化表现方法的总称。

例如，同为对魔幻现实主义创作方法的运用，莫言深受马尔克斯的影响，但莫言的“传奇故事”偏幻觉现实化（意识流）深耕汉语张力，马尔克斯的“传奇故事”偏拉美化魔幻。

内容详略、主次、明暗、衔接、过渡、照应等方面的话语技巧与方法性处理，也属艺术手法。可包括部分跟部分、部分跟整体间结构关系的技巧或方法性处理，部分、整体内容本身的话语技巧或方法性处理等。

社会规范化或独具个性、风格特色地对某篇章化构成内容方面的艺术化处理方法不仅不胜枚举，而且层出不穷。下面主要就当今语文学习中频繁出现的一些代表性的表现方法略作说明。

（一）联想和想象——思维性展现

联想和想象本身都是一种思维组织活动，实质是一定的心理反映活动：

即对大脑皮质的一定反映信息的神经放电性投射与通联。客观依据是事物存在间的普遍联系和发展变化。

联想是由一定的人或事物存在，顺而想到与之相关的其他人与事物存在的情形。重在彼此间的联。其通联关系与通联对象可相对简单，也可错综复杂。且对所通联事物存在的具体形象与否没有硬性要求。如需具体形象，则需结合一定的想象来进行。

想象是对不在眼前的事物存在或从已知的事物存在而想出它的具体化事物存在新形象。它需要在既有信息的整体感觉基础上，再配合性地创造出具体化的事物存在新形象。从而属一种心理反映活动方面的创新活动。所谓想象力就是一种创新能力，即基于此。想象重在形象化创新，重在配合现有信息神经放电性投射出事物存在新形象信息。

如果联想是“由甲想到乙、想到丙……”，则想象就是“把甲想成甲＋、甚至想成乙＋或乙－”。如果联想要“由甲想到乙＋之类”，往往需要适当结合一定想象。想象在多数情形下是只限于具体形象化地想，它们既可用于一定话语语句组织的心理构想，也可用于一定话语篇章或对话组织的心理构想。

作为一种篇章组织表现方法的联想和想象方法，基于一定的联想或想象类思维组织活动方面的心理构想，实质是一种话语篇章性语言组织方法，而非一种单纯的心理反映活动。它们借同一名义及其方法，来进行一定话语篇章性语言组织活动，从而成为有别于一定思维组织活动的篇章性话语实意组织与表现方法。联想、想象类话语实意表现方法是对联想、想象类思维组织活动结果的话语篇章性组织实施，且其结果具所需实意表达特效。

所以，作为一定话语篇章组织实意表现方法的联想，即依据某话语篇章实意的表达特效需要，依据事物间存在的普遍联系和发展变化，并借助由一定人或事物顺而想到与之相关的其他人与事物存在情形的思维组织方法，来进行有关实意展现的一种话语组织方法。例如，大家熟悉的郭沫若的《天上的街市》的开头部分：

远远的街灯明了，
好像闪着无数的明星。

天上的明星现了，

好像点着无数的街灯。

这里即由明亮街灯联想到天上闪烁的明星，同时又由天上出现的明星，转而联想到点着的街灯。句式上更是结合着比喻、修辞方法的运用。

而作为话语篇章或对话组织表现方法上的想象，除同样需依据某话语篇章组织的实意表达特效需要，需依据事物存在间的普遍联系和发展变化，而且还需在整体感知不在眼前的事物存在或已知的事物存在基础上，再重组性地创造出一定具体化事物存在新形象，来进行有关话语篇章实意展现。例如，郭沫若的《天上的街市》的主体及后面部分：

我想那缥缈的空中，

定然有美丽的街市。

街市上陈列的一些物品，

定然是世上没有的珍奇。

你看，那浅浅的天河，

定然是不甚宽广。

那隔着河的牛郎织女，

定能够骑着牛儿来往。

我想他们此刻，

定然在天街闲游。

不信，请看那朵流星，

是他们提着灯笼在走。

这里运用的，就是服从创作个性表达需要的想象表现方法。

（二）主题性展现

常见的主题性展现方法有：（1）开门见山、直奔主题；（2）隐而不发，卒章显志；（3）片言居要，画龙点睛；（4）各尽所宜，一以贯之；（5）以小见大，见微知著，等等。

开门见山、直奔主题的表现方法，主要侧重于就一定话语篇章或对话组织的开头角度而言，即在文章一开始就直接地切入到点明标题、主旨、主题或中心表达进程，这样一种实义表现方法。例如，托尔斯泰的《安娜·卡列尼娜》开头“幸福的家庭都是相似的，不幸的家庭各有各的不幸”后所有的话语篇章内容，即都是围绕这一提示而具体化地展开和组织的。

隐而不发、卒章显志的表现方法，则显然侧重于就一定话语篇章或对话性组织的结尾角度而言，话语篇章或对话性组织开篇后虽一路展开跟一定主旨相关话题方面的表述，但对写作意图却并不主动地挑明，而是直到文章结尾才最终点明主旨，也称篇末点题。如果就言词或语句性着墨程度而言，则其又接近于一定的画龙点睛表现方法。例如，范仲淹的《岳阳楼记》的议论性结尾：“嗟夫！予尝求古仁人之心，或异二者之为，何哉？不以物喜，不以己悲；居庙堂之高则忧其民；处江湖之远则忧其君。是进亦忧，退亦忧。然则何时而乐耶？其必曰‘先天下之忧而忧，后天下之乐而乐’乎？噫！微斯人，吾谁与归?”等之类。

片言居要、画龙点睛的表现方法，侧重于就一定话语篇章或对话组织紧要处对一定精辟言词或语句锤炼技巧的把握角度而言，它选择在一定话语篇章或对话组织的某关键或扼要位置，或开端，或结尾，或居中，以简捷、精辟而警策性的一言半语的自然流露，来突出点明全篇或某部分段落内容的中心、主旨或主题，从而显现其魅力、神韵等。例如，毛泽东的《沁园春·雪》的结尾“俱往矣，数风流人物，还看今朝”等。

各尽所宜、一以贯之的表现方法，则主要就一定话语篇章或对话组织的整体运筹而言，即不管文章主要采用何种表现方法，通篇都必然或突出性地或隐约地体现了其紧扣题目或紧紧围绕着一定中心、主旨或主题来展开的有效表现态势。例如，同样是揭露封建制度弊端主题的文章，曹雪芹的《红楼梦》、巴金的“激流三部曲”（《家》《春》《秋》）及鲁迅的《论雷峰塔的倒掉》，在点明题旨方面虽都一以贯之、但彼此在各具体表现方法方面却又是各尽所宜、各有千秋的。

以小见大、见微知著的表现方法，则侧重对一定题材及主题的整体性升华角度而言，这种表现题旨方法较其他方法的特别之处，就是其所选取的题材与题旨仅是截取意义的一定局部甚至一定点方面存在，但经其却可以窥豹一斑而知事物的全部或整体情形存在，由此令题材题旨具备相应的放大与升华空间，表现力自然几何级提升。提升的结合性方法，是思维组织方面的适当联想与想象，例如，莫怀戚的《散步》、王愿坚的《七根火柴》等。

主题展现方法显然不止上述所举的这些，其他主题展现方法，这里不再列举和相应阐述。

（三）片段性展现

对一定题材、内容等，进行适当的片段性处理与展现，则可有诸如起兴、铺垫、烘托、伏笔、渲染、依托、象征、白描、工笔等艺术化方法。

起兴是先言他物，以引起所咏之辞。即先说可引发后面联想的某特定关系事物，继而再据以说出自己实际要说的事物与真实表达意图。它借两事物的一定程度同理性来进行彼此并行不悖的表达，含蓄直白兼具，以达到独具特色的一定表达效果。这种表现手法是我国古代诗歌常用的一种写法，传统上叫“兴”，例如《关雎》《孔雀东南飞》等对该方法的应用。现在则把不论诗歌与否，但凡先言他物，再据以一定程度同理性地引出实际所要说的事物及实际表达意图的篇章表现手法，都统称起兴手法。现代文学作品方面，贺敬之的《回延安》、老舍的《济南的冬天》（开头）等，就是如此。其中，《回延安》不仅用到兴，而且还比兴连用。

铺垫是在主体内容展现前先进行一些相关性事物的铺陈、基础性表述，以便为随后进行的主体内容表达作适当的支撑、承托。叙事作品中的铺垫方法，往往较多地用于介绍故事的背景、缘由或事物发展的有关先头显现部分。例如，鲁迅《孔乙己》一文中写道：“中秋过后，秋风是一天凉比一天，看看将近初冬，我整天的靠着火，也须穿上棉袄了。”这里看似只写我感觉天气很冷了，实则为下文写孔乙己的悲惨遭遇作了自然环境方面的铺垫。可见铺垫是同一事物或事情的先头性组成部分，它跟后面的主体内容是一体化的。

烘托是建立在一定衬托修辞方法基础上的烘云托月式表现方法，它往往通过先对一定旁物进行适当铺排性表述，继而再引出或推进到实际要表达的主体事物，从而令主体事物的表达更加鲜明突出。例如，汉乐府民歌《陌上桑》对罗敷美貌的描写：“行者见罗敷，下担捋髭须；少年见罗敷，脱帽着绡头。耕者忘其犁，锄者忘其锄；来归相怨怒，但坐观罗敷。”就是如此。它不直接写罗敷的美貌，但罗敷的绝世美貌却跃然纸上。

烘托跟衬托的区分，不仅在于烘托是一种篇章性表现方法，而且还在于烘托对一定旁物的铺排性表述或描绘。烘托跟铺垫的不同是：烘托写的是陪衬性它物，重在挺举实际要表达的一定事物，而铺垫写的是同一事物或事情的先头部分，重在支持后续要表达的一定主体部分。

伏笔属叙述类文章或作品中适当运用的一种表现方法，它采取在前述篇章内容中先有意地进行一些看似无关紧要的合理表述，以其成为现行内容的有机组成部分，但同时，该表述又担负着为后述一定内容预先做提示性或暗示性由来的作用。例如，陶渊明《桃花源记》中先写“停数日，辞去。此中人语云：‘不足为外人道也！’”，埋下伏笔，后述“既出，得其船，便扶向路，处处志之。及郡下，诣太守，说如此。太守即遣人随其往，寻向所志，遂迷，不复得路。南阳刘子骥，高尚士也，闻之，欣然规往，未果，寻病终。后遂无问津者。”以结果照应。前述伏笔预先揭示后述结果不尽如人意的由来。

伏笔需有伏有应，不然就称不上伏。伏笔跟铺垫相比，相同的是两者都在同一事物或事情的前述组成部分，都可是一定后述内容的由来和支持；不同的是铺垫重在铺陈，需适度张扬，以给人显著印象，而伏笔则需不起眼表述，以跟现行内容自然性打成一片，不能暴露即时表述的另外意图。意图相对隐晦的铺垫可某种程度地达到对后述主体内容表达的一定伏笔功效，但伏笔则因其前述表达的不能铺陈张扬而达不到一定铺垫效果。

渲染作为一种文章写作或文学作品创作方面的篇章表现方法，往往通过对一定对象的着力描写、形容、甚至反复述及等方法，来使所表达的人或事物更加形象鲜明、突出。例如，鲁迅《故乡》中开头1、2自然段：

我冒了严寒，回到相隔二千余里，别了二十余年的故乡去。

时候既然是深冬；渐近故乡时，天气又阴晦了，冷风吹进船舱中，呜呜地响，从缝隙向外一望，苍黄的天底下，远近横着几个萧索的荒村，没有一些活气。我的心禁不住悲凉起来了。

其对故乡自然环境的着力描写、反复叙及就是如此。通过对一定环境、气氛的渲染，有效地烘托了人物心情，突出了作品主题。运用直接、间接反复结合着表述来进行感情渲染的如柯岩的《周总理，你在哪里》。

渲染既可用于对环境、背景类事物的着力描写，以达到侧面烘托人物心情、突出一定主题的功效，也可直接用于对一定对象的着力形容和反复述及，正面表现人物性格、形象、思想情感等。

渲染跟烘托的不同是：渲染重在对一定对象方法性表达本身的力度角度，而烘托则重在一定方法性表达的意图角度；渲染可直抒胸臆，烘托却只能旁烘侧托；要加大烘托的力度，可结合渲染方法来进行，渲染一定环境、背景可达到烘托人物心情、突出一定主体之功效。

情感等抽象事物存在因处人的内心深处，本身无外化的具体而形象化物象存在，当对其直抒胸臆无法达到所需的一定表达特效，甚至不能或无法直接地表达该类事物存在时，人们采取将所要表达的该情感等一类事物存在，依附或寄托到对景、物、事、理等的融合性表达当中，以令其得到适当而有效的表达，这样的篇章或对话组织实义展现方法，是寄寓表现方法。

对他物的适当倚仗、融合及一体化表达，是这类表现方法的基本点。

象征是依仗某特定时空、背景条件下的一定相关性具体事物的某特定体征，来体现人物对象及其所具有的一定观念、想法、思想品质、精神风貌等，这样一种艺术化表现方法。例如，茅盾的《白杨礼赞》歌颂的“白杨树”，就成功运用象征手法，形神兼备地体现北方农民、根据地哨兵、抗日军民乃至整个中华民族的人物形象及所具有的思想品质、精神风貌，当时所处的生活环境等。大家熟悉的高尔基的《海燕》、袁鹰的《井冈翠竹》，也是象征手法用得恰到好处的散文名篇。

象征不能当作修辞手法的原因，是一定句级表达方式无论采取转义表达或伴随表达，都无法在单纯句级话语组织形式中，总体而完备地展现出两事物间形方面的相似点、神方面的相同点，特定时空、背景存在方面的相关性，乃至相征征体（象）、对象（意）方面的多样性。

工笔是与白描相对的一种篇章级艺术化表现方法，两者都来源我国古典绘画技巧，在话语篇章组织方法方面都基于一定描写表达方式。但工笔表现方法的话语性描绘刻画跟白描的不同，是讲究笔触工整、巧密、精致而传神化体现出一定人物或景物对象的鲜明生动形象。描写笔触运用方面易掌握且普遍使用的，往往是一定的工笔手法。工笔手法描写景物方面，如老舍的《济南的冬天》中对雪后小山的雪光、雪色、雪态的精妙描绘刻画："最妙的是下点小雪呀。看吧，山上的矮松越发的青黑，树尖上顶着一髻儿白花，好像日本看护妇。山尖全白了，给蓝天镶上一道银边。山坡上，有的地方雪厚点，有的地方草色还露着；这样，一道儿白，一道儿暗黄，给山们穿上一件带水纹的花衣；看着看着，这件花衣好像被风儿吹动，叫你希望看见一点更美的山的肌肤。等到快日落的时候，微黄的阳光斜射在山腰上，那点薄雪好像忽然害了羞，微微露出点粉色。就是下小雪吧，济南是受不住大雪的，那些小山太秀气！"

而白描手法则是在工笔手法熟练掌握基础上，仅用简练、精当而朴实的三言两语，就粗略而传神地勾画出一定对象的鲜明生动形象，这样一种艺术化表现方法。例如，吴敬梓的《儒林外史》中写范进看中举的报帖及自己中举了后的情形："看了一遍，又念一遍，自己把两手拍了一下，笑了一声，道'噫！好了！我中了！'说着，往后一交跌倒，牙关咬紧，不省人事。"罗贯中的《三国演义》中对赵云出场的外貌描写："生得身长八尺，浓眉大眼，阔面重颐，威风凛凛，与文丑大战五六十合，胜负未分。"等等之类，都是如此。

至于那些综合化运用的艺术化内容创作方法、作品艺术风格之类，它们往往独具个性特色，这里不再阐述。

第七章　话语言词的修饰变通——修辞

话语句化建构时，当特定言词、特定超言词表达手段及特定语境的一体化表达，仍不能达到某种特定实意所需的特定表达效果时，则需采取对有关特定言词适当修辞性修饰变通，来解决特定言词的象义结合关系跟特定话语的象意结合关系间出现的一定程度失衡或表达不足问题。

修辞的实质，是一定话语表达过程的言词修饰变通行为。修饰变通的方法，即一定修辞方法。修辞中的常用而规范性的格式化修辞方法，即人们通常所言的修辞手法。

修辞的结果，是导致一定言词变式的产生。目的在于达到某特定话语表达效果。根源在一定言词名义逻辑的泛化表达本身所存在的特定实意针对性表达不足：包括言词性字化表象组织替代性存在形式（形、音）的不足，及意义方面的一定言词名义应对所要表达的某特定实意的不足。

譬如，一方面，特定言词性象义统一体中，字化表象组织跟一定名义的人工结合关系，乃社会约定俗成，相对固化，且面向的对象及意义泛化。另一方面，事物存在类实意却处于永恒的发展变化当中，一定的社会表达或交流对象更有着丰富的个性，心理、生理和阅历方面等，都是如此。这必然导致一定固化的言词名义逻辑，跟发展变化了的特定实意、独具个性的表达、交流对象，在新语言统一体中的可能适应或矛盾。一旦矛盾，就只有变通既有的社会公共化言词名义逻辑平台构成，来顺应新的表达交流对象及实意的发展变化需要。名实相符后，特定实意与新表达交流对象，再在新组织形式里达到协调、统一和发展。

形、音类形式不足，主要原因是既有的字形、字音过于呆板，跟活泼的内容或表达者的个性不相协调，从而需要进行适当的润饰变通。

而意义方面的言词名义应对有关特定实意表达之不足，则主要在相应言词名义对有关特定实意的无法合理包含，从而需进行适当置换、外挂（伴随）、暗含等类变通，才可达到相应言词名义跟有关特定实意的协调、统一和共发展。

恰当的格式化修辞手法运用，往往可达到一定实意表达所需的某种特定效果，或增强语句表达方面的形式美。内容是活生生的，形式更要活生生的。

人的主观能动作用积极主动地作为，令语言的这种言词修饰变通成为现实。

第一节　常用格式化修辞方法

修辞手法
- 置换表达方法：比喻、比拟、引用、借代、夸张、反语等
- 伴随表达方法：排比、设问、反问、反复、对偶、对比等

一、常用置换表达类修辞方法

置换表达通俗地讲，即换说法。

它不是直接地经常规言词上达具体而特定的话语实意，转而采用经适当变通的相应言词，意有所指而间接地上达一定话语特指实意，从而达到常规表达无法企及的某特定表达效果。这样一类的修辞方法，就是置换表达一类的修辞方法。

置换表达类修辞方法常见的如比喻、比拟、夸张、反语、借代、引用等。

其他如通感、移情、移用、婉言、避复、仿词、警策、呼告、降用等，

也属格式化修辞方法中的置换表达。

二、常用伴随表达类修辞方法

伴随表达通俗地讲，即并说法。

它有意地将一定语句结构成分或意义技艺性并表，从而达到一定的实意表达特效，这样的修辞表达方法，就是伴随表达类修辞手法。

伴随表达类修辞方法常见的如：排比、设问、反问、反复、对偶、对比等。

其他如拈连、映衬、层递、连环、跳脱、列锦、飞白、互文、示现等，也属格式化修辞方法中的伴随表达方法。

因意义表达的需要，一些修辞方法往往还可以联合使用。

A. 是我鼻子犯的罪，不该嗅到她的美。　　（借代、通感）

B. 树缝里也漏着一两点路灯光，没精打采的，是渴睡人的眼。　　（拟人、比喻）

当然，句级修辞方法的或置换或伴随表达方面的种类划分，自然也只是一种相对的区分。其种类也远不止上文所说的这些。这里只是代表性列举其中的一些常见的格式化艺术手法。

常用格式化修辞方法在我们的中小学语文教育教学中就耳熟能详，且异议少，因而，这里除上面的在根源上适当阐释外，不再逐个分别阐述和举例说明。

第二节　非格式化修辞

非格式化修辞：
- 成分序位优配
- 句式散工取舍
- 句式短长取舍
- 句式语体取舍
- 字词锤炼

一、结构成分的序位优配

所谓成分的序位优配，即基于语句结构成分在线性产出时的序列化存在，而在句式表达时形成一些结构成分的通行性先后序列安排：

一是条件反射地对重要的事物存在或主导性事物存在先说，而其他相应结构成分延后表达。二是依事物存在的本来作用关系，来进行结构成分借鉴的常规序列化配置。三是依其他特定表达需要进行相应的主次、远近类结构成分的先后序列优配。

A. 怎么了，你？（把对状况的疑问“怎么了”置于句子的句首凸起位置，以突出疑问者最想知道的东西，其次才是询问的对象“你”）

B. 在咱乡里，红薯藤只喂猪的。（把状语“在咱乡里”置于句子的句首凸起位置，以突出表明地点所在，其次才是现象“红薯藤只喂猪的”本身）

C. 太不道德了，他这样子！（把情状“太不道德了”置于句子的句首凸起位置，以突出表明性质相当恶劣，其次才是事件“他这样子”本身）

D. 好多外国人，到中国游览的，都觉得这是一件非常稀奇的事情。（把主语中心语“好多外国人”置于句子的句首凸起位置，以突出表明主领对象，而限定成分“到中国游览的”滞后述说，最后才是事情情状“都觉得这是一件非常稀奇的事情”，这样表达主次分明）

E. 同志们冲啊，为了新中国！（突出号召对象及情状，目的置后，足见当时情况紧急）

F. 为了新中国，冲啊，同志们！（突出目的，情状及号召对象置后，可见号召者重在激发起大家的动力）

G. 冲啊，同志们，为了新中国！（突出情状，号召对象和目的放在其次，说明当时情况紧急，冲是最紧迫的 ）

上述的这些示例表明，一定句子结构成分序位的配置，并非固定，都是服从于现时表达需要。因突出表达需要及人的主观能动作用，一定句式中的一定结构成分有时是可以有非正常性序位所在的。

一些语言理论用倒装、结构成分前置或独立成分等说法，来解释上述句式中一定结构成分优配，是不大妥当的。

结构成分的序位优配也即人们通常所言的语序方法性表达。

总体基于重要的先说，其他结构成分再大多依事物存在的作用关系上的自然顺序结构表达。

二、随意性语句与工整性语句的选取

所谓随意性语句，即语句中的各言词化结构成分往往依一定意义作用关系，呈自由、零散而长短不一的形态，有序地线性拓展，也称散句。

人们日常生活中口头话语或书面话语的自由、自在性表达，普遍是以一定的随意性语句形式来实施的。

A. 我想强调，妥处争议，缩小分歧，增进互信，扩大合作，维护南海地区的和平稳定，符合本地区各国的共同利益，也应是本地区各国共同努力的方向。

摘选自《外交部发言人就欧债危机、南海问题等答问（实录）》[1]

B. 这个一览表分三个部分，即与听力有关的表达能力（如幼儿早年的说话能力和对物体名称的掌握能力等等），与听力相关的接受能力（如对声音、词句和指示的反应等），以及视觉能力。

摘选自《幼儿、儿童语言能力测试》[2]

也可称随意性语句为语句言词化结构成分自由、常规而基本的表现形式。

而所谓工整性语句，则指语句中的各言词化结构成分不仅依一定意义作用关系而有序性拓展，而且其拓展还有着声韵、字数多少、结构方式等方面的适当讲究或规范性要求，从而增强言词表象形态对人的生理感官方面的适度刺激效果，加深人们对相关意义的印象。

工整性语句也称工句。它较多地用于话语的艺术性表达，诗、词、骈文、歌词、歌谣、俗语等广泛使用一定的工句表达，一些语言水平高、语言节奏

① http：//www.chinanews.com/gn/2011/09－15/3330589.shtml

② http：//baobao.sohu.com/20070823/n251760981.shtml

化心理合成态势特别活跃的人，惯于使用语句形态这方面的技巧性或技艺性表达。

A. 坐地日行八万里，巡天遥看一千河。　　（对仗要求）

B. 自富阳至桐庐，一百许里，奇山异水，天下独绝。（四六字要求）

C. 暖风吹那春来到 羊群悠然吃草 怎么突然想起 你的微笑（每句基本字数、结构要求）

D. 河里两只鹅，黑鹅和白鹅，一同去过河。（字数要求且合韵）

更多的情况下，随意性语句与工整性语句是交错运用的。

E. 五月五，是端阳。门插艾，香满堂。吃粽子，洒白糖。龙舟下水喜洋洋。

F. 我和你，心连心，同住地球村，

为梦想，千里行，相会在北京。

来吧！朋友，伸出你的手，

我和你，心连心，永远一家人。

陈其钢《我和你》

G. 一阵风吹来，树枝轻轻地摇晃，美丽的银条儿和雪球儿簌簌地落下来，玉屑似的雪末儿随风飘扬，映着清晨的阳光，显出一道道五光十色的彩虹。

峻青《第一场雪》

显然，随意性语句的选取属基本的句式组织技能的掌握，而工整性语句的选取则属一种较高的句式组织技能的养成。

三、长句化与短句化的取舍

长句是指语句中的单词、词组或分句类结构成分较多且句中各结构成分间的关系及构成方式相对而言更为复杂的句子。它可以是一定的单句，也可是一定的复句，可以是随意性语句，也可以是工整性语句，或随意性语句与工整性语句的交错运用形式。

A. 艺术家的创作要避免与别人雷同，首要的一点就是必须在对现实的认识方面多下功夫，努力发掘别人尚未认识或认识不深的方面、特点和意义，争取达到感受与认识的新的高度或深度，这样才能产生具有美学价值的创新，才能为创作个性的形成发展打下巩固的基础；否则就难免流于平庸，不但作品中的人物会“千人一面”，连同艺术家本人也不能不是“千人一面”的，无创作个性可言了。

王朝闻主编《美学概论》

B. 正像达尔文发现有机界的发展规律一样，马克思发现了人类历史的发展规律，即历来为繁芜丛杂的意识形态所掩盖着的一个简单事实：人们首先必须吃、喝、住、穿，然后才能从事政治、科学、艺术、宗教等等；所以，直接的物质的生活资料的生产，从而一个民族或一个时代的一定的经济发展阶段，便构成基础，人们的国家设施、法的观点、艺术以至宗教观念，就是从这个基础上发展起来的，因而，也必须由这个基础来解释，而不是像过去那样做得相反。

恩格斯《在马克思墓前的讲话》

而短句在结构成分、结构关系及结构方式等方面，较长句而言自然要简短、精悍而直截。

C. 失败乃成功之母。

D. 无巧不成书。

E. 书山有路勤为径，学海无涯苦作舟。

实际表达中究竟会采用长句还是短句，则需从内容、文体、受众等方面来综合平衡考虑，且更多地体现为句式短长搭配性应用。

四、口语化与书面语化的选取

这里的口语化并不等同于口头话语化，因为口头表达也可以适当书面话语性的文绉绉地表达，而书面话语方面也可以通俗而不那么相对凝练典雅地表达。它指的是口头话语和书面语言都可采用的、合乎人们日常口头表达较高水平方面的一定语言组织表达技能。并具体体现为诸如用词相对通俗粗糙、随意拣来、朗朗上口，句式短促而简捷，意义关系空灵而通融，结构成分的序位随情势紧急与否而先后配置，甚至穿插补充，表达浅显易懂等方面的特色。

A. 我觉得他（张艺谋）风风火火的，从1988年到现在，都20年了，可以歇会儿了，世界你也跑遍了，虚荣你也尝尽了，可以荫庇后人了，你60的人，跟20的人怎么争啊？他怕这个声望下去，而且他是一个陕西人，很倔，你越说我不好，我越做给你看。

——王朔

B. 二诸葛老婆正气得死去活来，一看见来的是三仙姑，正赶上出气，从炕上跳下来拉住她道："你来了好！省得我去找你！你母女两个好生生把我孩子勾引坏，你倒有脸来找我！咱两人就也到区上说说理！"这两个女人滚成一团，二诸葛一个人拉也拉不开，也再顾不上研究他的卦。

赵树理《小二黑结婚》

这里所言的书面语化也不等同于一定书面话语表达形式化，它指口头话语和书面话语都可采用的、跟书面话语一样的措词凝练文雅、结构规范严谨、逻辑缜密周到、表达中规中矩等表达技能。

C. 对于所有企业来说，创新驱动所驶向的，无疑是深邃的蓝海。挑战就在眼前，创新未有穷期，这是每一个企业赢得未来的立身之基。

德邻《让企业创新激发市场活力（快评）》

D. 对以双倍热情款待我的人，对不起，我总是不大敢深交。因为我深悉平平常常才是真、从从容容才能远的道理。做人也好，行事也罢，不要热情过度，不要用力太大。百步无轻担，日久见人心，咬着牙、憋着尿是走不远的。热情过度也是一种虚情。人生很长，很苦，凭虚情是难以走到终点的。

——麦家

例D还属书面化话语跟口语化话语的结合应用。

至于对一定单句或复句的取舍，则是取决于语句结构成分间本身的层级关系有无。对肯定句或否定句的取舍，取决于相关语句结构成分在言词名义的范畴所在本身。对主动句和被动句的取舍，取决于相应主述句中主领成分与相关结构成分间本身的主动或被动性结构关系存在。

这些就都直接归结于前面所讲的语句结构关系种类方面。它们更多体现为一种意义内在本质方面的结构关系协调，而非一定组织方式（形式）区分。

五、字词锤炼

因为只有在常规表达无法企及一定的特定实意表达效果时，人们才适当采取一定的转义表达或伴随表达类修辞方法，所以，并非所有情形都需对有关言辞进行相应的修辞性修饰和整弄。

条件许可情形下，人们更多的是直接选取一些相应单词或词组类言词，来名实相符、精妙妥当地上达到相应的特定实意表达，以之达到跟特定语境类意义协同成分及特定语气语调类意义辅助表达手段的协调、统一和发展。这是人们在进行一定语句表达时的自然之道。

语句化非修辞性常规措辞的精当，往往取决于表达者对有关单词、词组类言词的充分储备，所选泛意义对相应特定实意的恰当统领，以及所选泛意义与相应语境类意义协同成分及语气语调类意义辅助表达手段的协调一致。

譬如，语句表达中对一定单词、词组类言词的常规性遴选、锤炼、推敲等，就是如此。

A. 鸟宿池边树，僧敲月下门。（“敲”而非“推”）

B. 这次比赛我们必须赢。（“必须”而非“一定”）

C. 都 11 点钟了。（加“都”，表示“该做……了”或时候不早了）

D. 该起床了。（用“该”，表示时候不早了）

E. 他这人很会办事。（用“他这人”，表强调、重视等）

F. 双方要求同存异、求同化异。凡是有利于为两国关系注入正能量的，都要做“加法”；反之，都要做“减法”。

——2014 年 7 月 10 日，国家主席习近平在人民大会堂会见美国国务卿克里和财长雅各布·卢

（“求同化异”是“求同存异”的化用，做“加法”和做“减法”分别是“多做”和“少做”的替代表达）

G. 一位美国记者在采访周总理的过程中，无意中看到总理桌子上有一支

美国产的派克钢笔。那记者便以带有几分讥讽的口吻问道："请问总理阁下，你们堂堂的中国人，为什么还要用我们美国产的钢笔呢？"周总理听后，风趣地说："谈起这支钢笔，说来话长，这是一位朝鲜朋友的抗美战利品，作为礼物赠送给我的。我无功不受禄，就拒收。朝鲜朋友说，留下做个纪念吧。我觉得有意义，就留下了这支贵国的钢笔。"美国记者一听，顿时哑口无言。

（用言外之意委婉回击对方的言外之意，体现周总理的机智、巧妙又不失礼仪）

H. 大摩华鑫：央行货币政策"猪"不是问题，"牛"才是关键（标题，作者：章俊，中金在线转自财政网）

（当中的"猪"，指猪肉价格上涨为代表的居民消费价格指数上涨因素，当中的"牛"婉言央行货币政策的关键是继续宽松而为经济发展托底。）

有朋友网上发了条说说：为了自己的奥迪，老婆的迪奥，儿子的奥利奥，一定要努力学习！

结果，下面出现了个神回复：为了你的奥拓，你老婆的奥妙，你儿子的奥数，好好学习吧，奥特曼！

（神回复用奥拓取代奥迪，奥妙取代迪奥，奥数取代奥利奥，并称发帖者为奥特曼，暗示理想很丰满，现实很骨感）

修辞的奇妙，在人的主观能动作用的奇妙。它们显然不止我们上面提到的这些。实际上，除了我们即时特定话语表达中出现的各种修辞，词层面也浓缩了很多已固化修辞方法的存在。

第八章　语言的基本特征与功能

语言看似简单，实为人类最美妙奇幻的创造物。或许我们可看到语言特征和功能变换出的许多样子，但基本的则不外乎下面这些方面。

第一节　语言的基本特征

语言的基本特征
- 具象代表性
- 达意去象化
- 系统规约化
- 人工智能化

基于语言内容与形式的结合化存在，语言的基本特征主要有：具象代表性、达意去象化、系统规约化、人工智能化。

一、具象代表性

所谓具象代表性，即语言所具的那种能依其所人工给具的一定字化表象组织，来替代性地示指一定语言统一体存在，并示指性上达一定意义（实意）存在，这样一种存在特征。也即语言表达的字化表象组织代表性。

人工给具的一定称谓性字化表象组织，被替代性地用于表达一定的泛化名义逻辑时，可面向合乎条件的一切对象、意义，所代表的一定语言统一体则为一定言词组织。

当一定言词组织被用于表达特定的实意时，则以社会统一的名义逻辑性言词组织跟特定交流对象、特定表达方式、特定超言词手段、特定语境意义人工结合，来形成特定话语性语言统一体一类的实意产品组织。

例如："千里之行，始于足下。"

这包含：

其一，字表，相应语言统一体及一定意义的字化表象组织替代性存在：汉字"千、里、之、行、始、于、足、下"的线性结构化层级序列组合。

其二，词语，示指词义（统一名义）：(1) 本意：千里行程，从迈出第一步开始。(2) 比喻事情成功都是由小到大不断积累起来的。(言词组织层面)

其三，话语，示指实意（特定含义）：词义基础上，再适当结合特定语气语调时空间隔类人工变量辅助表达、特定表达交流对象、特定语境，协同表达特定意义。(话语组织层面)

二、达意去象化

所谓达意去象化，即语言在经一定字化表象组织替代性存在，而上达一定语言名义逻辑或特定实意后，其字化表象组织会自动剥离，而语言统一体则当期瓦解，从而只留下一定的去象化名义逻辑或特定实意的交流与表达，这样一种存在特征。

语言表达最终需去字化表象组织替代性存在，而上达至其思想、事物类意义存在本身。这是语言表达交往的目的和使命所在。

当然，这里的达意去象化只是自动剥离一定语言统一体中人工给具的一定字化表象组织，而不是一定名义逻辑或特定实意本身固有的本来象。

例如："山重水复疑无路，柳暗花明又一村。"

该表达或交流过程，意义上达后，替代性存在的字化表象组织"山重水复疑无路，柳暗花明又一村"即自行脱落，只剩一定概念名义、事物存在或思想本身存在。且相关名义逻辑、特定实意自身固有的本来象，则并不脱离。

三、系统规约化

所谓系统规约化，指一定语言统一体各层面、要素及其建构手段、方式、方法上等，所具的那种社会统一的一定规则、规范、规律、规定、要求等方面的系统化和约定性存在特征。也即语言的系统范式特征。

相较而言，系统规约化是目前社会相对普遍认可的语言基本特征。

例如："虚心使人进步，骄傲使人落后。"

这包含：

(1) 字系统：只就表象形态而言的汉字"虚、心、使、人、进、步、骄、傲、使、人、落、后"序列化存在。

(2) 词系统：只就泛化名义逻辑而言的言词性字化表象组织"虚心/使人进步，骄傲/使人落后"存在。

(3) 话系统：只就特定实意而言的话语语句组织"虚心使人进步，骄傲使人落后。"存在。它是特定言词"虚心使人进步，骄傲使人落后"跟特定语气语调时空间隔类人工变量、特定表达交流对象、特定语境类意义协同表达成分的结构化、功能化建构结果。

四、人工智能化

这里的所谓人工智能化，指人类语言所独具的那种在一定象义（意）统一体的建构及其功能发挥上的心智化存在特征。运用时，则具体体现为人们通常所言的语言的一定心智、能力化存在特征。

虽然音字的发明不外乎由一定的动物式种属声音发展而来，但文字符号的组合性发明，一定音字文字的方法性组织及其替代性表意，将一切对象及意义的处理区分为名义和实意，名义泛指（称）而实意特指，语言统一体的字化表象组织替代性存在的线性概念结构化、抽象和具体的统一、明示暗示结合、人的主观能动性积极主动地作为等，这些长期发展而形成的方式方法方面的人工智能和技巧，是语言以外的事物无法都具备的。

尤其语言能力，人们不仅需具备对一切事物存在的协调处理能力、起码的泛化名义逻辑组织建构，而且还需具备以之处理与社会一切交流对象、意义的协调、统一和发展问题，这样一种技能或技艺。从而同样是心智化了的。

基本特征所下属的社会性、民族性、文化性、生成性等诸多特性，这里不再阐述。

第二节　语言的基本功能

语言的基本功能
- 意义结合功能
- 意义表达功能
- 意义交际功能
- 思维优化功能

基于语言的物化形式与社会本质内容的人工结合化及特征存在，语言的基本功能主要有意义结合功能、意义表达功能、意义交际功能、思维优化功能这四个方面。

这些基本功能都由语言的字化表象组织跟其意义类事物存在的人工结合关系而决定。

因意义的协调、统一、发展，是这些功能发挥所要达到的终极目的，所以，事物存在类意义对语言各基本功能的形成起了决定作用。

同时，人的社会依赖性导致的主观能动作用，则是语言功能发挥的“魂魄”所在。

字化表象组织类物化形式，事物存在类的意义本质，乃至二者合一的象义（意）统一体类词、话组织，它们本身并无主动运行能力，它们必须借助于一定心理生理动力前提的主动作为（人的主观能动作用），才能“奔走相告”。

所以，各种内外信息类事物存在刺激，人的主观能动性积极主动地作为，及一定生理反应（量能释放）性执行与实施，是一定语言功能发挥的动力所在。该动力促使一定字化表象组织类自然本质形成，并促进该物化形式跟意义本质的合一，以带来相应的一定象义（意）统一体的形成。最终变现为相应的一定字化表象组织替代性存在。

因而，只有有了一定的字化表象组织替代性存在，才是这些基本功能实施的必由之路。

一、意义结合功能

语言的意义结合功能是语言首要的基本功能。

所谓意义结合功能，即一定语言统一体从开始建构起，就一并具备的那种可直接以一定字化表象组织，跟一定泛化名义逻辑或特定实意人工结合，以形成一定言词性名义逻辑组织或话语性特定实意产品组织。同时，它也可后天社会规范化地单以一定字化表象组织，来跟一定泛化名义逻辑人工结合，以形成一定言词组织。然后，再以社会公共化地对合乎条件的一切对象、意义的表达交往，进行相应协调、处理。甚至将这些言词组织与一定句式及语气语调时空间隔类人工变量乃至一定语境类意义自变量人工结合，以形成相应的特定话语产品组织，这样一种意义处理功能。常规言词组织表达之不足，更可适当修辞化地对变化、发展了的诸意义、作用关系等协调表达。

在人类已有的工具性发明中，只有一定字的发明，才是最基础性、革命性、奇巧性和深远影响的创造发明。

以人工给具的一定字化表象组织替代性存在设标方式，来生理运行化处理事物存在信息；以该字化表象组织替代性存在的映象化反映，来应对一定对象、意义的心理酝酿或处理问题；以其外化变现后的一定言词组织，来面向合乎条件的一切对象及被处理意义的交流表达问题；以该言词组织跟一定人工变量、语境类意义自变量的人工结合，来面向特定对象、意义的交流表达问题，最终完成对有关特定对象、意义及其交流表达方面的具象化示指和代表，这是语言意义结合功能的神奇所在。

音字或音字序列跟一定意义人工结合，可形成口头语言方面的一定口头言词、口头话语组织及其字化表象组织替代性存在。文字或文字序列跟一定意义人工结合，可形成书面话语方面的一定书面言词、书面话语组织及其字化表象组织替代性存在。口头音字化象义（意）结合或书面文字化象义（意）结合，成为人类语言依或口头或书面方形式发挥其意义结合功能的两种基本实施方式。相应音字、文字自然成为相应语言实施该结合功能的两种基本的物化工具或物化手段。

因一定字化表象组织替代性存在跟一定意义的人工结合及标示，通常是一种心理抽象而隐晦的结合与标示，所以，语言的这种意义结合功能的发挥，必经一定社会统一地规范及有关特定交流对象主观能动作用的积极主动作为，才能变现。

语言的意义结合功能是语言的其他功能发挥的基础。其他学科运用语言来促进本学科知识的传播、研究和发展，无不借助于语言的一定意义结合功能。并具体体现为相关意义的字化表象组织替代性存在化的示指表达。

习惯上，人们往往将语言的这种社会功能理解为一定的承载功能，这是不够确切的。当我们将语言理解为一种载体，也即将语言理解为一种单纯的字类物化工具。这实际只看到了语言的一定字化表象组织替代性存在，忽略了语言统一体中的相应名义逻辑与特定实意存在，从而是不全面的。

二、意义表达功能

语言的意义表达功能指的是，一定语言统一体在其字化表象组织替代性存在的具体运用方面所具的那种“表象所示，即代表其所指的相应意义存在”，这样一种社会应用功能。

这里的“表”指一定的称谓性字化表象组织替代性存在。而这里的“达”则既包括字表组织本身的上达与示指，也包括该字化表象组织类物化标志示指的一定意义的上达与示指。该意义更包括一定言词组织结合的泛化名义逻辑，及一定话语组织结合的特定实意。是双“达”。

由此，则语言表达功能的发挥，往往需经过“达表”和“表达”这两个运行阶段。

“达表”是第一步。而“表达”则意味着该功能已经完成或付诸实施。所谓“达表”，即一定事物存在及其心理映象化酝酿处理后，而上达到一定言词组织的称谓性字化表象替代性存在，这样一个实施过程。而所谓“表达”，即随着该言词性字化表象组织替代性存在的所示，以其所人工结合的一定泛化名义逻辑跟特定对象、语境结合，最后上达到某特定实意所在。二者共同完成对一定意义的表达功能。

例如：“我想过六一，但六一已不属于我。”

单从该言词的义化表象组织替代性存在看，依据其规范化人工象义结合关系，其泛化名义逻辑可示指：

(1)“我想/过六一（儿童节），但六一（儿童节）已过”；

(2)“我想过/六一（儿童节），但六一（儿童节）已过”：

(3)“我想/过六一（儿童节），但早过了过六一（儿童节）的年纪”：

(4)“我想过/六一（儿童节），但早过了过六一（儿童节）的年纪”。

足见言词性名义逻辑组织在结构关系方面的情形复杂。但当该言词组织的字化表象组织替代性存在跟特定表达对象、特定语境条件结合，甚至有一定语气语调时空间隔类人工变量的辅助表达，则该称谓性字化表象组织替代性存在所人工结合和表达的，就只能是其中仅有的某一种情形存在了。

三、意义交际功能

语言的意义交际功能指的是，语言象义（意）统一体所具的那种以其字化表象组织替代性存在的“奔走相告”，即可替代人或事物存在本身来表达和交际，这样一种社会交往功能。

语言的意义交际功能之所以只能由一定的字化表象组织来替代性地实施，而不是由一定的对象、意义自身来实施，原因就在于：(1) 语言意义作为一种事物存在，有自身独立的运行规律，不以人的意志为转移，从而不具备那种天然合乎人类一定需求、意愿、目的等奔走呼号的主动交际能力；(2) 语言的心理酝酿和处理作为一种心理反映活动，虽具主观能动作用，但却抽象化地囿于人的一定心灵深处，它们把面向一定对象、意义的处理结果，要上达到泛化名义逻辑或特定实意所指的一定对象、意义类事物存在，只有经一定字化表象组织替代性存在的生理传输，联动性地上达；（3）一定表达交流对象本身在应对外界事物存在时，往往有着体能、精力、时空等的一定程度局限而无法企及一切。因而，经一定字化表象组织替代性存在示指，来上达合乎条件的一切对象、意义，便成为人类表达交流时既克服自身不足，又有效可控、切实可行的最便捷处理方式。

语言的这种意义交际功能的发挥，乃是以语言的一定意义结合功能的发挥为基础，以一定意义表达功能实施为起步，并融合了相应事物存在、生理心理活动能力、知识基础及语言水平等多种因素的影响。当人们运用语言进行一定的社会交往活动时，就要适当考虑到这些相关因素的制约和影响。例如：

A. 尊敬的各位来宾、亲朋好友、女士们、先生们：

大家好！

今天是个好日子，天气分外晴朗，作为人类灵魂工程师的××小姐和保一方地方平安的武警战士××先生，走进了神圣的婚礼殿堂。此刻，谨让我代表二位新人为大家的光临表示诚挚的感谢，恭祝大家身体健康，万事如意！并和大家一同祝愿××小姐和××先生新婚愉快，白头偕老，早生贵子！

该婚庆贺词体现祝词者以话语方式表达自己跟婚庆喜宴上的新娘新郎、各位来宾、亲朋好友间的思想感情方面的交流，增进和融洽婚宴的喜庆气氛。

B. 岩烧店的烟味弥漫　隔壁是国术馆

店里面的妈妈桑　茶道　有三段

教拳脚武术的老板　练铁砂掌　耍杨家枪

硬底子功夫最擅长　还会金钟罩铁布衫

他们儿子我习惯　从小就耳濡目染

什么刀枪跟棍棒　我都耍得有模有样

什么兵器最喜欢　双节棍柔中带刚

想要去河南嵩山　学少林跟武当

……

方文山《双节棍》

自然，歌词的思想感情交流会更具感染力。

再如，日常生活方面，一个小朋友在墙上写下“好书伴我成长”这句话，它带给大家的信息可能是这个小朋友在学写字，也可能是言词或话语本身的含义。

四、思维优化功能

语言的思维优化功能是指一定语言在被心理所反映或酝酿处理时，对思维组织所具的一定反作用。

人类语言作为一种外在事物存在，本身并不具备那种主动地对人的思维产生一定作用的能力。但人的心理反映方面的主观能动作用，则能积极主动地对一定语言存在进行适当反映。

这样，当一定语言被心理所反映或酝酿处理时，其言词性字化表象组织替代性存在的映象反映，便能以其跟相应意义的人工结合关系，而适当替代一定意义及其心理反映方面的运行，并有着一定的非言词化信息及其映象反映的关联性或伴随性存在。

该功能存在的核心体现，是一定泛化名义逻辑的字化表象组织替代性存在的映象反映。它可人工结合合乎条件的一切对象、意义及其心理反映，乃至关联一定非言词性信息及其心理映象的泛化反映。该非言词性信息具体体现为语言变现时的一定语境化特定实意的关联性、扩展性或伴随存在。

通常情况下，人的心理或思维大多是处于自由或混沌的状态。当一定的内、外诱因及各相关情形出现时，它们是心理的一定念头、思绪、意识或某种感觉类的诸内容。

借助于社会统一的含义概念化、范畴化及所给具的一定言词性物化名义逻辑，自然界、人类社会及思维诸领域的一切或具体或抽象事物存在，都被适当地归结到语言的一定规范化名义逻辑及其所统领的诸含义、概念、范畴等，或它们的名义逻辑结构化存在之中。

当人们在进行一定的心理反映活动时，对处于相同概念、范畴及它们的结构化存在中的诸内容，便可无需像未有言词性名义逻辑之前那样，一味穷尽地思辨，而只需适当笼统而概括地借助于一定言词性名义逻辑的字化表象组织替代性存在，映象化地运行，即能完成语言的相应心理酝酿与处理工作。

至于思维完成一定精准而确切的任务，则依靠一定的规范化概念、范畴或它们的结构化存在方面的各逻辑、作用关系等，来适当地分析、整合、联通，进而完成一定的思维任务。生理基础方面，则相应有着大脑皮质网状神经结构的区域化分工存在。

由此便简化了原本整体地处于混沌状态的思维内容、路线和运行过程等，缩短了思维的时间，提高了思维能力、水平与效率，从而优化了人的思维。令社会抽象表达和交往在心理层面优化而便捷。

例如，当我们要表达感激，而心里不知说啥感激的话才好时，就可能说“你也真是的!”这样的感谢话，来笼统地表达自己的谢意。或者说你帮了我的什么什么之类的忙，以至于我怎么怎么的之类确切感激性话语。可能真的如所说的那样，但也可能说得再多也只是表达感激本身。

心理反映范畴化、名义概念化、结构化，或范畴化、名义概念化意义的结构化组合，是思维优化组合的关键所在。

故而，语言的意义结合功能是语言的各社会功能发挥的基础，语言的意义表达功能是语言的社会功能发挥的起步，语言的意义交际功能是语言的社会功能发挥的终极目的，而语言的思维优化功能则为人类思维提供了便捷化的映象化组织、协调与处理方式方法。

语言的这些功能以外的其他功能，这里不再阐述。

第九章　我们怎能不语言

第一节　我们怎能不语言

一、由来

事物都是普遍联系和发展变化的，而社会交往也会不断深入而广泛。

人作为一种物化与社会化的存在，天然不同程度地存在着对一定物质和社会的依赖。意识、精神、思想、思维、观念、感觉等，不过是人脑机能方面的心理主动反映与内化。外化时，生理反应再联动性的神经脉冲和量能释放性地反作用于外界事物存在，并进行相应能量反馈。

人对自然、社会甚至思维的主观能动作用，是人对物质和社会依赖的具体体现。

为了生存，人积极努力地进行着与自然、社会的协调、统一和发展等作用、关系方面的实践。但人在应对自然、社会等事物存在方面，又有着时空、精力、体能等方面的天然不足。

为很好的处理人与自然、社会的关系，作为万物之灵和社会化生存的人，努力寻求一种人与事物存在间交往的桥梁——“代表”或凭借物。

自然、社会并不天然存在着这种可供人类利用的“代表”或凭借物。

于是，我们的祖先，开始了对这种“代表”类事物的存在进行创造发明。

基于该创造发明必须具跟神经脉冲和量能释放性对外反作用力具紧密联系，脱离人的生理反应终端联结的事物存在，注定是不可能的。从而，对自我种属声音的适当改造，即成为可能。

手、脚、躯干、脑的分工、改造，重塑身心。而对嘴的分工、改造，为重塑嘴及对人类种属声音的改造，奠定了物质基础。

当一定的改造化种属声音，被同一场景或不同场景的同一或同类事物存在反复唤醒、提及，意义记忆同样被唤醒，乃至改造和建构类似声音的方法、技巧都社会化的扩散开来，一定的改造化种属声音跟一定事物存在类意义间人工结合关系，即逐渐稳定下来，从而音字形成。

后来，顺应有形记忆的表达需要，文字也应运而生。

这样，一定音字、文字的形成，即分别成为一定口头语言与书面语言诞生的物化标志。

基于物化运动、物物交往及人的主观能动作用，音字、文字分别直接体现为一定口头语言和书面语言的物化手段。间接成为一定口头语言和书面语言在一定言词和话语方面的替代性组织存在。

从而完成对一定语言的物化手段和物化组织形式的建构。

相应地，字、词、话成为语言三要素。

二、表达

但是，倘若单单如此，那我们人类的语言，就还只是最初发明时的单字语言的样子。那就小看人类的语言了。

语言三要素中的字好理解，它不过是语言的物化手段，及语言物化组织形式的构成要素。

话也好理解，它是具体的语言产品组织。最初的单字语言，表面看是单个的字，但因为有了特定具体实意跟该单字的人工结合，从而成为最早的单字化的话。

最让人感到恼火的是词。

不仅让人看不懂，而且还让人不能对它跟话进行有效的区分。这导致人们直接把词当作语言，而把话当作语言的具体运用。从而长期制约了我们对人类语言的整体、全面认识。

语言中的词的名义化形成，是人类语言发展的第二步。

一个字被发明，却只用来人工结合特定具体的某一项实意，实在是浪费。况且，字的发明总归是有限的。

有限的字，跟无限的事物存在类意义相对应，终会有点“对不起”。

是自然而然的，人遇到相同的、同类的、相关的、相似的事物存在，都条件反射地或有意地发出同样的音字化声音，用同一音字来表达，这导致词的形成。

其同一字化表象组织替代性存在，成为该词及各意义统一的称谓名。

各意义在词统一体内彼此共存，令意义转化为名义。名义既面向所有意义，也可面对其中之一的某特定具体意义。从而有效解决了多义和特意问题，但提取是需要方法的。

言词表达的奥秘，恰恰是其既面向全部意义、又可面对每一和某一特定具体意义。这是词后来又被用于话语表达的原因。

而由词及其名义，到话及其实意的表达，这是有奥秘的。

比如，一定的表达方式、语气语调等超言词手段、言词难以表达时的修辞变式化言词、对特定语境的人工结合（明示或暗示），适度的语句或篇章性的量化建构，等等，这些不能很好解决的话，词就可能无言以对。嘴硬还可能美其名曰“只可意会不可言传”。

三、结构

结构是人类语言发展的第三步。

人们通常所说的语言结构，实际多指一定词的作用关系类构成。但其实，人类语言还有话语语句、篇章类特定产品组织构成方面的作用关系类结构。

虽然词与其在话中的应用是相适应的。但词组织跟话组织，未必是一一对应的。

例如，词组织有单词、词组、词域类构成，话组织却只有语句和篇章两级建构。语段、层次、方面等，归篇章内部构成。

无论语句、篇章，所用言词可都单词化的，同样，也是可都词组化的。但词域主要用于篇章及其所属语段类结构成分建构。

并且，语言结构包括了自然构成和人工介入构成两方面，无论词、话，都是如此。

例如，词方面，一定语句的言词结构上的主、谓、宾、定、状、补类结构成分的一体化构成，主要是事理逻辑化自然构成，但也有修辞变式类人工介入化构成。话语言词的语序先后，尤其体现一定结构成分序位的人工配置。话方面，篇章内标题与正文，各自然段、层次、部分，空格空行等的分布，无不体现人工斧凿痕迹。

因为语句是特定话语实意表达的起点，所以，语言结构的形成，最早是伴随着一定语句的内部作用关系扩展表达而开始建构的。例如，“匪寇，婚媾。”“往吉，无不利。”“嗬哟!”等。

然后又有了一定单词的作用关系扩展表达方面的结构建构。例如，“太极”“阴阳”“无不利”等。

鉴于人、语言与事物存在三者中，人是唯一具主观能动作用而积极主动行动的一方，而大脑皮质及信息传播是网状神经结构，人类认知原理是由已知到未知，因而，人类语言在一定词、话方面的结构，实际分别是这样的：

词组织：

单纯词一类的单词，零作用关系扩展结构。

合成词一类的单词，内部结构成分间具事理性的作用关系扩展表达结构，结合重要的事情先说性的语序。

词组、词域：单词（与单词或词组）事理性或修辞变式性扩展表达化结构，结合重要的事情先说性的语序。

因而词组织的结构，简单地即为单词零扩展结构及单词扩展结构两大类。

单词零扩展结构的作用关系简单，对一定名义属下各意义的统辖主要依靠单词强大的含义、范畴统括功能。而单词扩展表达结构，则在单词强大含义及范畴统括功能基础上，再纵横拓展含义、范畴方面的诸作用关系，以实现单词的意义交际功能。

话组织：

因语句性量化建构是话语组织建构的起点，所以，话语结构总体也分两大类：（1）语句：语句零扩展结构。（2）篇章：语句扩展与升级化结构。篇章内部还有“标题与正文”“自然段”“片段”等方面的篇属语句扩展、段扩展性结构。篇章所含语句或段扩展结构，同样结合着重要的事情先说性的语序，事理逻辑顺序及修辞变式言词化语序。

词、话中都含的重要的事情先说性的语序，本质上是一种修辞变式化顺序。它体现人的主观能动作用的积极主动作为。

前述章节中说及的词、话组织结构关系及构成方面的结构例子，都是刚才说到的一定词、话结构的具体体现。

至于修辞性的言词修饰变通、语气语调类超言词手段的辅助表达、一定物量化建构方面的句化篇化表达方式、特定语境等，这些多维性的话语结构因素，则是在话的原始建构过程，就已不同程度地具备了的。

例如，话所具备的语境限定、言词伴随表达、言词扩展表达，及一定表达者的实意结合权属，交流对象配合补充性实意内容，交流对象主观能动性自增或自我有意地人工结合性内容等，这些必定是一定的明示化言词本身难以企及的。从而，也体现出单纯言词结构和多维话语结构的巨大差异。

由此可见，语言结构的实质，是一定意义在其发展变化、作用关系不断事理逻辑化或人工主动扩展的结果。

四、生成

鉴于汉语为一种纯义（意）合语言，而英语为一种形态格式化义（意）合语言，人类语言在词、话方面的常量范式表达规律即：

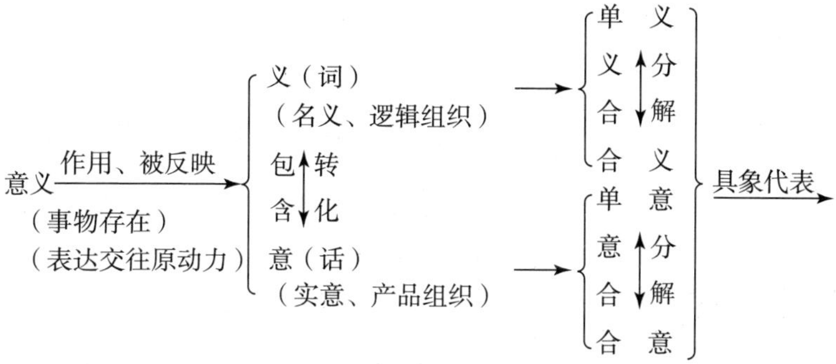

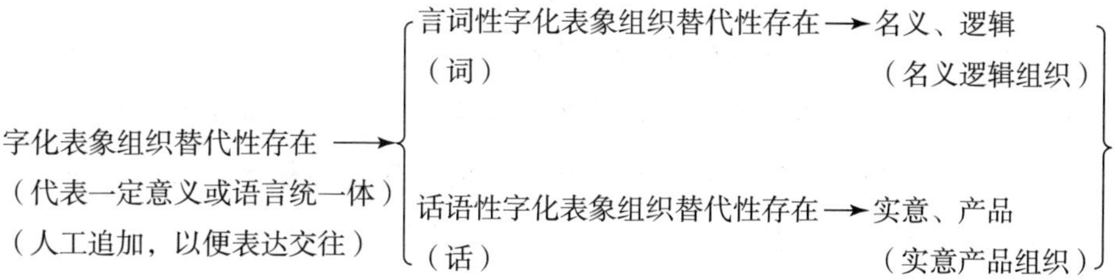

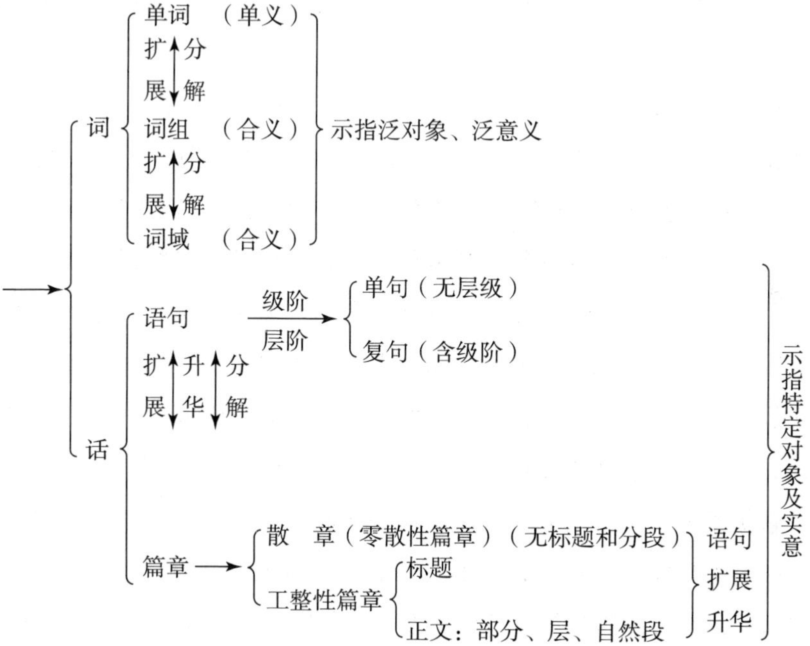

话类字化表象组织替代性存在的三维建构即：

话语字化表象组织替代性存在（表达）
- 物质外壳层面
  - 单字
  - 字序列
- 言词组织层面　名义、逻辑与字化表象组织统一体
- 话语组织层面　实意、产品与字化表象组织统一体

单通道线性结构化产出（产品产出途径）（表达）→
- 客观科学性表达
- 主观技艺性表达

→ 去象化汲取（交际）
- 接收（有象）
- 接受（去象）

首先，事物存在不以人的意志为转移，这是由事物存在的普遍联系和发展变化决定的。它自然也不例外地作用和关系于人。而人本身的物化与社会化生存，导致人自觉地形成对一定事物存在的主观能动作用，从而会积极主动的参与到一定事物存在的作用、关系中去。这导致一定事物存在的被反映、被处理。反馈线路是经一定联动性生理反应动作类的神经脉冲和量能释放性外化。

这种外化是有心理反映指导性的外化。即心理依象意（义）人工结合，而联动性下传至生理反应，依心理指令而有目的地神经脉冲和量能释放性地形成一定的语言象意（义）统一体组织，与一定的意义“代表”组织。

这包括所用的特定言词名义逻辑组织，和所建构的特定话语实意产品组织。言词性的单纯名义逻辑组织和话语性多维结构化实意产品组织存在的奥秘，在依一定象义人工结合关系，给一定名义逻辑，人工追加和给具一定的字化表象组织类的交际象，以融合到事物存在名义逻辑方面本来的象义统一体中去，从而形成新的象义统一体组织——语言名义逻辑组织。

并依象意人工结合关系（须表达者、交流者配合，并有着自身与语言及相应事物存在的协调、统一和发展），在言词性象义统一体（有了字化表象组织化物象）基础上，再有着一定句化或篇化表达方式、超言词辅助表达手段、修辞手法、表现方法、特定语境存在化的指引等的人工结合或协调处理。从而，又导致特定话语产品组织的形成，以用于表达所指实意。

名义、事理（逻辑）类事物存在方面的义的复杂性，由范畴、概念限定、统合（义合），并作用、关系化地扩展（义合化分解）。

这样，对一定范畴及概念限定下的所有纵横扩展的作用关系有效统括，可上升到一定的单词化名义、事理存在。而经一定范畴及概念限定下的单词化名义、事理存在，适当作用、关系化分联、扩展，又可上升到相应范畴及概念限定下的一定词组、词域化名义、事理存在。

名义、事理的单词化或词组、词域化存在面对相应范畴及概念限定下的一切事物存在，从而不确指。但它管得着。而特定实意所指，却必须确指。如果光管得着却不确指，那是没用的。谁服呢？

所以，特定话语实意除得到所用特定言词的一定名义、事理权属，还需非言词暗示、言词伴随表达、超言词扩展表达，受特定语境限定等，诸多特定话语权属。这就在一定名义、事理类象义统一体组织及其名义、事理“代表”基础上，还需人工结合性进行诸如一定语句、篇章类物量化建构，增加一定表达方式、语气语调重音时空间隔类超言词手段（言词膨胀指素）、语序（隐性修辞）、修辞、表现手法、特定语境限定等，诸多主客观作用、关系方面因素，以之跟所用言词的一定名义、事理权属人工结合，成为特定话语实意确指。从而取得话语所能拥有的更多权属。包括表达者决定、交流者配合、反向决定化反馈等。

只是，这样的话，例如，名义、事理泛指，特定实意确指、暗示、伴随表达、拓展表达等，就太复杂了。名义、事理方面的概念、范畴、作用、关系，特定实意存在，心理反映内化、处理，生理反应联动性外化，及各自相应事物存在等，分处于人脑心理深处、身体生理终端，事物存在及事理方面，还有语言，这三领域，分别异时空存在，各受自身条件所限而难以融合。

简单化的办法，是依人的主观能动作用产生的具象代表。

即给一定名义、事理及其特定实意确指存在，都依一定语言名义、事理那样，人工给具一定的字化表象组织，并主要以心理映象反映、生理联动性行为动作外化，语言名义逻辑组织及话语实意组织，乃至事物存在都人工结合的一定字化表象组织，为各自统一体组织的替代性存在，来进行相应的表达。以利社会规范统一地交往。

这包括一定的言词性字化表象组织替代性存在，和一定的话语性字化表象组织替代性存在。话语性字化表象组织替代性存在因所用的一定言词存在，从而跟所用言词共具同一字化表象组织替代性存在。但却是两类性质完全不同的相同性字化表象组织替代性存在。话语跟言词，肯定不在同一层面。

言词性字化表象组织替代性存在，体现为一定的字或字序列化的单词、词组、词域类组织。以用于结合相应范畴、概念限定下的名义、事理，及作用关系扩展等。

话语性字化表象替代性存在，则体现为一定的字或字序列化的语句、篇章类组织。以用于结合相应确指实意，及其作用关系扩展等。

最终，语言表达的任务，在特定话语实意确指特指，在相应字化表象组织替代性存在单通道地字或字序列化线性结构化产出——外化。以便一定交流对象的接收与接受性汲取，并交流对象适当配合性补充那些未言尽的内容。

五、语言与社会

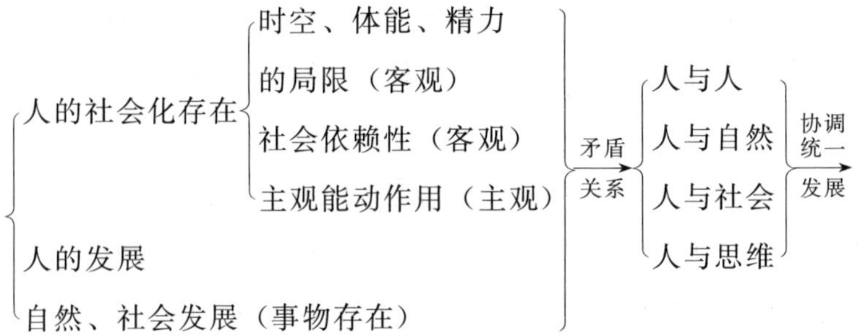

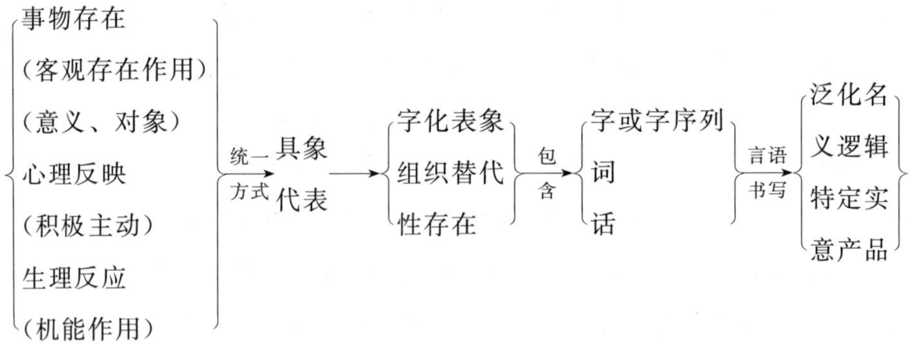

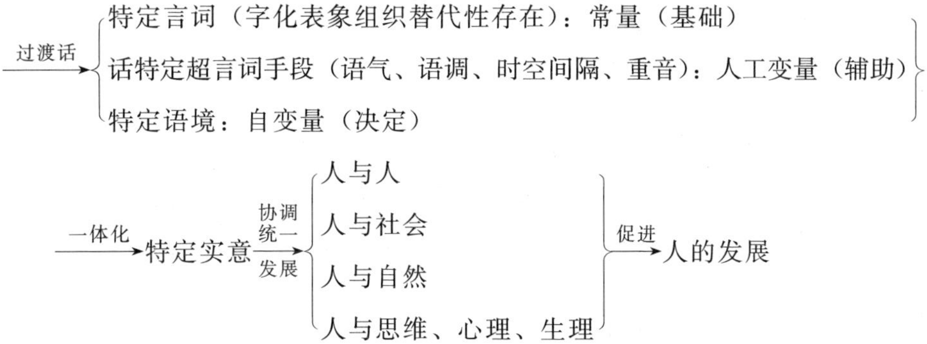

有关这些内容方面的具体阐述，图示已有明确体现，因而，这里不再具体解释。

六、语文与语言

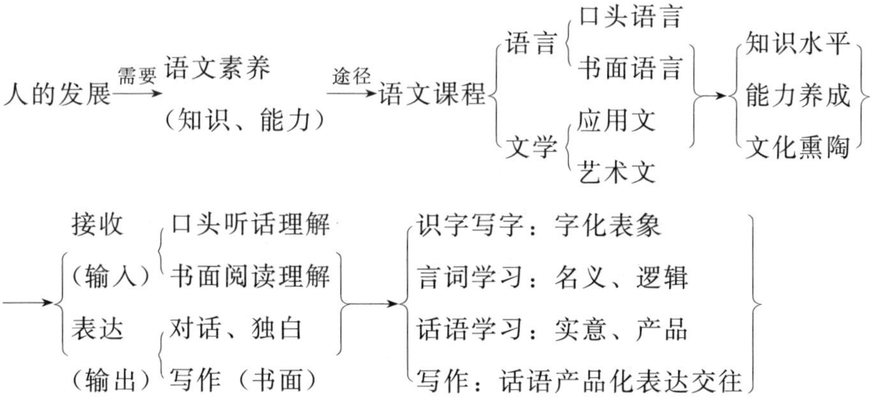

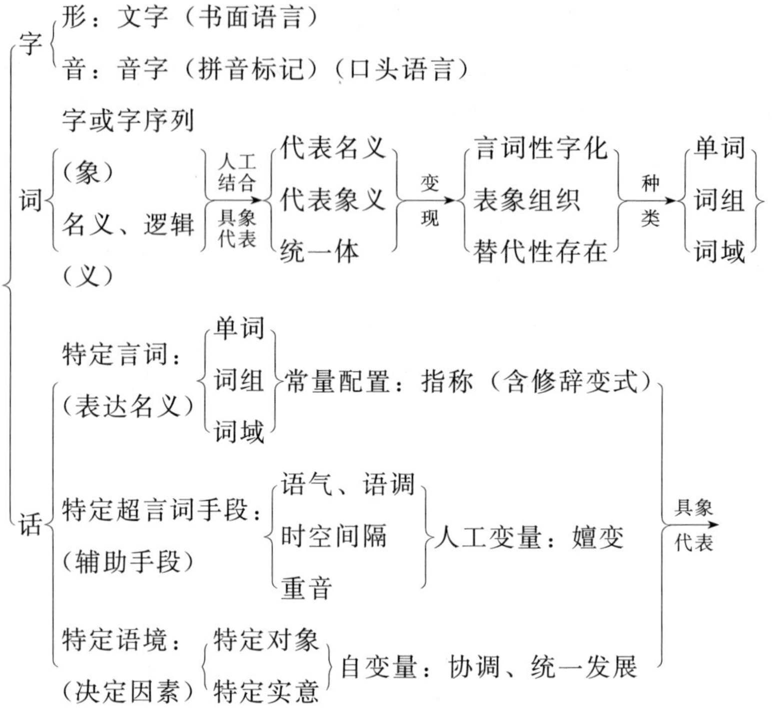

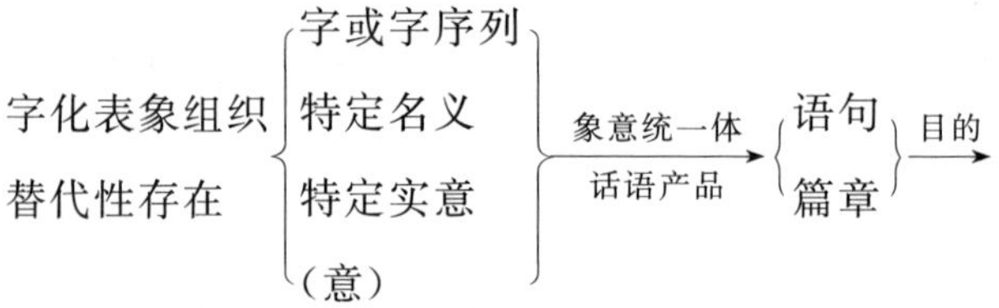

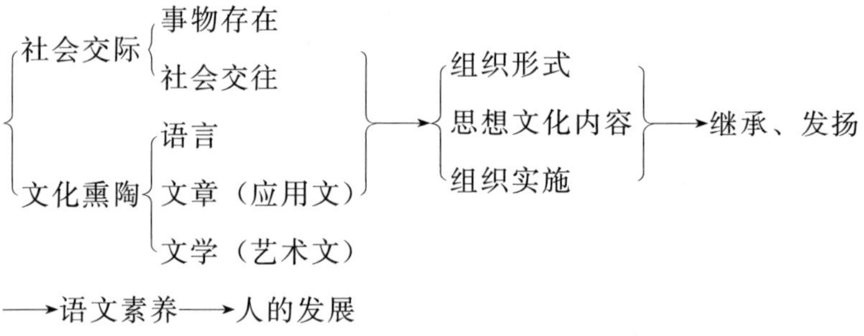

由此可见，人类的语言实践，对自然、事理（逻辑）、社会、文化、哲学、人工、生理、心理等多方面，都可有一定的协调作用。

自然方面，语言表达与交际仍属一种物化表达与物物交往。

社会方面，语言表达和交往，源于人的社会化存在与对自然、社会的依赖。

事理逻辑方面，事物都是普遍联系和发展变化的，从而彼此间有着一定的作用、关系与影响。

文化方面，在于人类语言表达表和交往在内容上不外乎一定的社会精神、物质文明的字化表象组织替代性存在化表达与交往。

哲学方法论方面，无论语言的言词性名义逻辑存在，还是其特定实意性话语产品组织化存在，它们的构成，不外乎依一定意义本身的事理逻辑扩展生成，或依人的主观能动作用特意扩展为之，这两方面。

人工方面的特别之处，在于在事物存在的本来象及心理反映方面的映象之外，再人工结合化添加一定字化表象组织类表达与交际象，以其做三象合一的替代性存在。进而以之作为一定名义逻辑或特定实意的替代性存在，来促进语言统一体及所结合意义的表达与交往。

生理方面，语言输入不外乎眼、耳及身体其他接收器官的机能对事物存在类刺激信息的心理监控性感觉与反应。语言输出则不外乎一定心理处理结果，经口、手及身体其他输出终端性器官的心理监控性字化表象组织替代性存在化神经脉冲与量能释放——言语或书写性外化（执行）。

心理方面，天然存在对一定社会、自然的依赖，主观能动作用积极主动地反映和作为，对生理反应接收信息的监控、链接、联通、处理、下传，直至一定言语、书写类量能释放的完成。

同时，人类语言实践或交际，也一定程度地体现了一种积极的生活态度。当我们表达，我们起码敞开了胸怀，然后才一定程度地允许我们的被交流对象或多或少地知道我们的一定意思，并可能自己主动地字化表象组织替代性存在化地明示或暗示对方。

七、对语言认识的改变在于

（一）语言定义科学界定

语言是建立在一定的字化表象组织基础上的社会示指表达及体系，包括词、话，并在结果方面主要体现为一定的字化表象组织替代性存在——一定的言词性字化表象组织替代性存在和一定的话语性字化表象组织替代性存在。

（二）语言意义科学区分

意义分义和意。义指泛化名义、事理（或逻辑或作用关系），泛指，不一一对应性确切针对。意指特定具体实意，需依特定语境指引而确切针对所指。意经义组织而上达。

从而揭示所谓语法、经验、结构、能力、转换、认知等的本质，不过是事物自然之理的存在与人的主观作用共同作用的结果。

（三）语言组织科学区分

基于意、义表达方面的字化表象组织替代性具象代表，语言组织因而也相应地有了一定的词组织和一定的话组织的不同层面区分。

（四）语言结构科学界定

鉴于组织的词、话区分，结构有了单纯言词层面和建立在一定词结构基础上的话语多维层面的区分。结构方式的实质为一定事理逻辑（自然之理）化或人的主观能动作用主动扩展的结果。这更符合大脑皮质的网状神经结构、事理由此及彼由表及里、人类认识从已知到未知、人的主观能动作用积极主动作为的客观事实。

（五）语言统一体科学界定

语言统一体分词、话两层面。人类语言的奥秘，在充分发挥人的主观能动作用基础上而人工化地对一定事物存在给具一定的字化表象，象与义、意关系人工结合，以形成一定的象意（义）统一体。

并可以所给具的一定字或字化表象组织，为意、义及相应统一体组织的替代性存在。从而，令事物存在协调、心理反映和表达交往，就都有了统一的物化存在——字化表象组织替代性存在。三者的协调、统一和发展最终得以一体化。

（六）语言要素明确界定

一定语言统一体的科学认定，直接带来字、词、话方面的语言三要素的界定。

（七）语言质的科学界定

鉴于语言属一种象与义、意人工结合的象意（义）统一体，且可意义、统一体的一定字化表象组织替代性存在，因而，语言的内容本质是意义，语言形式实质体现为一定的字化表象组织替代性存在。

（八）语言运行科学界定

无论在事物存在协调、心理映象反映或生理表达交往过程，语言表面而简单的运行，主要是一定的言词性字化表象组织替代性存在化运行。但实际，这只占语言运行方面的很小一部分，伴随该言词存在或掩盖在该言词化内容之下的非言词化内容，不知要多多少。从而，语言运行自然也包含了这些非言词化内容运行。

（九）语言基本特征、功能的科学界定

将基本特征限定于具象代表性、达意去象化、系统规约化和人工智能化，而基本功能限定于意义结合功能、意义表达功能、意义交际功能和思维优化功能，从而将其他相关特征和功能，排除在基本特征与基本功能之外。

（十）影响展望

最大、长久而深远的影响，在语文教育教学和人工智能方面，其次才是一些关联方面。想想看，一种基本理论建设方面的矫枉过正，将给人类思维、社会文化、教育等方面的发展，带来多大的改变。

第二节　语言实践

一、学校专门语文学习

A. 小学语文课程评价（测试）管窥：

六年级语文毕业模拟试卷（4）[①]

一、积累、运用（55 分）

（一）火眼金睛（每小题 2 分，共计 20 分）

(1) 下列说法正确的一项是（　　）

A. “女”（nǚ）和“举”（jǔ）的韵母不相同。

B. “ye yuan ji xi ying”都是整体认读音节。

C. “西安（xi’an）、花儿（huar）、钥匙（yào shi）”的注音是正确的。

D. “戈、糙、歼、凸、凹”在字典正文页码的先后顺序是“凹、戈、歼、凸、糙”。

(2) 下列没有错别字的一项是（　　）

A. 见微知著 收益匪浅 神彩奕奕 纷至沓来

B. 走头无路 留恋往返 司空见惯 座无虚席

C. 实事求是 迫不及待 舍本逐末 邯郸学步

D. 脍炙人口 随心所浴 满山遍野 百衣百顺

(3) 下面选项中正确的一项是（　　）

A. “夸奖、谦虚、勤勉、精益求精”的感情色彩相同。

B. “狂风怒号、波涛起伏、溜之大吉、碧空如洗”是同一类词语。

C. 《少年闰土》节选自鲁迅小说《故乡》，文中的“我”就是作者鲁迅。

① http://blog.sina.com.cn/s/blog_727273a90101ij91.html

(4) 假如你正忙于做作业，一同学向你请教问题，回答用语最恰当的是（　　）

A. 请你耐心地等我把作业做完了再来教你。

B. 等我把作业做完再来问不行吗？

C. 对不起，我的学习成绩并不好，你还是另请高明吧！

D. 等我把这道题做完了再一起讨论，好吗？

(5) 下列句子中没有语病的一句是（　　）

A. 桑娜无论自己受苦，都要收养西蒙的两个孩子。

B. 通过这次实践活动，使我们全班同学深受教育。

C. 至今、那悠扬的歌曲仍回响在我耳边。

D. 《蒙娜丽莎》这幅画的作者是达·芬奇。

(6) 王安石的“千门万户曈曈日，总把新桃换旧符”描写的是（　　）时的景象。

A. 清明节　　B. 元旦　　C. 春节　　D. 中秋节

(7) 你对“桑娜听到波涛的轰鸣和狂风的怒吼，感到心惊肉跳”这句话的正确理解是（　　）

A. 桑娜害怕丈夫打不到鱼，孩子会挨饿。

B. 海上起风暴，气候十分恶劣，加之屋外一片漆黑，她感觉到十分害怕。

C. 桑娜担心出海打鱼，可能会有丧命的危险

(8) 下面句子中采用了什么描写方法，将序号填入括号内（　　）

A. 动作描写　B. 语言描写　C. 环境描写　D. 神态描写　E. 心理描写

①林子里静极了。沙沙的足音，听起来像是一曲悠悠的小令。（　　）

②她忐忑不安地想：“他会说什么呢？这是闹着玩的吗？自己的五个孩子已经够他受的了……是他来啦？……”（　　）

③他一句一句地审阅，看完一句就用笔在那一句后面画上一个小圆圈。（　　）

④他的脸变得很严肃、忧虑。（　　）

(9)“忽如一夜春风来，千树万树梨花开”描写的是（　　）

A. 春色　　B. 雪景　　C. 梨花　　D. 果园

(10)“看见了一堆枯蔫焦黄的马草——前些日子我卖给他的所有马草!”句中的破折号的作用是（　　）

A. 表示声音的延长　B. 转折作用　C. 解释说明作用　D. 意思的递进

（二）精彩回顾（35 分）

(1) 填字组词，选择恰当的填入括号中（8 分）

余音绕（　）　　妙笔生（　）　　引人入（　）　　美不胜（　）

雅（　）共赏　　独（　）匠心　　巧（　）天工　　脍（　）人口

①小作者真是＿＿＿＿＿＿，写出的文章构思＿＿＿＿＿＿内容＿＿＿＿＿＿。

②音乐会上既有＿＿＿＿＿＿的流行音乐，也有＿＿＿＿＿＿的世界名曲，一曲终了，＿＿＿＿＿＿，令人回味无穷。

③这些冰雕艺术品太美了，真是＿＿＿＿＿＿。

(2) 请根据语境填空（6 分）

小学六年级的生活一晃而过，真是＿＿＿＿＿＿，＿＿＿＿＿＿。（写两个表示时间易逝的成语）我即将升入中学了，我想用“＿＿＿＿＿＿”来告诫自己，（填上恰当的名言警句或谚语等）使自己在今后的生活中，珍惜时间，勤奋学习。在即将离别之际，我还想祝愿我的同学＿＿＿＿＿＿！祝我的老师＿＿＿＿＿＿！（每条横线上填写一个表示祝福的四字词语，不重复填词语）

(3) 根据课文内容补充句子，并分别解释带点词的意思。（4 分）

“弈秋，通国之善弈者也。使弈秋诲二人弈，其一人＿＿＿＿＿＿，惟弈秋之为听；一人虽听之，一心以为＿＿＿＿＿＿，思援弓缴而射之。”

①善：＿＿＿＿＿＿　②诲：＿＿＿＿＿＿　③之：＿＿＿＿＿＿

④援：＿＿＿＿＿＿　⑤缴：＿＿＿＿＿＿　⑥之：＿＿＿＿＿＿

(4) 用“望”组成不同的词语并选入相应的语言环境里。（7 分）

小凡卡（　　）得到幸福，但他受尽了老板的折磨，生活没有（　　）

了。他给乡下的爷爷写信，（　　）爷爷能接他回到乡下去，这是他美好的（　　）。信寄出后，他整天（　　）着。两个月过去了，爷爷没有来，他很（　　）。半年后，乡下捎来口信：爷爷死了，凡卡从此（　　）了。

(5) 根据课文内容判断，对的打“√”，错的打“×”。(10 分)

1. “思援弓缴而射之”的正确停顿是“思援/弓缴/而射之”。（　　）

2. 《鲁宾逊漂流记》的作者是英国作家笛福。（　　）

3. 《伯牙绝弦》讲述了千古流传的高山流水遇知音的故事，伯牙、子期的真挚情谊是交朋结友的千古楷模。（　　）

4. 《跨越百年的美丽》中的“美丽”就是指居里夫人美丽的容貌。（　　）

5. 《桃花心木》是我国台湾著名作家林清玄的一篇散文。文章采用了借物喻人的方法，其目的是为了说明育人之道。（　　）

二、语言实践。(8 分)

1. 这是一幅图书广告宣传画，观察画面，完成填空。(5 分)

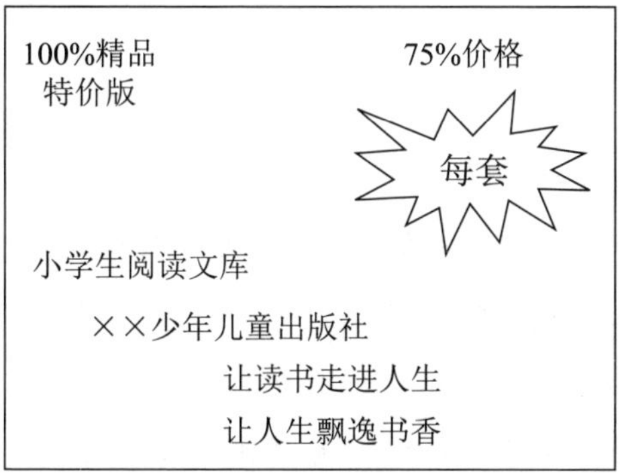

(1) 这则广告介绍的书名是：《______________》

(2) 出版社编写这套书的用意是：__________________。

(3) “100%精品”说明这套书__________________；

“75%价格”说明这套书__________________；

两个意思用一个成语概括就是__________________。

2. 小明正在阳台上浇花，楼下的阿姨说：“小明，你真可爱啊，我刚晾的被单也锦上添花了。”(3 分)

(1) 你听出了刘阿姨说话的意思是__________________。

（2）如果你是小明，应该这样回答刘阿姨：________________。

三、阅读理解。（22 分）

当我和童年告别时，没有和它握过手，没有和它谈过心，更没有向它说一声“再见”。它不知不觉地离开了我——五年！记不清，算不准。

但每当我看见儿童——捉迷藏、跳房子、办家家酒……我的血就加快了流速，全身微微发热，心里格外兴奋。每当我和儿童一起玩的时候——唱歌、踢毽子、跳绳……我就忘记了我已是 20 多岁的人。

我（期望 盼望 愿望）成天和他们在一起。终于和他们在一起了！

难忘啊，——我们一起在湛蓝的天空下阅读优美的散文、诗句，讲孙悟空遨游太空的故事。

我们一起在乡间田野上畅谈，又登上俏丽的小山，拾片红叶、采朵秋菊，跟着放牛娃唱牧歌；我们在（装满 充满 饱满）神秘、哲理的松坡林里捉迷藏，你找，我躲；这儿一角衣襟，那儿又冒出半截脑袋，林里充满了朗朗的笑声……

这些声音常常掀开我童年的窗帘——

那时，我是一个充满饥饿的孩子。

饥饿，可畏！法国的雨果说过：“好奇是饥饿的粮食，每遇到它就想吃。”那么我的饥饿可算是“好奇症”吧。

因为这“病”的缘故，我很小就会拆卸玩具、收音机、安装小汽船；知道了洋娃娃为什么会“哇哇”地叫、怎样使一块铁皮不沉水；懂得了野鸭为什么叫候鸟、而喜鹊又叫留鸟；想象着今后要到天宫去取桂花酒，下海里龙宫找龙王；因为这“病”的缘故，妈妈说我是淘气的野孩子；叔叔因我拆收音机打了我两巴掌；隔壁李奶奶说这孩子长大了要翻天。

啊，我希望我的“好奇症”（继续 陆续 连续）发作下去，永远保持童心，永远在好奇中生活。永远过那追求、探索、惊奇、天真、快乐的儿童生活。童心，童心把我带回到五十个小朋友的欢快笑声之中。

童心在跳动！在歌唱！在舞蹈！它在我的心中……

1. 在文中找出下列词语的近义词。（4 分）

神奇（　　）　原因（　　）　调皮（　　）　探究（　　）

2. 文中用“（ ）”括住的词语，把不合适的划掉。(2分)

3. 文章中的“饥饿”指的是________________。(2分)

4. 仔细读文章，回答问题。(8分)

(1) 读了全文，你认为作者的职业是____________，他最突出的个性是________________，他没有和童年说“再见”的原因是____________________，他觉得留住童年就可以______________________。

(2) 这篇散文，看起来很乱，可是你细细地读，就会发现文章条理很清晰，作者在文章开头先交代________________，接着写现在________________，再回忆________________，最后抒写自己现在的________________。

5. 从文中找一句话，作为文章的题目，写在文章上面的横线上。(2分)

6. 文中画线句子在文中起________________作用。(2分)

7. 你也像作者一样有“好奇症”吗？把你的“奇思妙想”说一说。(2分)

____

____

四、作文，任选一题写作，不少于450字（35分）

1. 题目：给中学老师的一封信

提示：就要进入中学了，为了让中学老师尽快地了解我们、赏识我们，我们可以用书信的形式向中学老师介绍自己，如兴趣、爱好、特长、担任过什么职务、参加过什么活动等，还可以谈谈进入中学后的打算，更可以谈谈你对中学老师的期待。要求：(1) 用书信的格式写，格式正确（不出现真实学校、班级、姓名）。(2) 写出自己的真实想法。(3) 语句通顺，内容具体，不写错别字。

2. 题目：最美丽的________________

先在横线上填上合适的词语，如，“心灵”“语言”“瞬间”“画面”“风景”等，把题目补充完整，然后作文，要表达真情实感，做到语句通顺，内容具体。

该试题从某种程度上看，是对相应阶段性语言（语文）实践（语文学习、教育教学）及能力养成的适度检测。

其结果不仅是之前语文学习、教育教学实施与管理方面的有效反映和评价，同时也是之后相应学习、教育教学实施与管理的基础。

试题一“积累·运用”之（一）“火眼金睛”包含：（1）字音考查；（2）字形考查；（3）词语考查。这些是对字词考查。（4）话的语境协调表达；（5）话的含义、事理（逻辑）顺畅考查；（6）话的场景化考查；（7）话的关联、伴随表达考查；（8）话的表达方式所及方法的考查；（9）修辞化修饰变通效果考查；（10）标点符号作用考查。这些属对话语考查。

之（二）“精彩回顾”包含：（1）成语的固定言词构成及词境化适用考查；（2）成语、谚语、名言等固定构成化言词及其场景化链接；（3）古文的言词环境化扩展及其单词今义对接考查；（4）合成词的单词内化扩展考查；（5）意义判定化考查。这些主要属词语、话语转换方面的考查。

试题二“语言实践”包含：（1）信息汲取与适度扩展考查；（2）一定场景下的言外之意的汲取考查。这些属话语交际能力考查。

试题三“阅读理解”包含：（1）词义比对功能方面考查；（2）词义场景化扩展方面的理解考查；（3）词义场景化扩展方面的理解考查；（4）信息汲取能力考查；（5）内容（信息）统合能力考查；（6）话语语句表达功能理解方面的考查；（7）篇章内容的整体扩展方面能力考查。这些主要体现在话语交际方面能力的考查。

试题四“作文”：直接体现为一定“题目”接口限定及提示下，联结写作者知识、心理、语言表达能力等方面的意义扩展表达能力考查。

B. 初中语文课程实施及其语言交际管窥：

四、品花之神

师：我们刚才欣赏了花之美，花美在精神，精神是要人用心去感受的。

下面我们品花之神——眼前的藤萝盛开犹如一条瀑布，而十多年前是什么样的？请从课文中快速搜索一下十多年前的藤萝谁发现了？

生：“忽然记起十多年前家门外也曾有过一大株紫藤萝，它依傍一株枯槐爬得很高，但花朵从来都稀落，东一穗西一串伶仃地挂在树梢，好像在试探什么。后来索性连那稀零的花串也没有了。园中别的紫藤花架也都拆掉，改种了果树。”

师：十多年前的紫藤萝花是稀落伶仃的，花经历了兴衰，那么赏花的人呢？是不是一帆风顺呢？我们一起看：

（幻灯展示）

①宗璞一家在“文化大革命”中深受迫害，“焦虑悲痛 ”“一直压在”作者的心上。这篇文章写于1982年5月，当时作者的小弟身患绝症，作者非常悲痛

②小弟是作者最钟爱的弟弟，也是老父亲最器重的儿子。这位20世纪50年代毕业于清华大学航空系的飞机强度总工程师，毕业之后的三十余年在外奔波，积劳成疾最后离开了挚爱他的亲人。宗璞含泪写下《哭小弟》。

③那一段焦急的悲痛的日子，我不忍写，也不能写。每一念及，便泪下如绠，纸上一片模糊。这一天本在意料之中，可是我怎能相信这是事实呢？他躺在那里，但他已经不是他了，已经不是我那正当盛年的弟弟，他再不会回答我们的呼唤，再不会劝阻我们的哭泣。

师：正当在她焦虑和悲痛之时，看到眼前瀑布似的藤萝，不由得停下了脚步，美丽的藤萝缓缓流过作者的心灵，带走连日来的焦虑、悲痛，使她的心归于宁静。花经历不幸还能再开而且开得如此繁盛，那么人呢？经历不幸该如何面对生活，面对生命，从而将对美丽的感触升华为对生命的感触？请大家再小声地有感情地朗读课文，体会作者由悲痛到宁静的情感变化，勾画作者从花那里得到的生命感悟。

（生自由朗读、勾画）

生2：作者从花那里得到的生命感悟是：“花和人都会遇到各种各样的不幸，但是生命的长河是无止境的。我抚摸了一下那小小的紫色的花舱，那里满装生命的酒酿，它张满了帆，在这闪光的花的河流上航行。它是万花中的一朵，也正是一朵一朵花，组成了万花灿烂的流动的瀑布。”

师：我们大家一起来读整个句段，感悟作者的心境

（生齐读）

摘自：《校本研修成果》＋司树青/范县/实验中学[1]

其师生互动交流，直接体现师、生对课文内容信息的链接、分析、理解、汲取、扩展、应用等，同时也体现师、生语言交际方面老师主导、引领，而学生探究行动方面的协调。重点在思想、精神品质影响及情感熏陶给学生心理烙下思想文化烙印，从而达到一定的教化目的。

C. 2014 年高考作文试题、乐翻天“吐槽”选录及语言交际管窥：

（1）新课标全国一卷：两人过独木桥

学校开运动会，最后一个项目是“山羊过独木桥”，规则是学生从独木桥两边同时上桥，在桥中间时两人相遇会有一个人下桥一个人通过，但在这个项目的预赛时，有一对同学在桥中间抱住转身，双双通过，裁判认为这样做有争议。根据此材料写作文。

（2）新课标全国二卷：喂食动物失觅食能力

阅读下面的材料，根据要求写一篇不少于 800 字的文章。（60 分）

不少人因为喜欢动物而给它们喂食，某自然保护区的公路边却有如下警示：给野生动物喂食，易使他们丧失觅食能力，不听警告执意喂食者，将依法惩处。

要求：选好角度，确定立意，明确文体，自拟标题：不要脱离材料内容及含意的范围作文，不要套作，不得抄袭。

（3）北京卷：老规矩

北京过去有许多老规矩，如出门回家都要跟长辈打招呼、吃菜不许满盘子乱挑、不许管闲事、笑不露齿 话不高声、站有站相 坐有坐相、做客时不许随便动主人家的东西、忠厚传世、勤俭持家等，这些从小就被要求遵守的准则，点点滴滴，影响了一辈辈北京人。

世易时移，这些老规矩渐渐被人们淡忘了。不久前，有网友陆续把一些

---

[1] http：//html. study. yanxiu. jsyxsq. com/el/proj _ 2643/usertask/35002/2482153. htm

老规矩重新整理出来贴到网上，引发了一片热议。

老规矩被重新提起并受到关注，这种现象引发了你哪些思考？请自选角度，自拟题目写一篇文章，文体不限，不少于700字。

（4）上海卷：穿越沙漠和自由

根据以下材料，自选角度，自拟题目，写一篇不少于800字的文章（不要写成诗歌）。

你可以选择穿越沙漠的道路和方式，所以你是自由的；你必须穿越这片沙漠，所以你又是不自由的。

（5）四川卷：人只有站起后世界才属于他

阅读下面的文字，根据要求作文。

人，只有在自己站起来之后，这个世界才能属于他。

这句话引发了你那些思考？请自选角度写一篇不少于800字的文章。

1. 标题自定，文体自选；2. 不得抄袭，不得套作；3. 用规范汉字书写。

（6）江苏卷：什么是不朽

材料大致如下：有人说，没有什么是不朽的，只有青春是不朽的；也有人说，年轻人不相信有朝一日会老去。这种想法是天真的，我们自欺欺人地认为会有像自然一样不朽的信念。

阅读材料，自选角度，题目自拟，体裁不限，诗歌除外，写一篇不少于800字的文章。

（7）湖南卷：心在哪里风景就在哪里

被誉为“最美乡镇干部”的某乡党委书记，在一个其他人不肯去，去了也待不到两年的地方，一干就是八年，以坚定的信念和顽强的意志，率领村民发愤图强，将穷乡僻壤建设成了美丽的乡村。面对洒满心血与汗水的山山水水，也深有感触地说：“心在哪里，风景就在哪里。”

根据上面的材料，自选角度，自拟题目，写一篇不少于800字的记叙文或议论文。

（8）广东卷：胶片与数码时代

黑白胶片的时代，照片很少，只记录下人生的几个瞬间，在家人一次次的翻看中，它能唤起许多永不褪色的记忆。但照片渐渐泛黄，日益模糊。数码科技的时代，照片很多，记录着日常生活的点点滴滴，可以随时上传到网络与人分享。它从不泛黄，永不模糊，但在快速浏览与频繁更新中，值得珍惜的“点滴”也可能被稀释。

要求：

1. 自选角度，确定立意，自拟标题，文体不限。

2. 不要脱离材料内容及含义的范围。

3. 不少于800字。

4. 不得套作，不得抄袭。

附：乐翻天“吐槽”：

A. 新浪教育微博@鞭鞭少将：发现把作文题都串起来，是一段好暖的情话：没有什么不朽，我们终将生老病死。但我不想探究老规矩，只想带你走过那门那路那独木桥，穿越沙漠和自由，穷村落和茫茫山顶，在空谷数繁星，在窗边看霓虹。想如芯片一般永驻你心，做永久的房客，共谱一篇爱情剧本，记录点滴，让我不用站起便拥有这个世界。

B. 新浪教育微博@幻灭妖僧：三分钟记住各地作文题：一款芯片插进脑，村官带队把村搞。北京老规不能丢，课内课外同探究。门与路间常相伴，剧本修改谁说算？两人同过独木桥，山上风景自己瞧。青春不朽靠自己，站起世界属于你。打开窗户等风吹，游客打碎玻璃杯。动物丧失觅食力，胶片数码两相忌。穿越沙漠和自由，老王生病欲何求？

选自《2014年各地高考作文题出炉 网友奇葩吐槽乐翻天》[①]

看来，即使是高考作文，且不论命题老师们的命题出发点在时代性的哪一灵感触发方面，从一定语言角度来看，它们仍然是在一定文章“题目”接口限定及其话题性提示作用下，学生对语言表达能力、思想文化素养、知识水平、阅历、心理素质等多因素方面的链接、联通、协调、统一、发展性拓展与整合。

① http：//nb.sina.com.cn/news/m/2014－06－08/075150965.html

二、语言社交

语言社交方面就主要只适度衔接性举一些材料例证，不再进行适当的解释说明。

（一）生意宣传

城市创卫活动的开展，以下这样的非店铺小贩买卖东西的吆喝声少了。例如：

A. 北方大馍！老料馍馍！馒陀（馒头）！

因为“馒陀”发音高，听到的效果常变成了：“馒陀！北方大馍！老料馍馍！”

B. 买西瓜！卖西瓜啊！清甜的无籽瓜！本地菜枯瓜！要买的快来买啊！

买的信息、卖的信息、瓜的特点、催促信息都精当表达。

（二）日常生活交际

这里摘选文学作品中出现的话语交际，来窥豹一斑。

正说着，有人来回说：“兴隆街的大爷来了，老爷叫二爷出去会。”宝玉听了，便知是贾雨村来了，心中好不自在。袭人忙去拿衣服。宝玉一面蹬着靴子，一面抱怨道：“有老爷和他坐着就罢了，回回定要见我！”史湘云一边摇着扇子，笑道：“自然你能迎宾接客，老爷才叫你出去呢。”宝玉道：“那里是老爷？都是他自己要我去见的。”湘云笑道：“‘主雅客来勤’，自然你有些警动他的好处，他才要会你。”宝玉道：“罢，罢！我也不过俗中又俗的一个人罢了，并不愿和这些人来往！”湘云笑道：“还是这个性儿，改不了。如今大了，你就不愿意去考举人、进士的，也该常会会这些为官作宰的，谈讲谈讲那些仕途经济，也好将来应酬事务，日后也有个正经朋友。让你成年家只在我们队里，搅的出些什么来？”

宝玉听了，大觉逆耳，便道：“姑娘请别的屋里坐坐，我这里仔细腌了你这样知经济的人！”袭人连忙解释说道：“姑娘快别说他。上回也是宝姑娘说过一回，他也不管人脸上过的去过不去，咳了一声，拿起脚来就走了。宝姑娘的话也没说完，见他走了，登时脸羞得通红，说不是，不说又不是。幸而是宝姑娘，那要是林姑娘，不知又闹的怎么样，哭得怎么样呢。幸而是宝姑娘，过后还是照旧一样。真真是有涵养、心地宽大的！谁知这一位，反倒和他生分了。那林姑娘见他，赌气不理，他后来不知赔了多少不是呢。”宝玉道：“林姑娘从来说过这些混账话吗？要是他也说过这些混账的话，我早和他生分了！”袭人和湘云都点头笑道：“这原是‘混账话’么？”

……

曹雪芹《红楼梦》

（三）电话交往

《倒鸭子》[①]（车险电话理赔）

在北方辽宁省的大连，方言跟普通话的交道是这样展开的：

接线员：您好，请问有什么可以帮到您？

包先生：喂，你好！

接线员：您好！

包先生：你这儿有杂音我听不清楚。……我这个车刚才，我这个才买的车，刚才在那个马路边，底下大梁碰道牙子，撞个坑。

接线员：您好，您的车辆出险了，现在要报案是吗？

包先生：对对对。

接线员：唉，先生您好，什么时候出的事情？

包先生：刚刚时间，刚刚出的。

接线员：大概有几分钟啦？

包先生：嗯，就刚刚的事。

接线员：半个小时是吗？

包先生：五、十分钟。

---

① http：//tv.sohu.com/20111208/n328310018.shtml

接线员：十分钟？

包先生：对。

接线员：是在哪里出的事情？是在大连吗？

包先生：在革镇堡。

接线员：是在辽宁省的大连市是吗？

包先生：对，甘井子革镇堡。

接线员：在大连市的哪条路？

包先生：甘井子革镇堡。

接线员：干警市？

包先生：甘井子区革镇堡镇。

接线员：先生您好，是在大连市干警，干警两个字是怎么写的。

包先生：甘井子区，甘井子开发区，嗯，甘井子区。

接线员：干，干警市区是吗？

包先生：对。

接线员：干警市，那个干是两横一竖的那个干吗？警是警察的警吗？

包先生：对对对。

接线员：干警市区哪里？

包先生：甘井子区就是大连市甘井子区革镇堡镇。

接线员：革陈铺，是吗？

包先生：革镇堡。

接线员：啊，好啦，先生我知道了，您在那边发生什么事情啦？

包先生：刚刚开车不小心，刮在底下道牙子上了，倒车挂道牙子上去了，那个低保险，低缸，低大梁，大，大梁，大架子低，挂个保险杠，挂个坑。

接线员：是您的车在直行的时候还是倒行的时候？

包先生：倒车。

接线员：倒车的时候是吧？倒车的时候刮到哪个部位了？

包先生：就是车左侧低盘，大梁，大架子。

接线员：左侧是，是您的车左侧底盘受损了是吗？

包先生：对对对，低架，大架子，侧面大架子。

接线员：呃，还有没有其他地方受损呢？

包先生：嗯，别的地方没有。

接线员：其他地方没有啦，是您的车擦到哪里了，擦到墙了还是擦到哪里啦？

包先生：擦到就是道边那个道牙子。

接线员：倒鸭子？

包先生：对呀！

接线员：是一个什么物体呢？

包先生：道牙子，什么物体，哎呀，就是公路道边儿那个不有道牙子吗？

接线员：是，是那个是墙，是铁杆啊还是什么的？

包先生：石头！

接线员：是土是吗？

包先生：石块儿，那道边儿那个铺道牙子那个石块儿，每个公路道边儿不都有那道边儿那道牙子吗?!

接线员：倒鸭子??

包先生：就是道边儿那个石块儿，叫那个出险的过来看一下就知道了。

接线员：那，那我想请问一下对方那个倒鸭子有没有什么事儿啊？

包先生：那都不要紧，那都是大道的道边儿，那都不要紧，就是我车出事儿了。

接线员：就是您的车受损了，对方不要求您赔的是吧？

包先生：没有对方儿，就是车受损啦！

接线员：啊，就是您的车受损了，然后对方的那个不需要您赔是吧。

包先生：啊，那些都没有没有，就是我车有点毛病，你让他们过来看一下，我这才买的新车。

接线员：唉，包先生您好，我再跟您核对一下当时的信息，是您的车在倒车的时候，挂到了倒鸭子，造成您本车左侧底盘受损，对方没事是吧？

包先生：对对对对……哼哼。

接线员：啊，好了，那个麻烦您在现场暂时不要移动好吗？

包先生：啊，行！

接线员：唉，好，感谢您的配合，再见！

包先生：哎呀妈呀，这女的。

（文字参照搜狐视频适当整理）

其中的方言跟普通话在字音、词名理解方面的落差，方言语句结构关系方面的特色，成为一个很好的笑点。其被制作成视频录音《倒鸭子》，发布到网上。只不过那已经上升到一定艺术层面。

（四）对话框聊天

腾讯QQ、微信的对话框聊天是大家熟悉的。它们可以文字表达，也可语音表达。其统一的应用模板便于人们即时语音或文字交流。

下面是一则《和这个学校的招生老师的聊天记录!!》：

跳河自尽的鱼 21：45：21

你好

万里 21：45：22

[自动回复] 您好，我现在有事不在，一会再和您联系。

跳河自尽的鱼 21：45：23

在吗？

万里 21：45：41

你好，在

跳河自尽的鱼 21：45：58

咨询一下

万里 21：46：08

好

跳河自尽的鱼 21：46：35

你们学校有没有适合男生理工类的专业啊？

万里 21：47：21

有，

万里 21：48：04

计算机软件开发和网络技术

跳河自尽的鱼 21：48：12

数控编程这个方向的学费是多少啊？

万里 21：48：25

每年8000元

跳河自尽的鱼 21：48：30

哦

跳河自尽的鱼 21：48：56

你们学校的住宿费和生活费呢?

万里 21：48：57

还有其他疑问吗

万里 21：49：20

住宿费八人间2000元

跳河自尽的鱼 21：49：32

再就是是不是国家统招的呢?

万里 21：49：33

生活费每月400元左右

万里 21：49：44

不是，是自主招生

跳河自尽的鱼 21：50：18

啊!! 自主招生? 是不是很严格呢?

万里 21：50：33

我们学校有网上测试，只要通过即可

万里 21：51：20

网上测试三部分，计算机基础、阅读、逻辑共计300分，120分以上即可通过[①]

---

① http：//tieba. baidu. com/p/1717043423

（五）贴吧贴语

网上发帖及有关即时应答往往饶有趣味：既体现一定的社会交际意愿，又风趣幽默。例如：

楼主：我的电脑里有病毒我应该买什么杀虫剂好？

回答一：什么都不用，你可以一个月不开机，把病毒饿死在里面。

回答二：光饿死还不够，万一病毒太饿了爬出来感染别人的电脑怎么办！不光要不开机饿死它还要拿个袋子把电脑密封起来给它断水断粮断空气才行。

回答三：……

回答四：……其实用汰渍最好了。不伤手，除菌。

回答五：楼上的全都不厚道，电脑病毒是不能用杀虫剂的，你把电脑带到防疫站给医生去打一针就行了，以后每年打一针就能彻底防止病毒入侵了。①

（六）消息发布会

中新网 6 月 10 日电 外交部发言人华春莹 10 日主持例行记者会，就中方向联合国提交“981”钻井平台立场文件、中国发布“一国两制”白皮书、美方无理指责中方网络攻击等答记者问。

以下是外交部网站公布的答问实录：

应英国首相卡梅伦和希腊总理萨马拉斯邀请，国务院总理李克强将于 6 月 16 至 21 日赴英国举行中英总理年度会晤，并对英国和希腊进行正式访问。

李克强总理此访是中国总理 3 年来首次访英，也是新一届中国政府领导人首次访英，恰逢中英建立全面战略伙伴关系十周年，对增进两国政治互信，深化务实合作，推动中英关系在更高水平上健康稳定发展有重要意义。此访期间李总理将会见伊丽莎白二世女王，同卡梅伦首相举行两国总理年度会晤，会见其他英国领导人，就发展中英关系进行深入沟通。

---

① https：//bbs. csdn. net/topics/320092828

这是李克强总理首次访问希腊，也是对去年萨马拉斯总理访华的回访。访问期间，李总理将同希腊总理、总统和议长分别举行会谈和会见。相信此访将进一步巩固中希传统友好，深化两国政治互信，扩大双方各领域务实合作，推动中希、中欧关系取得更大发展。

问：中方将《“981”钻井平台作业：越南的挑衅和中国的立场》文件提交联合国的目的是什么？中方是否考虑通过国际仲裁等方式解决相关问题？

答：昨天我已应询介绍了中方发表有关立场文件的考虑。中方多次向越方提出严正交涉，要求越方停止对中方作业任何形式的干扰，撤走现场所有船只和人员。但是越方毫不收敛，变本加厉，一方面在现场加大干扰破坏活动，另一方面在国际上大肆造谣诬蔑，对中国进行无理抹黑和攻击，向包括联合国在内的国际组织散发歪曲事实的照会。在此情况下，我们有必要向国际社会澄清事实，还原真相。

中方已经多次表明了立场，我们不接受越方提起所谓“国际仲裁”。

问：昨天美国某网络安全公司发布报告称，中国军人对西方国家实施了网络黑客攻击以协助发展中国卫星和航天项目。这份报告还说掌握了有关证据，包括一名自称军人的黑客的邮件和博客。中方对此有何反应？

答：我看到了你所说的报道。我觉得其中一些用词和套路都似曾相识。

坦白地讲，我对美方这种贼喊捉贼的做法很不以为然。众所周知，斯诺登案发生以后，大量披露和曝光的事实已经明白无误地表明，美国政府和其相关部门长期以来对包括中国在内的很多外国政要、个人和企业进行了大规模、有组织的网络窃密和监听监控活动，甚至达到了无孔不入、无所不用其极的地步。美国不必把自己装扮成受害者，它自己就是“黑客帝国”，这是地球人都知道的事实。美方不思反省，不思检点，反而仍在无理指责和攻击别国，这样的做法不具任何建设性。

中方已经多次表明了在网络安全问题上的立场。包括黑客在内的网络攻击是一个全球性问题，具有跨国性和匿名性的特点，需要国际社会在相互尊重和相互信任的基础上加强合作。中国早在2011年就向联合国提出了“信息安全国际行为准则”倡议，希望能够通过制定网络空间的国际规范和行为准则，构建和平、安全、开放、合作的网络空间。我们愿与国际社会继续加强对话合作，共同打击黑客攻击等网络犯罪行为。

……

摘自《外交部就美方无理指责中方网络窃密等答问（实录）》[①]

其具有时效、真实、简明的特点，体现消息的交际特点，而措辞的严谨、坚定的立场、鲜明的态度等，又体现国家威严。现场互动体现发布会特色。

三、应用写作

应用写作是人们以一定书面形式组织各类应用文实践活动的总称。因社会行业、领域的细化及种类繁多，应用写作往往具很强的专业性、规范性及程式化要求。张文英主编 、南开大学出版社 2010 年版的《新编应用文写作教程》，是将各类应用文主要归结为行政公文、事务文书、日常文书、经济文书、诉讼文书、科技文书、礼仪文书和传播文书共 8 大类及下属诸小类。这种种类划分较具代表性。

下面简要而部分性举一些时下使用频率相对较高的应用文体例，以窥豹一斑。

（一）消息

A. CNN 字幕现失误称“奥巴马被击毙”字幕持续 50 秒

【又错了！CNN：“奥巴马被击毙”】在周五的一档新闻节目中，CNN 字幕再次出现重大失误，将本一拉登的名字打成了奥巴马，“声称杀死奥巴马的海豹突击队士兵遭攻击”。字幕足足持续了近 50 秒。2011 年，CNN 在直播宣布本一拉登被击毙时也犯过类似错误。真是奥巴马与奥萨马（本一拉登）傻傻分不清楚。

来源：凤凰资讯　　2014 年 11 月 9 日

权威传媒出现报道错误，令人捧腹。

---

① http：//news. sina. com. cn/c/2014－06－10/193430332953. shtml

B.《肉价大涨或助7月CPI升至1.6% 二师兄是“救兵”吗》[①]（摘选）

“你是猴子请来的救兵吗?”

电视剧《西游记》中这句被恶搞后成为网络流行语的台词，似乎刚好可以套用在上半年持续走弱的CPI身上，不过扮演救兵角色的不是别人，正是近期越来越肥的“二师兄”。

……

修辞手法巧妙运用，经济新闻写得如此文艺范，有味道，也是醉了。

（二）博客

孟小发的生活

2015—12—14 11：07 来自 iPhone 6 Plus

我一个警察朋友每天抽四包烟，我曾劝他戒，他立刻冲我说：“不可能!”半年没见，前天碰到发现他不抽了。一问才知，几个月前他莫名头昏，去医院拍片检查，脑血管70%堵塞，医生说再抽就快了……哥们顿时吓尿了，一根不抽了。那些跟他曾经一样嘴硬“永远戒不了”的朋友，你们呢？我是去年的今天戒烟的。[②]

寥寥数语，劝诫效果独到，而语言表达的个性特色十分鲜明。

（三）贺词

习近平致第120届中国进出口商品交易会的贺信[③]

值此第120届中国进出口商品交易会开幕之际，我谨表示热烈的祝贺！

60年来，广交会服务国家改革开放和社会主义现代化建设、坚持服务国内外企业，为我国对外开放和经济社会发展发挥了积极作用。新形势下，广交会要贯彻创新、协调、绿色、开放、共享的发展理念，创新体制机制、商务模式，提高服务水平，支持广大参会企业互利共赢、共同发展，更好发挥

---

① http：//finance. ifeng. com/a/20150807/13894025 _ 0. shtml

② https：//weibo. com/2703645582/D8lUfsggl? type＝comment＃ _ rnd1524888940251

③ http：//www. xinhuanet. com/politics/2016－10/15/c _ 1119723994. htm

全方位对外开放平台作用，在更高层次上运用两个市场、两种资源，为推动我国开放型经济发展、促进开放型世界经济发展作出新的更大的贡献。

习近平

2016年10月15日

有关事项祝贺、工作肯定、要求希望之类信息，及文体特点等，准确、精当传递和表达。

（四）合同

简易租房合同

甲方姓名（出租方）：__________身份证号码：__________

乙方姓名（承租方）：__________身份证号码：__________

经双方协商甲方将位于__________________房屋出租给乙方居住使用。

一、租房从______年______月______日起至______年______月______日止。

二、月租金为______元，缴租为______支付一次，人民币（大写）______元（¥______元），以后应提前______天支付。

三、约定事项

1. 乙方入住时，应及时更换门锁，若发生意外与甲方无关。因不慎或使用不当引起火、电、气灾害等非自然灾害所造成损失由乙方负责。

2. 乙方无权转租、转借、转卖该房屋，及屋内家具家电，不得擅自改动房屋结构，爱护屋内设施，如有人为原因造成破损丢失应维修完好，否则照价赔偿。并做好防火，防盗，防漏水和阳台摆放、花盆的安全工作，若造成损失责任自负。

3. 乙方必须按时缴纳房租，否则视为乙方违约。协议终止。

4. 乙方应遵守居住区内各项规章制度，按时缴纳水、电、气、光纤、电话、物业管理等费用。乙方交保证金______元给甲方。乙方退房时交清水、电、气、光纤和物业管理等费用，屋内设施家具、家电无损坏，下水管道、厕所无堵漏，甲方如数退还保证金。

5. 甲方保证该房屋无产权纠纷。如遇拆迁，乙方无条件搬出，已交租金甲方按未满天数退还。

6. 备注：____

____

四、本合同一式两份，甲乙双方各存一份，自双方签字之日起生效。

另水：______吨，气：______立方，电：______度

甲方签章（出租方）：　　　　　　　　乙方签章（承租方）：

电话：　　　　　　　　　　　　　　　电话：

　年　　月　　日　　　　　　　　　　年　　月　　日①

协议名称、双方、内容所及的权利与义务类约束条款、联系方式、签署时间，文体特色等，明确体现。

（五）声明

<最新声明>

尊敬的中国消费者：

对于近期 Galaxy Note7 燃损事件给各位消费者带来的不安与困扰，我们表示诚挚的歉意。

我们高度重视近期在国内外发生的 Galaxy Note7 燃损事件，为了确保中国消费者能够安心使用我们的产品，我们决定在中国大陆地区停止销售国行版 Galaxy Note7 产品，并召回在中国大陆地区销售的全部国行版 Galaxy Note7 产品。

对国行版 Galaxy Note7 产品退货或更换其他产品等具体召回措施，我们已经积极主动地与相关政府部门进行了沟通。我们保证，将竭尽全力确保相关措施的实施在方便且有效率的情况下进行。如有进一步相关信息，我们将通过三星电子官网（www.samsung.com/cn）进行公布，消费者也可以通过三星电子售后服务中心（400—810—5858）了解具体情况。

① http://www.66law.cn/laws/87133.aspx

对于给中国消费者带来的不便，我们再次表示真诚的歉意，三星电子坚守“做中国人民喜爱的企业，贡献于中国社会的企业”的承诺，秉持质量和服务第一的信念，为中国消费者带来最佳的产品和体验。

2016年10月11日

中国三星电子[①]

声明须明确体现对有关事项的履行权限，应承担的责任、义务，秉持的立场、态度，乃至一定的问题解决方案等。

（六）通知

2016年1月6日西环里4号楼上水改线工程施工停水通知：

1月6日8：30—11：30，昌平自来水公司将对西环里4号楼供水管道进行停水施工，届时对施工所涉及范围暂停供水。停水范围：西环里1、3、4、5、6、7、8、9、10、11、14、15、16、19、20号楼，教工幼儿园。因施工给用户带来的不便，敬请谅解。[②]

通知时间、对象、事项内容、特定格式等信息，明确显示。

四、语言艺术

语言艺术是一个相对宽泛的概念，有基于艺术的诠释，也有基于语言的诠释，这里基于语言方面的诠释。这可包括口头话语表达交际艺术和书面话语表达交际艺术，这两个大的方面。口头话语表达交际艺术如播音、节目主持、演讲、辩论、小品等之类艺术化话语方法性组织与实施方面。而书面话语表达交际艺术，则主要体现为一定文章、文学作品类艺术化篇章的方法性组织与实施方面。

下面将要说及的语言艺术，则仅指一定文学创作者源于生活、又高于生活的审美化篇章性话语组织与实施。也即人们通常所说的狭义的文学。

---

① http：//tech. sina. com. cn/t/2016－10－11/doc－ifxwrhpm2958900. shtml

② http：//www. bjchp. gov. cn/publish/portal0/tab7182/info339901. htm

文学作品就体裁而言，可不止一种分类方法，这里选择四分法来略作说明。即文学作品就体裁而言，总体可分为散文、小说、诗歌、戏剧四类样式。

（一）散文

散文有广义和狭义之分。广义的散文，指与韵文相对、不重韵律和对仗工整的各类艺术性文章的统称。而狭义的散文，则仅指小说、诗歌、戏剧以外，散行句式而篇章化组织的各类艺术文的统称。例如，随笔、游记、杂文、甚至报告文学、通讯、传记、回忆录等，就都是在散文名下。

散文讲究立意的别致，意境的营造，结构的章法，语言的锤炼，且取材广泛，笔调灵活，篇幅相对较短，表达方式及表现方法多样。

古典散文如诸子散文、历史散文、唐宋八大家散文、明清散文等。现代以来的散文如俞平伯的《桨声灯影里的秦淮河》、冯骥才的《感觉》、蒙田的《随笔集》等。

依题材和基本表达方式，散文一般可分为叙事散文、抒情散文和议论性散文三类。蒙田的《随笔集》哲理色彩浓，冯骥才的《感觉》抒情气息芬芳，而俞平伯的《桨声灯影里的秦淮河》叙事明显。

附：

《感觉》（冯骥才）（节选）

黄昏时听音乐是种特殊享受。那当儿，暮色浓深，屋里的一切都迷蒙模糊，没有什么具体清晰的形象映入眼帘，搅乱头脑；心灵才能让听觉牵着，梦游一般地飘入音乐的境界中去。哎，你是不是也有此同感？

我这感觉既强烈又奇妙，以致我怀疑自己有点神经质。记得那次绝对是个黄昏，大概听舒曼的《梦幻曲》吧！家里只我自己，静静的空间灌满了那深沉而醉心的琴音。屋子的四角都黑了，窗前的东西变成一堆分辨不清的影子，只有窗玻璃上还依稀映着一点淡淡的橘色的夕照。

我的心像被这音乐洗过一样圣洁。不知是心沉浸在琴音里，还是琴音充溢我的心里，一股潜流似的婉转回旋。于是我被感动起来，随之而来，便是这种动心的感觉渐渐加强，心里的潜流形成一个急转的旋涡，到了感动的潮头卷起，我忽然不能自已。好像有根无形的搅棒，把沉淀心底的乱七八糟的全都翻腾起来。说不出是什么难忘的事或感受过的情绪，也说不出是什么滋味，甜蜜？忧伤？思念？委屈？已经落空的企盼？留不住的甜美……一下子，大滴大滴的泪珠子竟然自个儿夺眶而出，滚过脸颊，啪啪掉在地上。我倚着门框，仰起头，衣襟很快就湿了一片。我完全不能自制，也不想自制，因为这绝不是一种痛苦，而是一种异样的、令人颤栗的幸福的感觉。平日里，偶然给什么意外的事物的触发，也会生出这样一种感觉，却总是一掠而过，从来没有凝聚起来，这样有力地撞击我的心扉。

然而我不明白，这感觉是怎样来的，是那琴音招引来的？到底是哪个旋律、哪个和声打动的我？为什么以前听这支曲子从无这般感受？更奇怪的是，以后，多少次，黄昏时，我设法支开家里的人，依旧在这光线晦暗、阴影重重的安寂的小屋里，独自倚门倾听这支曲子，但再也不曾出现那种忍俊不禁、苦乐交加的感觉了。琴音像一阵微弱的风，难得再在我心中吹起浪头。怎么回事？

感觉是找不到的，只有它来找你。

……

我手里拈着这片闪光而早落的叶子，痴呆呆地站着。①

（二）小说

小说源于百姓对日常生活见闻的话语艺术化改造。现指结合一定故事情节、环境来刻画人物性格、塑造人物形象，进而反映社会生活的一种文学样式。

小说体量可大可小，小到一定的生活片断与细节刻画，大到广阔的社会生活场景、大跨度的时空存在、错综复杂的人物关系、故事情节、矛盾冲突等的描绘、叙述等，都可被容纳。

我国小说的发展，经历从神话传说、六朝志怪、唐传奇、宋元话本、明

① 曾安元：《初中语文读本》（九年级·下），语文出版社 2010 年 12 月第 3 版。

清小说，到五四以来的现当代小说这些发展阶段。

人物、情节和环境是小说的三要素。人物有主要人物、相关人物等的描绘刻画；情节分开端、发展、高潮和结局，需完整；环境有自然环境和社会背景的描绘。

小说依体量篇幅大小，可有长篇小说、中篇小说、短篇小说甚至微型小说之分。长篇小说如我国古典小说的最高峰《红楼梦》（曹雪芹著）、现代文学中的《子夜》（茅盾著）、当代文学中的《丰乳肥臀》（莫言）等，中篇小说如沈从文的《边城》、谌容的《人到中年》等，短篇小说如鲁迅的《狂人日记》、契诃夫的《变色龙》等，微型小说如秦德龙的《聚会》、王奎山的《布袋子》等。

其他依据方面的小说种类划分相对复杂，这里不做相关阐述。

附：

《布袋子》（王奎山）（节选）

说一说李姗的事。

李姗是我的同事。本来已经退休，可以在家里优哉游哉地过日子，但最近发生的一件事，却让她陷进一场极大的苦恼之中。

一切都源于那天的一个电视节目。那天上午没事，李姗一个人在家里看电视。

电视说的是英国一个小镇上发生的事：一个女人为了呼吁小镇公民的环保意识，做了大量的布袋子送人，让人们买菜的时候用，以代替塑料袋。小镇上的居民被她的行为所感动，纷纷使用布袋子。他们的口号是：让塑料袋退出我们的生活。

李姗看完电视之后一个人坐在那里发呆，然后李姗锁上门走到街上，在商店里买了一大卷绿色的棉布，回家就做起了布袋子。李姗的家里有一台蜜蜂牌的缝纫机。三十多年前，这可是李姗家里的一件宝贝，是令李姗在女伴中间引以为荣的大件。如今，正好可以拿出来像李姗本人一样发挥余热了。

一百个布袋子很快就做好了。那天早晨，当李姗拿着一百个布袋子在大华市场门口向买菜的人们散发的时候，李姗的心里甚至隐隐地升起了一种自豪感—— 一个人，当她的行为是在为整个社会道德水平的提升而添砖加瓦的时候，心里涌起这种自豪感是一件自然而然的事。请不要错误地认为我的同事李姗是一个追名逐利的人，她绝对是一个安分守己、不事张扬的女人。她选择远离自家社区的大华市场门口作为她散发布袋子的地点，就充分地说明了这一点。

李姗向买菜的人散发布袋子的时候，也像那位英国妇女一样，呼吁人们使用布袋子，远离塑料袋，为绿色环保作贡献。末了，李姗还即兴地加上一句："为 2008 奥运会作贡献！"接受赠品的人们无不点头、微笑，赞同李姗的主张。

其后的几天里，每天清早起来，李姗都要到大华市场门口去，她想看看自己的行为所造成的结果，她想看看有多少人使用了她做的布袋子。奇怪的是，她没有见到一个人使用她做的布袋子。这让李姗多少有点儿失望。但很快，她就从失望情绪中走出来了。买菜的人那么多，哪天清早恐怕都有几千人哩。那么多的人里，一百个布袋子算个啥呀，简直可以说是沧海一粟。看来做的布袋子还是太少了。于是，李姗就又做了一百个布袋子拿到大华市场门口去散发。还是那些话，远离塑料袋，为绿色环保作贡献，为 2008 奥运会做贡献。接受李姗赠品的人们照例是点头、微笑，赞同李姗的主张。

……

当李姗第五次在大华市场门前散发布袋子的时候，出了一点儿事。在那之前的一天，刚刚下了一场雪，地上到处都是积雪。可能因为李姗已经是第五次在同一个地点散发布袋子，不少的人已经认出了她（当然她不认识他们）。当李姗一出现在那里的时候，人们马上把她团团包围起来，并且纷纷伸出手来向她索要布袋子。由于想要布袋子的人太多，局面就有些失控。这时，一个高个子的男人一把从李姗的怀里抢过所有的布袋子，说，我来替你发吧。人们听他这样子说，又把注意力转向了他。就在这时，汹涌的人流一下子把李姗挤倒在地上，但是，并没有人发现李姗已经被挤倒在地上，大家纷纷踩踏着李姗的身体，扑向那个高个子的男人。

等人流散去，当李姗自己从雪地上爬起来的时候，她的身上已经被人们的鞋底印上了不少的泥痕。就在这时，李姗看到了一个令她寒心至极的场景：一个已经抢到布袋子的胖女人发现自己的皮鞋被人踩上了泥污之后，竟然毫不犹豫地用刚刚抢到手的布袋子擦拭皮鞋上的泥污。完了之后，就像丢弃一块破抹布一样，随手把布袋子丢在了地上。一阵冷风吹来，布袋子被吹得飘来荡去。这时，李姗再也控制不住自己，眼泪不由自主地流了下来。[①]

（三）诗歌

诗歌是以富节奏、韵律、空灵感的凝练话语，及丰富的情感和想象，来形象化地表达作者的意蕴或思想感情倾向，从而集中反映社会生活，这样一种文学样式。

诗歌在形态建构上需“诗化言词”，韵律、节奏上需“如歌行板”，偏言而与歌有别。例如，《易水歌》（荆轲）：“风萧萧兮易水寒，壮士一去兮不复返!”《大风歌》（刘邦）：“大风起兮云飞扬，威加海内兮归故乡，安得猛士兮守四方!”其言词化言说归诗，如依相应旋律配乐声音化宛转唱出，则属歌。《尚书·尧典》说：“诗言志，歌永（咏）言，声依永（咏），律和声。”这是有道理的。

我国诗歌的直接源头是一定的原始歌谣，例如《弹歌》《诗经》等。然后是楚辞，如屈原的《离骚》，汉魏六朝以来的乐府诗，如《孔雀东南飞》、曹操的《观沧海》等。至唐格律诗出现，例如李白的《早发白帝城》、杜甫的《春望》等，我国古典诗歌达到顶峰。宋词、元曲引领诗歌朝合乐和长短句方向演变，等长句式的突破，伴随韵律节奏的变化，顺应宋元时发展变化了的社会生活内容表达。宋词如苏轼的《念奴娇·赤壁怀古》、李清照的《如梦令》、辛弃疾的《永遇乐·京口北固亭怀古》等，元曲如马致远的《天净沙·秋思》、睢景臣的《般涉调·高祖还乡》等。至此，我国古典诗歌的发展臻于完善。

现代白话文新诗的兴起在五四前后，代表作如郭沫若的《女神》、徐志摩

---

① 杨晓敏，郭昕，寇云峰：《2008中国年度小小说》，漓江出版社2009年版。

的《再别康桥》等。中华人民共和国成立后，有贺敬之的《放声歌唱》、邵燕祥的《到远方去》等。20 世纪 80 年代前后至现在的互联网时代，是新诗入探究期。前期代表性作家作品如舒婷的《致橡树》、北岛的《回答》等。后期互联网时代，如雷平阳的《大象之死》等诗作，在诗歌思想性、诗行、韵律节奏曲承及言词空灵等方面，带给人们不同程度的新感受。

附：

大象之死

雷平阳

它送光了巨大身躯里的一切
对没有尽头的雨林，也失去了兴趣
按常理，它对死亡有预知
可以提前上路，独自前往象群埋骨的
圣地，但它对此也不在意了
走过浊世上的山山水水
只为将死亡奉上，在遍野的白骨间
找个空隙，安插自己？它觉得
仪式感高过了命运。现在
它用体内仅剩的一丝气力
将四根世界之柱提起来，走进了溪水
之后，世界倒下。他的灵魂
任由流水，想带到哪儿
就带到哪儿去

选自雷平阳的博客：雷平阳诗歌十首

（四）戏剧

广义的戏剧，可包括一定舞台或拍摄场地排演的舞台剧、电视剧、电影等各类剧种，其实质为一种表演艺术。这里就文学体裁角度而言的戏剧，单指戏剧文学，即戏剧类表演艺术的一定言词化文学脚本部分，简称剧本。有的也包括剧中的人物口头对话本身，话剧尤其如此。

剧本总体包括两方面构成：演出提示性话语说明和人物对话类台词。其中的人物对话类台词是主体，也即剧本台词。

西方早期舞台剧方面影响大的，如古希腊埃斯库罗斯的《被缚的普罗米修斯》、英国莎士比亚的《哈姆雷特》等。这里节选《被缚的普罗米修斯》中的部分话语性演出提示、台词与口头对话，以窥一斑。

人物（以选文中出场的人物为限）

普罗米修斯——伊阿伯托斯和忒弥斯的儿子

俄刻阿诺斯——天（乌剌诺斯）和地（该亚）的儿子，为河神

赫耳墨斯——宙斯和迈亚的儿子，为众神的使者

歌队——由俄刻阿诺斯的十二个女儿组成

布景　高加索悬崖

时代 神话时代

第三幕　第一场

歌队长 请把整个故事讲给我们听，告诉我们，为了什么过失，宙斯把你捉拿，这样不尊重你，狠狠的侮辱你？如果说起来 不使你苦恼，就请告诉我们。

普罗米修斯 这故事说起来痛苦，闷在心里也痛苦，总是难受啊！当初神们动怒，起了内讧：有的想把克洛诺斯推下宝座，让宙斯为王，有的竭力反对，不让宙斯统治众神。我当时曾向提坦们，天与地的儿女，提出最好的意见，但是劝不动他们；良谋巧计他们不听；他们仗恃自己强大，以为可以靠武力轻易取胜。我母亲忒弥斯——又叫该亚，一身兼有许多名称——时常把未来的事预先告诉我，她说这次不是靠膂力或者暴力就可以取胜，而是靠阴谋诡计。我曾把这话向他们详细解释，他们却认为全然不值得一顾。我当时最好的办法，似乎只好和我母亲联合起来，一同帮助宙斯，我自己愿意，也受欢迎。由于我的策略，老克洛诺斯和他的战友们全都被囚在塔耳塔洛斯的幽深的牢里。天上这个暴君曾经从我手里得到这样大的帮助，却拿这样重的惩罚来报答。不相信朋友是暴君的通病。

你问起他为什么侮辱我，我可以这样解答。他一登上他父亲的宝座，立即把各种权利送给了众神，把权力也分配了；但是对可怜的人类他不但不关心，反而想把他们的种族完全毁夹，另行创造新的。除了我，谁也不挺身出来反对；只有我有胆量拯救人类，使他们不至于完全被毁灭，被打进冥府。如此，我屈服在这样大的苦难之下，忍受起痛苦来，看起来可怜！我怜悯人类，自己却得不到怜悯；我在这里受惩罚，没有谁怜悯，这景象真是使宙斯丢脸啊！

歌队长 普罗米修斯，谁对你的苦难不感觉气愤，谁的心是铁打的，石头作的；我不愿意看见你遭受困难；一看见心里就悲伤。

普罗米修斯 在朋友们看来，我真是可怜啊！

歌队长 此外，你没有犯别的过错吧？

普罗米修斯 我使人类不再能预知死亡。

歌队长 你找到了什么药来治病呢？

普罗米修斯 我把盲目的希望放在他们心里。

歌队长 你给了人类多么大的恩惠啊！

普罗米修斯 此外，我把火也给了他们。

歌队长 怎么！朝生暮死的人也有了熊熊的火了吗？

普罗米修斯 有了，他们可以使用火，学会许多技艺！

歌队长 是不是为了这样的罪，宙斯才——

普罗米修斯 才迫害我，不让我摆脱苦难。[①]

……

我国古典戏剧文学方面，影响大的如元杂剧，代表性作家作品：关汉卿的《窦娥冤》；明代戏剧，代表性作家作品：汤显祖的《牡丹亭》。现代戏剧文学方面，影响大的如郭沫若的《屈原》、曹禺的《日出》等。当代电视剧、电影中的代表性作品，如对相应小说改编而来的《西游记》（电视剧）、《红高粱》（电影）等影视剧本。

① http：//www.360doc.com/content/16/0831/21/36185638_587363040.shtml

五、语言能力与水平

人作为一种事物存在，语言可以作为另外一种事物存在。我们不可能说，人这种事物存在本身包含了语言这种事物存在。不然，人还要学语言干吗？所以，语言不是人与生俱来拥有的。

语言跟人的关系是，包含语言在内的外界事物存在，作用于人，被人主动地反映，并可被人以语言心理映象（想）及生理反应（做）方式，反作用于外界事物存在（包括社会），从而促进人与外界协调、统一和发展。不用语言，人也会反作用于外界，但效果没这么好。

所以，作为一种身外之物，人类语言无论就其物化手段、形式，还是其社会本质内容，都可有自身相对独立的存在。并有着自身相对独立的体系、规律、特征等。它们不以人的意志为转移，而是以一定事物存在为转移的。这就是为何人要主动地和语言、和事物存在（包括交流对象）协调、统一和发展的原因。

在人和事物存在间，增加语言存在，从而促进人与人、人与自然、人与社会、人与思维等事物存在间的关系协调。这是人类语言得以发明的意义所在。

直接语言能力的体现，在人与语言的关系协调与处理。间接的体现，又包含着人和事物存在、人对语言与事物存在间的关系协调与处理。人们通常所说的一定语言能力，是两者综合体现的心理内化。

遗传方面的脑机能优势，可一定程度确立人们在语言接收、表达、理解、处理、运用能力等方面的优势。而一定脑机能方面的病理残缺，则可不同程度地导致人们相应语言能力的低下或残缺。

一个在事物存在方面一片空白、与语言关系未曾建立的大脑，它的语言能力肯定空白。

而对自身、语言和事物存在都了解、行动和有效联系的人，则可获得或养成更高的语言能力。

人们对自身的了解、行动和联系，具体体现为一定的心理反映与生理反应特征的了解与运用。这体现在身体本身的机能及人的社会依赖性。

心理反映方面，主要在心理对外界事物存在反映所内化的既有信息存留、对它们的激活及主观能动作用化地外化。但外化的具体变现，则由听、读(看)、说、写类联动性生理反应活动来实施，从而内外产生一致性的行动。

对语言的了解、行动和联系，主要在对语言知识本身的了解，及人与语言、语言与诸事物存在的关系协调、统一和发展。因为语言本身不具备主动协调和处理其与人及其他事物存在方面的能力，所以，这便只能由人的一定主观能动作用来完成。从而，一定语言能力的养成，又体现为建立在一定语言知识基础上的人的主观能动作用的发挥。

对事物存在的了解、行动和联系，会包括对该事物存在的名义逻辑存在和特定具体存在的了解和处理。目的在经一定的泛意义化名义逻辑存在，而上达到其可表达的诸具体情形之一——某特定具体存在。因事物存在本身同样不具备主动去协调和处理其与人、语言的关系方面能力，因而，事物存在一样地需要人发挥其主观能动作用，来达到对事物存在与人、语言的协调、统一和发展。

自身在心理反映和生理反应方面的活跃程度，且人借助活跃性自身心理反映和联动性生理反应方面的主观能动作用，一定程度地积极参与对一定语言及事物存在类的实践活动，即共同构成我们的一定语言能力。

由此可见，只有对语言知识掌握和积极参与语言实践，人类语言才成为人以其主观能动作用“杠杆”，撬起一定事物存在的“支点”。

而语言水平，则指一个人在对有关语言知识、事物存在及有关语言表达与语言交往方面所达到的高度。

例如，国家汉办的汉语水平等级考试（HSK），即属国家规范、统一的对外语言交流方面的阶段性汉语水平检测。而汉语母语水平的高低，则大多以其所受正规化学校语文教育教学毕业程度，如小学毕业、初中毕业、高中毕业或大学毕业与否等来衡量。

主要参考文献

［1］ 李宇明．理论语言学教程［M］．武汉：华中师范大学出版社，1997.

［2］ 黄伯荣，廖序东．现代汉语，增订二版［M］．北京：高等教育出版社，1997.